新时代技能人才职业适应能力研究

郭　名◎著

中国铁道出版社有限公司
CHINA RAILWAY PUBLISHING HOUSE CO., LTD.

内 容 简 介

技能人才是我国人才队伍的重要组成部分，是推动我国产业转型升级、培育经济新动能、实现经济高质量发展的关键力量。本书旨在结合新时代特征对技能人才职业适应能力展开深入研究，为加快技能人才队伍建设，培养新时代技术型、创新型、复合型技能人才提供理论和实践依据。

本书立足于新时代的背景和内涵，分析我国技能人才职业适应能力现状，构建新时代技能人才职业适应能力五维模型，通过探讨新时代技能人才职业适应能力的作用机制，以及多层次影响因素，提出新时代技能人才职业适应能力提升策略与路径。

本书可作为技能人才以及大中专职业院校学生的课外读物，也可供从事技能人才培养研究的人员使用和参考。

图书在版编目（CIP）数据

新时代技能人才职业适应能力研究/郭名著．—北京：中国铁道出版社有限公司，2021.6

ISBN 978-7-113-27979-0

Ⅰ.①新… Ⅱ.①郭… Ⅲ.①技术人才-职业选择研究-中国 Ⅳ.①G647.38

中国版本图书馆 CIP 数据核字（2021）第 093907 号

书　　名：新时代技能人才职业适应能力研究
作　　者：郭　名

责任编辑：尹　娜　　　　**编辑部电话：**（010）51873206
封面设计：崔丽芳
责任校对：焦桂荣
责任印制：高春晓

出版发行：中国铁道出版社有限公司（100054，北京市西城区右安门西街 8 号）
网　　址：http：//www.tdpress.com/51eds/
印　　刷：北京铭成印刷有限公司
版　　次：2021 年 6 月第 1 版　2021 年 6 月第 1 次印刷
开　　本：700 mm×1 000 mm 1/16　**印张：**15　**字数：**250 千
书　　号：ISBN 978-7-113-27979-0
定　　价：98.00 元

前 言

党的十九大报告作出了“中国特色社会主义进入新时代”的重大判断，明确指出了建设知识型、技能型、创新型劳动者大军，为“中国梦”的实现培养有知识、有技能、有梦想、有信念的新时代建设者；明确指出作为制造业大国需要技能人才作为人才基础。

随着我国发展进入新时代，我国经济已逐渐由高速增长阶段转向高质量发展阶段，正处在转变发展方式、优化经济结构、转换增长动力的攻关期，但高素质技术技能人才的供需结构性矛盾仍相对突出。伴随职业分工的精细化、职业技术的专业化，企业对技能人才的能力和素质提出了新需求，对技能人才的知识储备、认知能力、沟通协作等方面提出了挑战。传统的技能人才仅依靠职业知识与技术手段将难以获得良好的职业生涯发展，唯有在具备专业技能的同时，具有良好的职业适应能力，才能更好地服务新时代的发展要求。

职业适应能力是指个体为适应工作和环境所必备的基本能力素质要求，这种能力能够反映个体与所从事的工作岗位之间的适应程度。打造具有优秀职业适应能力的技能人才是新时代发展的要求，对于技能人才顺应技术发展、产业发展，提高技能人才综合素质，优化技能人才职业生涯发展具有重要意义。因此，如何把握技能人才群体职业适应力发展水平、新时代技能人才应具备什么样的职业适应能力，以及如何进行有效的评价和提升成为当前人力资源领域值得探讨的重要议题。

本书立足于新时代的背景和内涵，分析我国技能人才职业适应能力现状，构建新时代技能人才职业适应能力五维模型，通过探讨新时代技能人才职业适应能力的作用机制，以及组织、团队和个体多个层次对技能人才职业适应能力的影响路径，提出技能人才职业适应能力提升策略，构建新时代技能人才职业适应能力训练与提升体系，为加快技能人才队伍建设，培养新时代技术型、创新型、复合型技能人才提供理论和实践依据。

全书共八章。第一章为绪论，阐释新时代技能人才职业适应能力的研究背景、意义及总体研究思路和方法。第二章从新时代背景出发，分析了新时代的内涵，阐述了技能人才的内涵演变和队伍现状，并在此基础上分析新时代对技能人才的新要求和新特点。第三章到第五章提出新时代背景下技能人才职业适应能力的内涵，构建了新时代技能人才职业适应能力五维模型，并在此基础上对我国技能人才职业适应能力现状进行分析。第六章和第七章考察和探究了新时代技能人才职业适应能力的作用机制及多层次影响因素。第八章提出了新时代技能人才职业适应能力提升策略与路径，为新时代技能人才职业适应能力培养提供理论及实践依据。

北京交通大学经济管理学院张启超、刘淑桢、刘云硕、胡丽丽、甘宇飞、宋柯妮等参与了撰写工作，谨此表示感谢！希望本书为新时代技能人才职业适应能力提高带来启示，为“十四五”规划和2035年远景目标的实现贡献力量。

由于作者水平有限，加之时间仓促，书中难免有不足、不妥之处，敬请读者批评指正。

作　者

2021年2月

目 录

第一章 绪 论 …… 1

第一节 研究背景 …… 2
第二节 研究意义 …… 4
第三节 研究目的及创新点 …… 5
第四节 研究思路与方法 …… 7

第二章 新时代技能人才现状研究 …… 13

第一节 新时代内涵 …… 14
第二节 技能人才内涵演变及现状 …… 16
第三节 新时代对技能人才要求 …… 39
第四节 本章小结 …… 44

第三章 新时代技能人才职业适应能力内涵及理论研究 …… 45

第一节 职业适应能力内涵及维度 …… 46
第二节 职业适应能力相关研究 …… 50
第三节 职业适应能力理论基础及应用 …… 54
第四节 本章小结 …… 56

第四章 基于扎根理论的新时代技能人才职业适应能力模型构建 …… 57

第一节 扎根理论设计与分析 …… 58
第二节 访谈调研与编码分析 …… 59
第三节 新时代技能人才职业适应能力模型验证与讨论 …… 65
第四节 新时代技能人才职业适应能力与工作绩效的关系 …… 77

第五节　本章小结 …… 85

第五章　新时代技能人才职业适应能力现状分析 …… 87

第一节　新时代技能人才职业适应能力调研与数据收集 …… 89
第二节　新时代技能人才职业适应能力总体现状分析 …… 92
第三节　新时代技能人才职业适应能力各子维度现状分析 …… 94
第四节　本章小结 …… 123

第六章　新时代技能人才职业适应能力作用机制研究 …… 125

第一节　新时代技能人才职业适应能力与离职倾向的关系研究 …… 126
第二节　新时代技能人才职业适应能力与工作幸福感的关系研究 …… 136
第三节　新时代技能人才职业适应能力与创新绩效的关系研究 …… 145
第四节　本章小结 …… 154

第七章　新时代技能人才职业适应能力多层次影响因素研究 …… 155

第一节　多层次影响因素模型构建 …… 156
第二节　研究假设提出 …… 158
第三节　新时代技能人才职业适应能力组织层面影响因素研究 …… 168
第四节　新时代技能人才职业适应能力领导层面影响因素研究 …… 179
第五节　新时代技能人才职业适应能力个体层面影响因素 …… 190
第六节　本章小结 …… 202

第八章　新时代技能人才职业适应能力提升策略与路径 …… 203

第一节　新时代技能人才职业适应能力提升策略 …… 204
第二节　新时代技能人才职业适应能力提升路径 …… 214

参考文献 …… 222

第一章

绪　论

近年来,国家的快速发展促进了对技能人才群体的高度重视,也逐渐唤起了各界对技能人才职业适应能力的关注。本章从新时代背景入手,分析我国技能人才群体职业适应能力的发展现状,剖析技能人才培养过程中的现存痛点;探讨进行技能人才职业适应能力研究的理论意义与现实意义;明确研究新时代技能人才职业适应能力的目的,提出其对于现有学术研究的三点创新;梳理研究过程的整体思路,并阐明本书所采用的多种研究方法,对本书整体的研究背景、范围、内容、意义与方法进行了简单概括。

第一节　研究背景

党的十九大报告中提出,要建设知识型、技能型、创新型劳动者大军,为"中国梦"的实现培养有知识、有技能、有梦想、有信念的新时代建设者。习近平总书记指出:"工业强国都是技师技工的大国,我们要有很强的技术工人队伍","作为一个制造业大国,我们的人才基础应该是技工"。面对新时代对技能人才新的要求,建设一支高素质的技能人才队伍,对促进产业转型升级、培育经济新动能、实现经济高质量发展具有重要意义。

加快技能人才队伍建设,创新技能人才培养模式的迫切性主要体现在:从宏观角度看,我国经济已经由高速增长阶段转向高质量发展阶段,正处在转变发展方式、优化经济结构、转换增长动力的攻关期,但高素质技术技能人才的供需结构性矛盾仍相对突出。中华人民共和国人力资源和社会保障部(以下简称人社部)数据显示,截至 2021 年 3 月,我国技能劳动者占就业人口总量的比重仅为 26%,高技能人才占技能人才总量的比重为 28%,与发达国家相比仍然存在较大差距。为现代制造业、现代服务业、现代农业等产业一线输送更多高素质技能人才,进一步提高技能人才能力素质培养水平成为亟须解决的问题。

从微观角度看,加快培养技能人才让中职学生有更多就业优势、创业本领、升学通道和更深厚的终身发展基础;令退役军人、下岗失业人员、农民工和新型职业农民也有更多再就业机会。当所有青年树立好正确的教育观、就业观和人才观,在不同通道上成长成才,就能不断激发社会创新创造活力。

2019 年政府工作报告中提出“加快培养国家发展急需的各类技术技能人才”,实施职业技能提升行动,国家财政将从失业保险基金结余 1 000 亿元,用于 1 500 万人以上的职工技能提升和转岗转业培训。同年,国务院印发《国家职业教育改革实施方案》进一步为新时代技能人才的培养和队伍建设指明方向。这份被看作“技能人才培养的顶层设计和施工蓝图”的方案指出,“职业教育与普通教育是两种不同教育类型,具有同等重要地位”,不仅明确了职业教育在我国教育体系中的重要地位,也强调了技能人才在社会发展中的重要性。此外,为打通高技能人才与专业技术人才职业发展通道,加强创新型、应用型、技能型人才培养,2020 年 12 月,人社部发布了《关于进一步加强高技能人才与专业技术人才职业发展贯通的实施意见》,明确指出要探索建立理论与实践相结合、技术与技能相促进的人才评价使用激励机制,激发高技能人才创新活力,为实施制造强国战略和推动高质量发展提供有力人才支撑。世界经济的竞争,很大程度上是科学技术和制造业的竞争,这种竞争不仅需要一流的管理人才和研究人才,也需要一流的技能人才。推进中国制造向中国创造转变、中国速度向中国质量转变、制造大国向制造强国转变,必须建设一支高素质的技能人才队伍,培养更多的“大国工匠”。

然而,我国技能人才培养过程中仍然面临一些亟待解决的问题。一是技能人才短缺,尤其是高素质技能人才数量少、比例低、招聘难、流动大。据统计,全国高技能人才缺口近 1 000 万。二是技能劳动者水平不高,劳动力可替代性强,技能培训参与度低且培养标准体系不健全。三是技能人才供给与需求存在结构性矛盾,技能培训与生产需求出现错位,服务业等热门领域技能人才出现饱和,但工业类技能人才却相对不足。具体而言,伴随着职业分工的精细化,职业技术、规范的专业化,企业对技能人才的能力和素质提出了新需求,这对技能人才的知识储备、认知能力、沟通协作等方面提出了挑战。在激烈的市场竞争环境下,企业期望雇佣能够快速适应工作、适应环境的技能人才,以实现高质量发展。当前推动高质量发展、壮大实体经济,需要数量充足的技术技能人才作为支撑，如何对接社会和市场需求，培养高素质、高技术、高适应能力的技能人才成为关键。

因此，本书立足于新时代的背景和内涵，分析我国技能人才职业适应能力现状，构建新时代技能人才职业适应能力五维模型，通过探讨新时代技能人才职业适应能力的作用机制，以及组织、领导和个体多个层次对技能人才职业适应能力的影响因素，提出技能人才职业适应能力提升策略与路径，为加快技能人才队伍建设，培养新时代技术型、创新型、复合型技能人才提供理论和实践依据。

第二节　研究意义

一、理论意义

（一）明确新时代技能人才职业适应能力内涵及维度

我国学术界对新时代技能人才职业适应能力尚未有系统化的内涵界定和维度构建。本书在剖析新时代背景下技能人才工作特征演变和工作岗位要求的基础上，界定了新时代技能人才职业适应能力的内涵，构建了新时代技能人才职业适应能力的五维模型，开发了新时代技能人才职业适应能力的本土化量表，填补了新时代技能人才职业适应能力研究领域的理论空白。

（二）探索新时代技能人才职业适应能力作用机制

近年来对职业生涯的研究视角已从传统静态的、可预测的环境向更加动态的、个性化的视角转变，学者们日益关注员工职业适应能力作用机制的研究。本书开拓性地探讨了职业适应能力与离职倾向、工作幸福感和创新绩效之间的关系，明确新时代技能人才职业适应能力的价值，丰富了职业适应能力的相关研究。

（三）构建新时代技能人才职业适应能力多层次影响因素模型

新时代技能人才职业适应能力受到组织、团队、个体等多方面因素影响，截止到 2020 年，学术界对于职业适应能力的研究多仅聚焦于某个层次，并未对其影响因素进行多层次的整合研究与分析。本书基于社会认同理论视角，从组织、领导和个体三个层次探究了新时代技能人才职业适应能力的影响因素和作用机理，构建了新时代技能人才职业适应能力的多层次影响因素模型。

二、现实意义

（一）有利于优化新时代技能人才个体职业生涯发展

随着我国经济进入高质量发展阶段，新时代背景下高质量发展的社会各行业不仅需要专业技术过硬的技能人才，更需要能力全面的复合型技能人才。传统的技能人才仅依靠职业知识与技术手段将难以获得良好的职业生涯发展，唯有在具备专业技能的同时，具有良好的心理适应能力、情绪复原能力并且具备正确的价值取向，成为综合素质完备的复合型人才，才足以应对社会随时更新与快速变化的时代要求。因此，对新时代技能人才职业适应能力开展研究，有利于技能人才突破职业发展的天花板，畅通职业发展通道。

（二）有利于促进新时代技能人才整体队伍素质提升

本书从组织、领导和个体三个层次针对技能人才的职业适应能力的影响因素模型提出技能人才职业适应能力提升策略，并针对技能人才职业适应能力的五个维度提出技能人才职业适应能力提升路径，这对提升技能人才整体队伍的综合素质至关重要，有利于提升技能人才队伍整体的职业综合素质，助推中国制造业的转型升级，为培养大国工匠奠定基础。

第三节 研究目的及创新点

一、研究目的

（一）把握新时代技能人才职业适应能力现状

从新时代背景出发，分析了新时代的内涵，进一步厘清技能人才的内涵演变和队伍现状。在此基础上分析新时代对技能人才的新要求，包括工作要求的演变、综合素质要求的更新、用人单位任用观念以及管理要求的转变等。

（二）提出新时代背景下技能人才职业适应能力内涵与维度

在梳理相关研究和理论的基础上，结合新时代特征，提出新时代背景下技能人才职业适应能力的内涵。在此基础上运用扎根理论构建技能人才职业适应能力的结构维度，为进一步培养提升技能人才职业适应能力奠定基础。

（三）探索新时代背景下技能人才职业适应能力的作用机制

基于新时代背景，考察和探究职业适应能力的作用机制，已有的研究主要集中于适应力在心理状态、职业发展及组织行为三个方面的作用进行探讨。本书选取离职倾向、工作幸福感和创新绩效三个方面作为结果变量，探讨职业适应能力与三者之间的作用机理，以期为管理组织优化提供一些指导建议。

（四）探究新时代背景下技能人才职业适应能力多层次影响因素

(1)通过描述性统计和差异性分析从整体上掌握技能人才职业适应能力现状。

(2)在理论研究的基础上，运用社会认同理论从组织、领导、个体三个层面分析技能人才职业适应能力的影响因素，形成技能人才职业适应能力的多层次影响因素模型。

(3)采用多层次线性模型、结构方程模型、响应面分析等方法探究不同层面技能人才职业适应能力的驱动因素和中间作用机制，进一步验证技能人才职业适应能力影响路径。

（五）提出新时代技能人才职业适应能力提升策略与路径

结合实证研究的结果，从组织、领导及个体三个层面出发，提出技能人才职业适应能力的自我训练与领导、组织干预的建议。同时根据技能人才职业适应能力结构模型提出技能人才职业适应能力培养的实践方法，为技能人才职业适应能力培养提供理论及实践依据。

二、学术创新

（一）基于新时代工作特征的技能人才职业适应能力多维度模型及作用机制

技能人才职业适应能力是技能人才为适应新时代工作要求所必备的基本能力素质。本书在准确掌握新时代背景下技能人才工作特征演化和工作岗位新要求的基础上，采用扎根理论构建了新时代技能人才职业适应能力的五维模型，首次提出将情绪复原能力、心理适应能力、认知能力、价值取向和专业能力作为技能人才职业适应能力的核心要素，建立了具有新时代特色的技能人才职业适应能力综合分析模型，同时探讨了此概念与离职倾向、工作幸福感和创新绩效之间的作用机制，这既是对职业适应能力相关研究的进一步拓展，也为理解离职倾向、工作幸福感和创新绩效的驱动机制提供了新视角。

（二）基于多层次分析方法的新时代技能人才职业适应能力影响路径

新时代背景下技能人才职业适应能力受到个体因素、团队特征和组织文化等多方面的综合影响。本书分别从组织层面、领导层面和个体层面进行了多层次分析，综合利用结构方程模型、响应面分析法和多层次线性分析模型等方法进行实证研究，探究技能人才职业适应能力的形成路径和演化机理，准确掌握新时代背景下技能人才职业适应能力的发展演化方向。

（三）基于社会认同视角的技能人才职业适应能力形成机制

关于技能人才职业适应能力，已有的研究大多只关注了职业院校培育和企业的考核或激励等方面，缺乏对于技能人才主观社会认同的研究。本书首次基于社会认同视角，以角色认同、领导认同和组织认同为中介变量，探索技能人才职业适应能力形成过程的内在机制，以全新的理论视角探究技能人才职业适应能力的提升路径，为组织层面、领导层面和个体层面的管理策略制定提供了理论依据。

第四节　研究思路与方法

一、研究思路与技术路线图

本书共分为四大部分：新时代技能人才队伍现状与职业适应能力内涵及理论研究、新时代技能人才职业适应能力模型构建及现状分析、新时代技能人才职业适应能力作用机制及多层次影响因素研究、新时代技能人才职业适应能力提升策略与路径。本书技术路线如图1-1所示。

（一）新时代技能人才队伍现状与国内外相关研究进展

该部分包括绪论、新时代技能人才现状研究，以及新时代技能人才职业适应能力内涵及理论研究三大章节，主要包括总体思路方法、新时代技能人才现状，以及新时代技能人才职业适应能力内涵及理论三个部分。

绪论就研究背景、研究意义及研究目的做出详细阐述，表明本书的必要性与重要性，同时对本书的创新点及研究思路与方法等进行了概括与总结。

新时代技能人才现状研究章节对技能人才群体的国内外相关研究进行文献梳理与概括，厘清研究对象现状，夯实理论基础。该部分同时结合新时代背景特征，提出新时代背景下国家发展对技能人才发展的新要求。

新时代技能人才职业适应能力内涵及理论研究部分对技能人才职业适应能力国内外研究现状进行理论综述，梳理并归纳相关研究的理论基础，进而明确提出新时代技能人才职业适应能力的概念，为后续研究奠定基础。

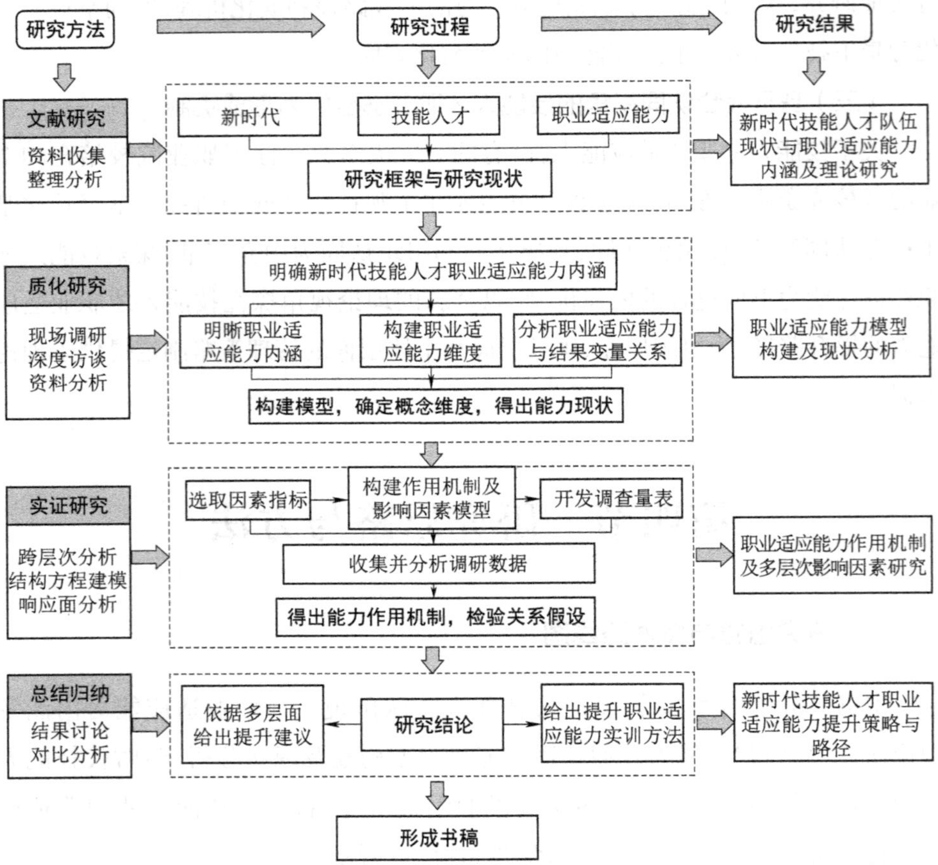

图 1-1　技术路线

（二）新时代技能人才职业适应能力模型构建及现状分析

新时代技能人才职业适应能力的模型构建及现状分析部分包括新时代技能人才职业适应能力模型构建与职业适应能力现状分析两大部分。新时代技能人才职业适应能力模型构建章节运用扎根理论，通过行为事件访谈、现场工作写实等手段，通过严格三级编码等流程，确定新时代技能人才职业适应能力的结构维度，并对各维度内涵进行阐述。在编制相应测量量表的基础上，运用实证手段，阐明新时代技能人才职业适应能力与任务绩效和关系绩效结果变量之间的关系。在此基础上，对新时代技能人才职业适应能力现状进行描述性统计分析，同时针对年龄、工作年限等具体维度进行对比分析。

（三）新时代技能人才职业适应能力作用机制及多层次影响因素研究

以往有关职业适应力的研究多将其用于解释职业发展方面的相关变量，比如：职业成功（闫文昊等，2018）、职业探索（Urbanaviciute 等，2014）、职业规划等（Hirschi 等，2015），一定程度上忽视了职业适应力对其他方面结果变量的影响。本书在探索过程中通过采集大量的数据，实证分析技能人才职业适应能力与离职倾向、工作幸福感和创新绩效之间的作用机理，这是现有相关定性研究的有益补充。

新时代技能人才职业适应能力影响因素研究包括多层次影响路径模型构建与数据收集和实证检验部分。多层次影响路径模型构建与数据收集部分提出可能影响技能人才职业适应能力的相关因素，并进行研究假设，构建技能人才职业适应能力影响因素模型。实证检验部分通过响应面分析等手段分析技能人才职业适应能力影响因素，验证影响因素作用机制，为提升新时代技能人才职业适应能力提供科学支撑与数据支持。

（四）新时代技能人才职业适应能力提升策略与路径

新时代技能人才职业适应能力提升策略与路径部分在数据分析与检验的基础上，构建的技能人才职业适应能力影响因素模型得到验证与支持，在此基础上，提出技能人才职业适应能力提升策略和路径提升体系。其中提升策略部分更加侧重技能人才职业适应能力培训理论体系的构建，提升路径部分更加侧重技能人才职业适应能力提升训练实操体系的设计。

二、研究方法

本书主要采用文献研究与资料分析、质化研究、问卷调查、软件分析与数据统计等研究方法，运用 SPSS、AMOS、Mplus、HLM 等多个统计软件技术。

（一）文献研究与资料分析

查阅中、外文数据库，阅读国内外相关文献资料，了解国内外关于新时代、技能人才、职业适应能力等研究现状，对相关理论进行回顾、梳理和总结归纳，论述技能人才职业适应能力影响因素与模型架构的逻辑关系，初步提出研究模型和研究假设,并对新时代技能人才培育发展现状相关政策进行梳理,厘清技能人才队伍现状,为后续研究奠定基础。

(二)质化研究

为准确把握技能人才职业适应能力的内涵及维度,采用质化研究的方法获取丰富的一手资料,具体采取了关键事件访谈、开放式问卷调查、资料分析与编码等技术手段来获取和整理资料,对收集资料进行归纳与抽象,得出职业适应能力维度。

1. 关键事件访谈

关键事件访谈主要通过技能人才讲述他们所参与的具体事件,获取新时代背景下技能人才工作岗位、工作内容、工作内容等发生的变化,以及他们从事本岗位所需要的基本能力素质要求。在具体的实施过程中,遵循 STAR 原则,通过关键事件访谈不仅可以为新时代技能人才职业适应能力量表的开发获得较丰富的一手素材,还可以帮助判断访谈对象讲述内容的真实性。

2. 开放式问卷调查

关键事件访谈中将辅助以开放式问卷调查手段,问卷中的问题基本与关键事件访谈中的问题保持一致。开放式问卷调查可以使调查对象更为自由地发表观点,如你认为适应本岗位所需要的能力有哪些等。这样不仅有助于收集更为广泛的资料,甚至还可以获得诸多始料未及的研究启示,从而进行更深层次的探索。

3. 资料分析与编码

对通过上述方式获得的资料数据,采取 Boyatzis(1998)提出的主题分析法(Thematic Analysis)的原则和步骤进行分析。首先,做好关键事件访谈记录工作(可能情况下进行录音),以便详细分析和补充遗漏之处,同时将开放式问卷回收的内容作为主题分析的原始材料来源,由项目团队成员通读材料并结合相关文献,确定初步类别和进行初次编码。然后,将含义相近的类别归纳为同一主题,并尝试概括和界定这些主题的特点。最后,再次进行开放式问卷调查,以判断提炼出的主题能否全面概括访谈的内容,并依据访谈对象的反馈对主题数量、定义进行修正和调整,作为后续开发量表的依据。

(三)问卷调查

除了上述开放式问卷调查外,还实施了多轮问卷调查,包括小规模问卷调查和多阶段正式问卷调查。通过小规模问卷调查的方式检验新时代技能人才职业适应能力量表的信效度，通过正式问卷调查检验技能人才职业适应能力的多层次影响因素。

1. 小规模问卷调查

根据上述质化研究获得的主题，遵循量表开发的基本程序编写条目，设计新时代技能人才职业适应能力量表。然后到上述进行质化研究的企业，采取小规模问卷调查，检验量表的信效度。根据检验结果进行修订，如果信效度没有达到推荐值，则需要重复进行小规模问卷调查与量表修订的工作，直到量表的信效度达到推荐值。

2. 正式问卷调查

为了检验技能人才职业适应能力的作用机理及多层次影响因素，采用三次正式问卷调查来完成。第一次正式问卷调查研究组织层面技能人才职业适应能力的影响因素，主要测量高绩效工作系统、组织认同、开放性人格、职业适应能力；第二次正式问卷调查研究领导层面技能人才职业适应能力的影响因素，主要测量服务型领导、辱虐型领导、领导认同、开放性人格、职业适应能力；第三次正式问卷调查研究个体层面技能人才职业适应能力的影响因素，主要测量自身价值观、领导价值观、角色认同、开放性人格、职业适应能力。

（四）软件分析与数据统计

本书选取单因素分析、多层次分析法、结构方程模型、响应面分析等技术，采用 SPSS、AMOS、Mplus、HLM 等软件，对不同统计变量下技能人才职业适应能力差异、研究模型和研究假设进行相应的数据统计与实证检验。

1. 单因素分析

运用 SPSS 统计分析软件，对不同年龄、工作年限、婚姻状况、教育背景、技术等级下技能人才在情绪复原能力、心理适应能力、认知能力、价值取向、专业能力上的差异进行单因素检验，了解技能人才职业适应能力的现状。

2. 多层次分析法

运用 Mplus、HLM 软件建立多层次线性模型，解决组织层面影响因素研究中涉及的组织层面高绩效工作系统对个体组织认同和职业适应能力产生的多层次影响。

3. 结构方程模型

借助 AMOS 软件建立结构方程模型，对变量进行验证性因子分析，并检验服务型领导和辱虐型领导对职业和适应能力的影响及机制。

4. 响应面分析

运用 SPSS 软件，利用二次响应面回归技术分析领导—技能人才价值观一致性对职业适应能力的影响及机制。

第二章

新时代技能人才现状研究

本章对研究对象——技能人才群体进行了重新定义，新时代背景下技能人才群体的涵义与过去早有不同。本章结合新时代背景，对“新时代”的内涵与特征进行阐述，明确新时代技能人才群体内涵，并分析、梳理新时代对技能人才的要求变化，对新时代技能人才队伍、政策现状进行现状研究，为本书技能人才职业适应能力提升策略的提出奠定坚实基础。该部分同时结合新时代背景特征，提出新时代背景下技能人才队伍的新要求。

第一节　新时代内涵

改革开放以来，中国共产党带领人民在继承和弘扬伟大民族精神的基础上，立足新的时代条件，赋予中华民族精神以新的时代内涵。对于中国而言，新时代表明我国的历史方位的前进、发展目的的坚定、战略目标的变化、民族梦想的复兴与国际贡献的创造。在党的十九大会议中，习近平总书记在报告中 36 次提到“新时代”一词，正式宣布中国特色社会主义进入新时代，并从三个维度阐释了我国新时代的内涵。

一、历史的维度——强起来的时代

新时代是承前启后、继往开来、在新的历史条件下继续夺取中国特色社会主义伟大胜利的时代。新时代，我国正处于一个前所未有的历史方位中。习近平总书记在报告中强调，我们的现阶段，比历史上任何时期都更接近、更有信心也更有能力实现中华民族伟大复兴的目标。纵观我国近代史以来的演变历程，我国实现从站起来、富起来到强起来的伟大飞跃，终于走进迈入世界强国行列的历史阶段。现行的中国作为世界第二大经济体，综合国力空前强盛，诸多科技研究成果处于国际领先水平，在国际决策中拥有有力的参与权与话语权，在全球范围内的战略与会议中扮演着重要的角色。新时代正是通过对中国的近代历史不断进行扬弃、继承、创新与发展,继承优良传统,汲取经验教训,顽强拼搏,艰苦奋斗,为下一历史阶段提供前进的积淀。新时代带着历史的稳妥厚重,同时具有未来的朝气蓬勃,承前启后,继往开来。

二、制度的维度——体制机制更加完善的时代

新时代是全国各族人民团结奋斗、不断创造美好生活、逐步实现全体人民共同富裕的时代。随着经济发展进入新常态,深层次的改革逐步开展,调结构、转方式、谋发展、促增长等供给侧结构性改革有条不紊地进行,体制机制不断完善,治理体系和治理能力不断增强,市场经济体制逐步建立健全,中国正在着力构建"系统完备、科学规范、运行有效"的制度体系。体制机制的完善使我们在道路、理论、制度、文化上更加自信,开创了中国特色社会主义新境界。新时代始终以实现共产主义为最高理想,坚持中国特色社会主义为基本制度,时刻谨记,为人民谋幸福,是党坚定不移的初心;带领人民创造美好生活,是党始终不渝的奋斗目标。从"物质文化需要"到"美好生活需要",从"落后的社会生产"到"不平衡不充分的发展",新时代对我国社会主要矛盾的认识变化,彰显了党坚持以人民为中心的发展思想和工作导向。

三、国际的维度——贡献中国智慧和中国方案的时代

经过70多年的发展尤其是改革开放40多年的探索,中国已发生了翻天覆地的变化。中国已成为世界最大的经济增长引擎,在全球贸易保护主义抬头的今天,中国作为国际形势的稳定之锚、世界增长的发动机、和平发展的正能量、全球治理的新动力的作用已不容小觑。马丁·雅克在《大国雄心》中指出,中国在国际舞台上早就不仅仅是一个建设者,更是一位设计者。中国正在日益走向世界舞台的中央,更加积极地参与全球的治理。亚洲基础设施投资银行(简称亚投行)等金融机构的设立与运营,"一带一路"倡议、人类命运共同体的提出与实施,上海合作组织(简称上合组织)青岛峰会、中非合作论坛北京峰会的召开,在当前大发展大变革大调整时期,中国始终秉持"世界好,中国才能好;中国好,世界才更好"的理念,正在努力打造一个持久和平、普遍安全、共同繁荣、开放包容、清洁美丽的世界新格局。

第二节　技能人才内涵演变及现状

技能人才是产业工人的优秀代表，是我国人才队伍的重要组成部分，是实施人才强国战略、就业优先战略和创新驱动发展战略不可或缺的宝贵人才资源。在进入中国特色社会主义新时代，培育经济新动能、实现经济高质量发展的时期，加强技能人才队伍建设具有一定的历史意义和现实作用。随着社会的发展，对技能人才的要求也越来越高。技能人才是一个变化的概念，在不同的历史时期、不同的社会经济形态中，有不同的概念界定。从古至今，技能人才概念经历了一系列历史演变——从农业社会的匠人到信息社会的知识工人。这个概念演变代表了新的历史条件下世界产业发展和劳动力发展的一种潮流，也代表了世界性职业变动的一种潮流。

一、新时代技能人才内涵演变

（一）农业社会——匠人

在农业经济时代，生产力水平低下，人类开发、利用资源的手段有限，个体手工业者等成为中国社会的第一批技能工作者。他们被称之为“匠人”“师傅”“手艺人”，其中被称为能工巧匠的人就是“高技能人才”雏形，即工艺精湛、能做出特色产品或有绝活的技能人才。

（二）工业社会——技师

进入工业社会后，人们开发、利用资源的手段增强，特别是中世纪出现工厂以后，技能劳动者工作的技术含量增加，高技能人才概念更趋职业化。这个时期的高技能人才不仅要带徒弟，还要负责管理工作。最初这种人才被称呼为“师傅”，明清时期称之为“技手”“技士”，美英等国称之为“工艺师”“技术师”，日韩等国称为“技能长”“高级技术士”。

（三）信息社会——知识工人

随着人类社会的发展，社会资源发生了战略性转变，已由资本和劳动转向信息和知识。通信和互联网技术上的发明与进步缩短了信息的流动时间，加快了变化的步伐，新的信息技术将首先用来解决旧工业上的任务，然后逐渐产生新的活动、新的方法和新的产品。在这样的背景下，技能人才的概念也发生了变化。

最早在美国提出了“知识工人”概念,即能够在各自岗位上快速获得信息和加速处理信息,从而保证企业高效运转的工人。如今,随着我国经济转型升级、产业迈向中高端,高技能人才也出现了新的称谓,用“高级蓝领”“银领”等词汇来描述和界定新的、发展中的高技能人才群体。

我国对于技能人才的认识经历了一个动态发展过程。1956 年,毛泽东主席在最高国务会议第六次会议上,在谈到实现我国达到世界先进水平的目标时,指出要有“数量足够的、优秀的科学技术专家”,这里提到的“技术专家”是指与普通技术工人相对应的具有较高水平的技术人才,但此时并没有对人才进行明确分类。2003 年 12 月 20 日胡锦涛总书记在第一次全国人才工作会议讲话中首次提出了“高技能人才”概念,随后政府在《关于进一步加强高技能人才工作的意见》《关于印发高技能人才培养体系建设“十一五”规划纲要的通知》《国家中长期人才发展规划纲要 2010—2020 年》《高技能人才队伍建设中长期规划(2010—2020)》等文件中均提到了“技能人才”。目前较为一致的概念是:高技能人才是具有高超技艺和精湛技能,能够进行创造性劳动,并对社会做出贡献的人,主要包括技能劳动者中取得高级技工、技师和高级技师职业资格的人员。这些人员为职业资格等级中第三级、第二级和第一级三个等级的人员。这个定义虽然依旧强调技能、职称和职业资格等级,但在此基础上,该定义明确提出技能人才要对社会做出贡献,突出劳动者的社会意义。

如何对技能人才准确界定,各个学者有自己不同的看法,目前学术界尚存在争议,综合分析学界观点,大致有以下几种释义:

第一种释义的依据是职业资格证书。如人力资源和社会保障部在《关于印发高技能人才培养体系建设“十一五”规划纲要的通知》文件中对高技能人才进行了解释:高技能人才是在生产、运输和服务等领域岗位一线的从业者中,具备精湛专业技能,在关键环节发挥作用,能够解决生产操作难题的人员。高技能人才主要包括技能劳动者中取得高级技工、技师和高级技师职业资格及相应职级的人员,可分为技术技能型、复合技能型、知识技能型三类人员。高技能人才主要分布在一、二、三产业中技能含量较高的岗位上。

第二种释义的依据是职称的等级。专业技术职务分为初级、中级和高级,其中初级与技能工人类似。而高技能人才属于技术工人中的精英,大体上相当于专业技术职务中的副高级、正高级职称,只有技师和高级技师才能与此匹配。

第三种释义则认为高技能人才的概念是发展变化的,不可以用职称或职业资格证书等方式硬性界定，身怀绝技或技艺精湛的能工巧匠，技术含量较高的技术技能型、掌握高新技术知识的知识技能型，以及掌握各种不同技能的复合技能型人才都可以称之为高技能人才。如卢志米(2014)认为高技能人才是经过专门培养和训练，掌握高水平的应用技术、技能和理论知识，并具有创造性和独立解决关键性问题能力的高素质劳动者，内容上必须充分涵盖“知、技、意”三个方面。于志晶(2015)认为技术技能人才是指具有一定的专业知识和专门技能，主要在生产、服务、管理第一线上进行创造性劳动的员工。刘春生在“高技能人才界说”一文中认为，高技能人才更多的是技术型和技能型人才的交叉，不仅仅是位于技能型人才的高层次队列，更应是具有精湛技术的技能型人才。高技能人才作为技能人才队伍中发展生产力的骨干力量，具有以下特征：一是具备高超的技艺和技巧，具有丰富的实践经验；二是具备较强的岗位适应能力和应变能力；三是具备落实创造能力。

总的来说，有关技能人才的内涵，学术界较为认可的是结合时代特征、根据国家技能人才有关政策的规定对技能人才进行定义。根据国家职业大典、技能人才相关政策文件及学术研究，技能人才是一线生产岗位和一线商业服务岗位中获得国家职业资格证书的劳动者，包括高级技师、技师、高级工、中级工和初级工(其中高级技师、技师和高级工为高技能人才)，包含有职业资格证书的初级工、中级工。其中，高技能人才是具有高超技艺、精湛技能、工匠精神，能够进行创造性劳动，并对社会作出贡献的人，特指技能劳动者中取得高级技工、技师和高级技师职业资格的人员。

二、新时代技能人才队伍现状

(一)技能人才队伍统计现状

2018 年，我国共有技能劳动者 1.65 亿人，仅占就业人员总量的 21.3%；高技能人才 4 791 万人，仅占技能劳动者总数的 29%。随着国家对技能人才的关注度提升，我国技能人才的总体数量在持续增长，具体表现在我国参加技能人才职业资格鉴定的人数和取得技能人才职业资格证书的人数整体均呈增长趋势。

1. 技能人才职业资格鉴定总体参与情况

本节参考《中国劳动统计年鉴(2017)》数据，对我国技能人才参与职业资格鉴定情况进行总结。

据统计，技能人才获取资格证书的人数变化与技能人才的鉴定人数存在较强的线性关系,2006—2016 年,基本均呈增长趋势,如图 2-1 和图 2-2 所示。此外,从整个职业资格鉴定人数及获得职业资格证书人数来看,我国中低技能劳动者占据绝对的数量优势;我国参加高技能人才职业资格鉴定的人数占总鉴定人数的比重和取得高技能人才职业资格证书的人数占取得资格证书总人数的比重均呈现出不断增长的态势(见表 2-1 和表 2-2)。

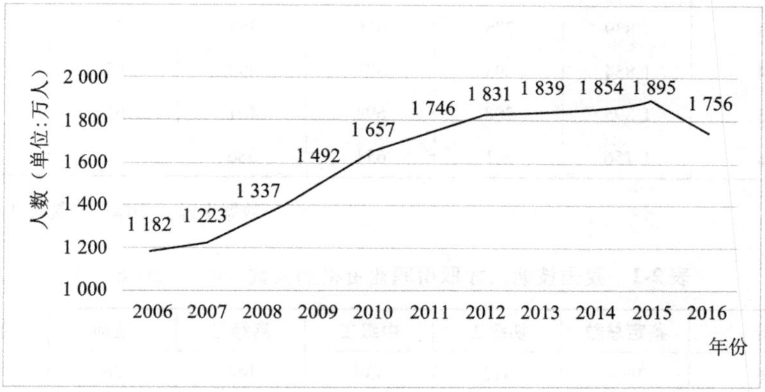

图 2-1　参加技能人才职业资格鉴定的人数(2006—2016 年)

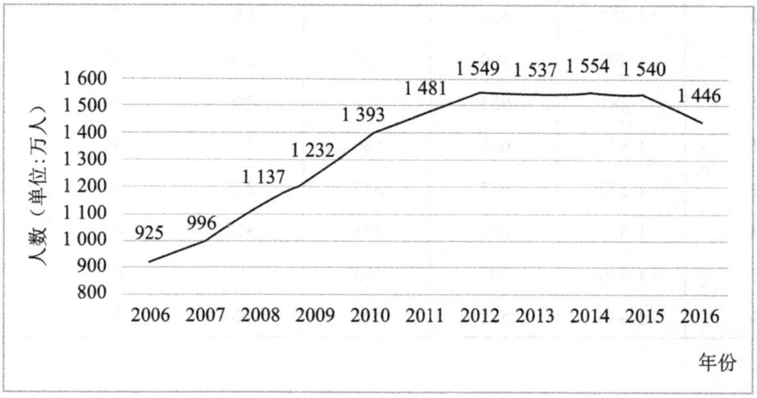

图 2-2　我国技能人才获得职业资格的人数(2006—2016 年)

表 2-1　参加技能人才职业资格鉴定的人数(2006—2016 年)　(单位:万人)

年份	鉴定总数	初级工	中级工	高级工	技师	高级技师
2006	1 182	414	527	191	43	6
2007	1 223	439	542	191	44	7
2008	1 337	510	576	203	40	8

续上表

年份	鉴定总数	初级工	中级工	高级工	技师	高级技师
2009	1 492	603	611	213	54	11
2010	1 657	677	653	272	45	10
2011	1 746	725	658	310	43	10
2012	1 831	754	661	348	50	18
2013	1 839	775	636	351	58	19
2014	1 854	693	675	393	65	28
2015	1 895	708	699	401	66	21
2016	1 756	641	654	386	58	17

数据来源:《中国劳动统计年鉴(2017)》

表 2-2　我国技能人才取得职业资格的人数(2006—2016 年)　(单位:万人)

年份	鉴定总数	初级工	中级工	高级工	技师	高级技师
2006	925	312	439	144	26	4
2007	996	369	452	143	27	5
2008	1 137	449	489	161	32	6
2009	1 232	525	513	152	34	8
2010	1 393	590	554	210	32	7
2011	1 481	653	546	246	29	7
2012	1 549	666	560	276	34	13
2013	1 537	677	537	273	38	12
2014	1 554	609	571	312	43	19
2015	1 540	592	583	309	42	14
2016	1 446	555	548	296	35	12

数据来源:《中国劳动统计年鉴(2017)》

但是,技能人才比例偏低且结构不合理,高技能人才严重匮乏,已成为制约我国产业发展和企业竞争力提升的重要瓶颈。根据政府相关部门发布的统计数据,目前我国制造业人才规模位居世界前列,但技能人才队伍建设中总量和结构问题使得技能短缺问题在我国尤其突出,这一现象在制造业中更为严峻。一方面,技能供给的总量与需求相比存在差距。甚至有专家指出,劳动力素质偏低和技能人才缺乏是我国实现制造业强国目标最大的"拦路虎"。麦肯锡管理咨询公司报告预测显示,在新一轮产业转型升级大潮中,我国对高技能人才的需求每年呈现飞速增长的态势，截至2020年底已出现2 400万人的供应缺口。由此不难看出，高技能人才缺乏将成为新时代背景下制造业发展战略在实施层面的重要问题。另一方面，技能的供需结构不匹配问题持续存在。2017年发布的《制造业人才发展规划指南》预测了未来十大重点领域的人才需求，至2025年人才缺口超过400万个的有四个领域，分别是新一代信息技术产业、电力装备、高档数控机床和机器人、新材料，人才缺口预测分别达到950万人、909万人、450万人和400万人。从市场供求看，近几年人才市场上，技术工人的求人倍率一直在1.5以上，而对高级技术工人的求人倍率超过2，技工紧缺现象逐步从东部沿海扩散至中西部地区，从季节性演变为经常性。另外，值得注意的是，当前我国技能人才不仅供求结构不合理，而且在年龄结构上也非常不合理，总体来看是高技能人才年龄偏大，中青年高技能人才占比较小，并且技能人才的区域分布存在较大程度的不均衡。

2. 各地区技能人才职业资格鉴定参与情况

为了解技能人才选拔现状，掌握技能人才职业资格取得情况，以地区为分类单位，对2016年技能人才参与职业资格鉴定情况进行现状分析(见表2-3)。

我国参与职业资格鉴定的人数已经初具规模，2016年技能人才职业资格鉴定参与人数排名在前5位的地区分别为山东、江苏、广东、浙江与四川，其中山东有1 694 221名技能人才参与职业资格鉴定，居于所有地区首位；西藏、海南、青海与新疆兵团技能人才参与职业资格鉴定较少，均在10万人以下，其中西藏技能人才参与职业资格鉴定的人数最少，为23 626人。该数据反映出我国技能人才地域分布差异性较大。

表2-3 各地区技能人才职业资格鉴定参与人数(2016年) (单位:人)

地区	鉴定总数	初级	中级	高级	技师	高级技师
中央企业试点	218 756	66 909	84 625	55 865	8 677	2 680
山东	1 694 221	767 742	466 086	385 063	54 510	20 820
江苏	1 691 573	366 111	893 819	399 846	29 236	2 561
广东	1 312 832	409 516	498 787	343 778	48 139	12 612
浙江	849 009	284 230	264 226	260 839	35 645	4 069
四川	767 369	213 064	375 981	163 797	12 270	2 257
安徽	623 569	255 853	211 714	137 617	17 610	775
云南	567 885	262 656	174 240	121 701	7 923	1 365

续上表

地区	鉴定总数	初级	中级	高级	技师	高级技师
湖北	560 208	128 246	281 353	120 675	16 404	13 530
福建	549 536	100 573	293 524	133 941	18 846	2 652
河南	536 980	230 618	138 241	152 143	12 935	3 043
甘肃	532 742	385 475	136 718	9 875	506	168
湖南	515 056	210 964	194 747	83 263	20 209	5 873
河北	454 554	173 182	134 161	104 336	25 109	17 766
陕西	437 038	158 875	206 497	68 108	2 945	613
上海	426 927	173 103	134 306	101 034	14 641	3 843
重庆	401 222	128 784	220 975	38 979	8 054	4 430
山西	400 893	102 350	144 240	141 967	11 135	1 201
广西	397 547	209 402	139 617	42 764	5 022	742
新疆	314 596	252 604	40 465	16 439	4 021	1 067
江西	300 698	62 885	184 758	43 582	8 523	950
辽宁	254 099	85 218	91 685	50 970	22 130	4 096
内蒙古	226 411	82 817	72 416	48 903	18 422	3 853
黑龙江	214 345	86 309	54 196	59 846	12 590	1 404
贵州	206 137	86 046	88 302	30 766	707	316
北京	191 714	70 296	42 314	54 869	17 670	6 565
天津	189 173	92 555	63 321	23 666	5 316	4 315
吉林	104 475	42 967	41 106	15 348	4 169	885
宁夏	102 285	75 933	21 049	4 311	887	105
新疆兵团	87 532	27 559	41 805	15 399	2 561	208
青海	59 016	45 642	6 571	5 463	1 289	51
海南	35 221	13 206	18 921	3 049	44	1
西藏	23 626	12 577	7 797	2 011	1 241	0
地方合计	15 028 489	5 597 358	5 683 938	3 184 348	440 709	122 136

数据来源:《中国劳动统计年鉴(2017)》

我国目前技能人才队伍参与并取得资格鉴定情况较好,2019 年人社部统计公报显示,2019 年技能人才职业资格鉴定考核总体通过率为 80.1%,通过率较高。2016 年参与并通过技能人才职业资格鉴定测试,取得职业资格鉴定等级证书的排名前 5 的地区为山东、江苏、广东、四川与浙江,与技能人才参与职业资格鉴定数量前5的地区一致；相比之下西藏、海南、青海与新疆兵团技能人才通过职业资格鉴定技能人才数量较少，在表2-3与表2-4中，参与职业资格鉴定考核的地区排名与通过职业资格鉴定考核地区排名一致性较高。

表2-4 各地区技能人才通过职业资格鉴定人数（2016年）（单位：人）

地区	通过鉴定总数	初级	中级	高级	技师	高级技师
山东	1 530 135	736 259	420 113	316 839	40 119	16 805
江苏	1 463 980	324 725	795 784	322 020	19 514	1 937
广东	867 702	306 350	327 083	209 847	18 518	5 904
四川	691 588	192 602	339 223	148 942	9 251	1 570
浙江	687 681	246 219	223 242	197 186	19 402	1 632
湖北	527 230	124 408	275 227	105 440	13 192	8 963
安徽	509 735	217 434	176 136	108 547	7 423	195
甘肃	494 944	358 432	126 812	9 172	386	142
云南	487 537	251 829	145 614	84 724	4 607	763
河南	459 757	216 426	122 617	111 123	7 414	2 177
湖南	421 679	193 037	153 535	57 958	13 219	3 930
福建	419 179	89 293	233 668	88 010	7 244	964
河北	398 900	161 284	119 618	86 326	18 835	12 837
陕西	371 006	127 686	179 070	61 700	2 080	470
山西	352 044	88 806	128 755	126 700	6 910	873
重庆	345 793	114 106	194 424	28 099	5 595	3 569
广西	336 605	185 733	119 069	27 440	3 807	556
新疆	283 669	230 868	33 462	14 663	3 800	876
江西	278 749	62 624	176 602	34 898	4 187	438
上海	268 492	127 428	82 221	52 537	4 451	1 855
辽宁	206 772	70 615	74 623	43 221	15 749	2 564
黑龙江	200 935	81 646	52 306	54 732	11 059	1 192
内蒙古	188 602	75 663	64 483	33 172	12 346	2 938
贵州	184 435	79 492	76 765	27 225	651	302
天津	178 636	87 861	60 336	22 102	4 369	3 968
中央企业试点	130 919	39 130	49 146	35 668	5 163	1 812
北京	127 555	51 964	32 451	33 921	5 899	3 320
宁夏	88 192	68 361	16 017	3 163	577	74
新疆兵团	82 063	26 136	39 210	14 124	2 404	189
吉林	75 315	28 842	32 833	10 739	2 272	629

续上表

地区	通过鉴定总数	初级	中级	高级	技师	高级技师
青海	44 825	36 154	4 731	2 966	950	24
海南	28 327	11 332	14 631	2 336	27	1
西藏	15 141	8 334	5 605	872	330	0
地方合计	12 617 203	4 981 949	4 846 266	2 440 744	266 587	81 657

数据来源:《中国劳动统计年鉴(2017)》

为响应国家号召,各地区均大力建设技能人才职业资格鉴定测试机构与考点,支持技能人才选拔工作,考点分布现状见表2-5。据统计,四川、江苏、上海、安徽及江西鉴定机构数分别为703个、542个、503个、413个及391个,位列前五。广东、河南、云南、四川、陕西考评人员人数位列各地区前五,分别为55 142人、14 449人、12 976人、12 503人及10 463人。根据劳动统计年鉴,各个地区鉴定考点及考评人员数量呈逐年递增的总趋势。

表2-5　各地区技能人才职业资格鉴定考点分布现状(2016年)　(单位:人)

地区	鉴定机构总数	鉴定所数量	鉴定站数	工考委和中央企业试点单位数	考评人员人数
中央企业试点	18	0	0	18	12 048
四川	703	308	395	0	12 503
江苏	542	287	0	255	3 236
上海	503	303	200	0	5 369
安徽	413	0	413	0	7 655
江西	391	302	89	0	4 722
河南	368	265	86	17	14 449
云南	290	204	86	0	12 976
山东	245	2	243	0	2 120
陕西	233	118	115	0	10 463
山西	166	136	30	0	8 306
贵州	152	152	0	0	3 714
辽宁	150	141	9	0	928
福建	149	145	4	0	4 665
内蒙古	139	0	138	1	8 619
湖南	135	135	0	0	102

续上表

地区	鉴定机构总数	鉴定所数	鉴定站数	工考委和中央企业试点单位数	考评人员人数
天津	130	95	24	11	3 331
广西	119	104	1	14	3 408
湖北	106	106	0	0	221
新疆	98	74	24	0	4 788
海南	93	87	6	0	92
甘肃	87	87	0	0	426
浙江	79	45	34	0	1 577
北京	74	63	1	10	678
宁夏	60	59	1	0	2 485
青海	58	29	29	0	629
重庆	53	53	0	0	1 091
新疆兵团	51	31	20	0	1 160
黑龙江	49	36	13	0	959
河北	36	36	0	0	6 042
广东	26	26	0	0	55 142
西藏	20	6	14	0	24
吉林	15	15	0	0	513
地方合计	5 751	3 450	1 975	326	194 441

数据来源:《中国劳动统计年鉴(2017)》

3. 我国各地区技能人才职业教育现状

为了解技能人才培育现状,掌握技能人才教育机构与资源分布情况,该部分的研究以地区为分类单位,对2016年技能人才职业教育资源分布情况进行统计分析。从表2-6可以看出,各地区大力设立职业技术院校,其中山东、河北、广东、河南及陕西技工学校数量分别为194个、175个、166个、149个及133个,在各地区中依次排名前五。广东、山东、江苏、河南及河北在职教职工人数为各地区前五名,分别为29 249人、29 133人、18 882人、14 089人及13 076人,据统计,各个地区职业教育机构在职教职工人数逐年递增。

表 2-6　各地区职业教育资源分布现状(2016 年)

地区	技工学校(个)	在职教职工人数(人)	文化技术理论课教师(人)	生产实习指导教师(人)	一体化教师(人)	兼职教师人数(人)
山东	194	29 133	16 604	6 304	9 225	4 017
河北	175	13 076	7 107	2 432	2 683	2 062
广东	166	29 249	13 515	8 109	8 871	2 254
河南	149	14 089	6 523	3 640	4 132	2 666
陕西	133	10 437	4 498	2 674	1 853	2 102
湖南	130	11 056	5 185	3 498	3 351	2 346
黑龙江	127	10 893	5 788	2 295	2 801	1 603
湖北	124	7 639	3 850	1 844	1 541	958
江苏	121	18 882	9 979	4 650	6 118	3 181
辽宁	108	8 552	4 775	1 186	1 469	1 599
新疆	108	11 520	6 710	1 858	3 417	2 179
山西	98	8 684	3 810	1 971	1 802	1 355
江西	89	9 604	5 029	2 035	2 367	2 014
安徽	86	7 676	4 298	1 423	1 796	1 433
甘肃	82	4 553	2 163	915	659	886
四川	81	10 480	5 909	1 953	2 867	1 724
浙江	78	11 229	6 454	2 356	3 631	1 333
贵州	69	6 455	3 173	1 556	1 424	988
福建	62	4 070	2 072	975	982	817
吉林	60	3 727	1 761	774	1 308	630
重庆	51	4 590	1 945	1 043	1 304	1 365
内蒙古	50	6 276	3 718	1 048	1 535	821
广西	43	6 120	2 910	1 713	1 550	763
云南	36	5 038	2 987	1 272	1 627	1 138
北京	29	3 277	1 258	627	992	1 383
天津	28	2 513	1 139	504	867	259
宁夏	24	2 873	1 558	317	598	632
青海	14	1 838	950	489	536	361
海南	11	1 524	970	347	476	147
全国	2 526	265 053	136 638	59 808	71 782	43 016

数据来源:《中国劳动统计年鉴(2017)》

从表2-7可以看出，广东、山东、江苏、浙江、新疆用于技能人才培养与职业教育机构建设的拨款数额较高，在技能人才培养成果方面，广东、山东、河南、河北、山西成效显著。

表2-7　各地区职业院校建设及培育成果情况（2016年）

地区	经费来源（亿元）	招生学校数（所）	招生人数（人）	在校学生人数（人）	毕业生人数（人）	就业人数（人）
广东	96.4	147	186 303	532 587	161 419	158 128
山东	45.1	167	133 600	335 348	89 629	87 074
江苏	34.1	108	101 975	243 271	71 219	70 360
浙江	24.3	72	47 800	137 923	33 880	33 387
新疆	17.6	75	34 807	86 769	12 108	11 255
河南	16	104	108 296	267 042	85 050	82 701
北京	15.7	19	12 272	35 232	12 584	12 355
河北	14.5	110	43 842	100 535	41 257	40 603
辽宁	13.9	64	22 425	62 313	21 015	20 350
陕西	12.3	131	63 635	133 876	38 359	36 407
广西	12.1	43	55 476	111 627	25 146	24 716
黑龙江	10.8	80	23 205	56 295	27 561	27 152
湖南	10.8	70	47 606	135 654	29 207	28 717
云南	10.6	36	53 259	132 165	28 815	27 999
重庆	10.4	44	29 492	97 522	23 317	22 897
四川	10.4	61	39 632	106 669	30 136	29 650
江西	9.5	75	50 411	126 665	31 499	30 758
安徽	9.1	54	24 735	56 378	19 328	18 960
山西	8.6	63	34 077	100 546	38 225	37 806
湖北	8	77	34 694	79 156	27 034	26 292
福建	6.1	42	32 244	59 016	17 500	17 240
天津	5	25	8 034	21 795	5 917	5 786
贵州	4.5	55	36 839	85 207	19 421	18 953
内蒙古	4.4	36	8 076	16 841	6 157	5 935
甘肃	4.3	30	11 984	39 559	14 948	14 334

续上表

地区	经费来源（亿元）	招生学校数（所）	招生人数（人）	在校学生人数（人）	毕业生人数（人）	就业人数（人）
吉林	3.4	60	13 454	29 520	8 061	7 908
海南	3.3	11	8 295	21 802	5 762	5 615
青海	2.8	12	3 026	16 753	5 778	5 542
宁夏	1	11	2 489	3 457	336	325
全国	425	1 882	1 271 983	3 231 523	930 668	909 205

数据来源:《中国劳动统计年鉴(2017)》

国内各地区均积极响应国家号召,顺应时代发展潮流,致力于技能人才的选拔与培育,大范围内设立技能人才职业技术院校,设立职业技能资格鉴定考点,为高素质技能人才的培育工作奠定基础。

（二）技能人才相关政策现状

近年来,国家众位领导人对技能人才群体表示高度关心,国家同样出台多项政策对该群体表示密切关注。据梳理,技能人才相关政策、制度与文件出处包括6类,分别为国家领导人讲话、国务院政策文件、教育部政策文件、人社部政策文件、全国教育大会及职业教育大会。

1. 习近平总书记系列重要讲话

2013年4月28日,习近平总书记在全国总工会同全国劳动模范代表座谈,在听完只有初中文化、通过刻苦学习成为高级技师和知识型工人的中铁一局电务公司电力高级技师窦铁成发言后,习近平总书记指出:“工业强国都是技师技工的大国,我们要有很强的技术工人队伍。”

2014年6月23日,习近平总书记就加快职业教育发展作出重要指示,指出:“要树立正确人才观,培育和践行社会主义核心价值观,着力提高人才培养质量,弘扬劳动光荣、技能宝贵、创造伟大的时代风尚,营造人人皆可成才、人人尽展其才的良好环境,努力培养数以亿计的高素质劳动者和技术技能人才。”

2015年4月28日,习近平总书记在庆祝“五一”国际劳动节暨表彰大会上明确指出:“在前进道路上,我们要始终高度重视提高劳动者素质,培养宏大的高素质劳动者大军。劳动者素质对一个国家、一个民族发展至关重要。劳动者的知识和才能积累越多,创造能力就越大。提高包括广大劳动者在内的全民族文明素质,是民族发展的长远大计。面对日趋激烈的国际竞争,一个国家发展能否抢占先机、赢得主动，越来越取决于国民素质特别是广大劳动者素质。要实施职工素质建设工程，推动建设宏大的知识型、技术型、创新型劳动者大军。”

2016 年 3 月 5 日，习近平总书记参加十二届全国人大四次会议上海团审议时强调：“我们要想办法调动一线工人、制造业工人、农民工的积极性，这也是社会主义的本质要求。工人阶段是主人翁，主人翁的地位要体现出来。”

2016 年 4 月 26 日，习近平总书记在知识分子、劳动模范、青年代表座谈会上指出：“素质是立身之基，技能是立业之本。”“无论从事什么劳动，都要干一行、爱一行、钻一行。在工厂车间，就要弘扬‘工匠精神’，精心打磨每一个零部件，生产优质的产品。”

2017 年 2 月 6 日，习近平总书记主持召开中央全面深化改革领导小组第三十二次会议上，审议通过《新时期产业工人队伍建设改革方案》，强调“要从巩固党的执政基础的高度，从促进我国经济社会持续健康发展的高度，加快产业工人队伍建设改革，坚持全心全意依靠工人阶级的方针，按照‘政治上保证、制度上落实、素质上提高、权益上维护’的总体思路，针对影响产业工人队伍发展的突出问题，创新体制机制，提高产业工人素质，畅通发展通道，依法保障权益，造就一支有理想守信念、懂技术会创新、敢担当讲奉献的宏大的产业工人队伍。”

2017 年 10 月 18 日，习近平总书记在党的十九大报告中提出：“建设知识型、技能型、创新型劳动大军，弘扬劳模精神和工匠精神，营造劳动光荣的社会风尚和精益求精的敬业风气。”

2018 年 10 月 29 日，习近平总书记在中南海同中华全国总工会新一届领导班子成员集体谈话并发表重要讲话。习近平总书记指出：“完成党的十九大提出的目标任务，必须充分发挥工人阶级主力军作用。要围绕树立新发展理念、推动高质量发展、建设现代化经济体系，引导职工以‘当好主人翁、建功新时代’为主题，深入开展各类竞赛活动。要加强产业工人队伍建设，加快建设一支宏大的知识型、技能型、创新型产业工人大军。劳动模范是民族的精英、人民的楷模。大国工匠是职工队伍中的高技能人才。工会要协同各个方面为劳动模范、大国工匠发挥作用搭建平台、提供舞台，培养造就更多劳动模范、大国工匠。”

2019 年 8 月 20 日，习近平总书记前往甘肃考察，了解当地职业教育培训和祁连山生态环境修复保护等情况。他指出：“中国经济需要实体经济作支撑，需要大量实用型技术人才，需要大批大国工匠。职业教育前途广阔、大有可为。”

2019 年 9 月 23 日，习近平总书记对我国技能选手在第 45 届世界技能大赛上取得佳绩作出重要指示。习近平总书记在指示中强调:“劳动者素质对一个国家、一个民族发展至关重要。技术工人队伍是支撑中国制造、中国创造的重要基础,对推动经济高质量发展具有重要作用。要健全技能人才培养、使用、评价、激励制度,大力发展技工教育,大规模开展职业技能培训,加快培养大批高素质劳动者和技术技能人才。要在全社会弘扬精益求精的工匠精神,激励广大青年走技能成才、技能报国之路。”

2020年12月10日,习近平总书记致信祝贺首届全国职业技能大赛举办。习近平在贺信中指出:“技术工人队伍是支撑中国制造、中国创造的重要力量。职业技能竞赛为广大技能人才提供了展示精湛技能、相互切磋技艺的平台,对壮大技术工人队伍、推动经济社会发展具有积极作用。”习近平总书记强调:“各级党委和政府要高度重视技能人才工作,大力弘扬劳模精神、劳动精神、工匠精神,激励更多劳动者特别是青年一代走技能成才、技能报国之路,培养更多高技能人才和大国工匠,为全面建设社会主义现代化国家提供有力人才保障。”

2. 国务院政策文件

(1)国务院《职业技能提升行动方案(2019—2021年)》

方案指出,要以习近平新时代中国特色社会主义思想为指导,全面贯彻党的十九大和十九届二中、三中全会精神,把职业技能培训作为保持就业稳定、缓解结构性就业矛盾的关键举措,作为经济转型升级和高质量发展的重要支撑,坚持需求导向,服务经济社会发展,适应人民群众就业创业需要,大力推行终身职业技能培训制度,面向职工、就业重点群体、建档立卡贫困劳动力等城乡各类劳动者,大规模开展职业技能培训,加快建设知识型、技能型、创新型劳动者大军。方案强调,地方各级政府要把职业技能提升行动作为重要民生工程,切实承担主体责任。各相关部门要健全工作机制,形成工作合力。深化职业技能培训工作“放管服”改革,提高培训管理服务水平,推进职业技能培训与评价有机衔接。大力弘扬和培育工匠精神,营造技能成才良好环境。

(2)国务院《新时期产业工人队伍建设改革方案》

方案明确提出,要把产业工人队伍建设作为实施科教兴国战略、人才强国战略、创新驱动发展战略的重要支撑和基础保障,纳入国家和地方经济社会发展规划,造就一支有理想守信念、懂技术会创新、敢担当讲奉献的宏大的产业工人队伍。

(3)国务院《关于强化企业技术创新主体地位全面提升企业创新能力的

意见》

加强企业创新人才队伍建设。在海外高层次人才引进计划、创新人才推进计划等相关重大人才工程和政策实施中,支持企业引进海外高层次人才,引导和支持归国留学人员创业。加强专业技术人才和高技能人才队伍建设,培养科技领军人才、优秀创新团队。加强对企业科研和管理骨干的培训。健全科技人才流动机制,鼓励科研院所、高等学校和企业创新人才双向流动和兼职。继续坚持企业院士专家工作站、博士后工作站、科技特派员等科技人员服务企业的有效方式,不断完善评价制度,构建长效机制,对于服务企业贡献突出的科技人员,采取优先晋升职务职称等奖励措施。广泛开展职工合理化建议、技术革新、技能大赛等群众性技术创新活动,对有突出贡献的职工优先晋升技术技能等级,充分调动职工参与技术创新的积极性,提高企业职工科技素质。

(4)国务院《关于推行终身职业技能培训制度的意见》

充分发挥企业、院校在技能人才培养中的双元作用。提出推进校企合作、产教融合,鼓励规模以上企业建立职业培训机构开展职工培训,并积极面向中小企业和社会承担培训任务。在高技能人才培养方面,着力加强高技能人才培训。强调适应产业转型升级需要,面向经济社会发展急需紧缺职业(工种),大力开展高技能人才培训,增加高技能人才供给。

3. 教育部政策文件

(1)《本科层次职业教育专业设置管理办法(试行)》

2021 年 1 月 22 日,教育部办公厅发布关于印发《本科层次职业教育专业设置管理办法(试行)》的通知。管理办法对专业设置条件进行了细化,定性定量相结合设置了具体指标。如师资队伍方面,强调教师"双师"素质,对"双师型"教师占比、行业企业一线的兼职教师承担专业课教学任务授课课时比例明确提出要求;校企合作方面,强调与现行相关政策协同,围绕产教融合型企业、现代学徒制等明确提出要求;教学管理方面,强调实践性教学,对实训基地、实践教学比例等明确提出要求。

(2)《关于面向新一轮工业革命,推进现代职业教育高质量发展的提案》

2020 年 9 月,教育部公布对政协十三届全国委员会第三次会议第 0477 号(教育类 043 号)提案,《关于面向新一轮工业革命,推进现代职业教育高质量发展的提案》答复中称,近年来,党中央、国务院高度重视职业教育发展,先后出台《国务院关于加快发展现代职业教育的决定》《国家职业教育改革实施方案》等一系列促进职业教育发展的政策措施，把职业教育摆在了更加优先发展的位置。下一步，教育部将贯彻落实全国教育大会精神，落实国务院《国家职业教育改革实施方案》的有关部署，更好发挥国务院职业教育工作部级联席会议办公室作用，深化职业教育改革。

(3)《现代职业教育体系建设规划(2014—2020年)》

提升服务工业转型升级能力。根据国家发展先进制造业的战略部署，按照现代生产方式和产业技术进步要求，重点培养掌握新技术、具备高技能的高素质技术技能人才。适应战略性新兴产业、现代能源产业、海洋产业、综合交通运输体系、生态环境保护等领域的发展需要，优先发展相关新兴专业，提高中国制造和中国装备的市场竞争力，加快完善人才支撑体系。

服务综合交通运输体系建设，改造提升交通运输相关专业，优化人才培养结构，加快轨道交通、民航、公共交通等急需技术技能人才培养，提高从业人员素质。

(4)《制造业人才发展规划指南》

推动制造业企业职工培训全覆盖。在制造业领域全面推进学习型企业建设，坚持并完善企业职工全员培训制度，规模以上企业要有专门机构和人员组织实施职工教育培训，加强企业大学、培训中心等企业培训机构建设。职工教育培训年参与率要达到50%以上。探索建立个人学习账号和学分累计制度，依托国家开放大学在制造业相关专业领域开展学习成果认证、积累与转换试点。

加快实现产业和教育深度融合，鼓励行业企业参与人才培养。加快修订《职业教育法》，研究出台促进校企合作的有关办法，明确行业企业参与人才培养的权利、责任和义务。通过授权委托、购买服务等方式，推动制造业行业企业深度参与相关专业教学标准和人才培养方案制定、课程教材等教学资源开发、教学实施等。

发挥企业在职业教育中的重要办学主体作用。面向制造业十大重点领域，推行校企联合培养的现代学徒制。对举办职业学校的企业，其办学符合职业教育发展规划要求的，各地可通过政府购买服务等方式给予支持。

4. 人社部政策文件

(1)《关于支持企业大力开展技能人才评价工作的通知》

2020年11月7日，人社部办公厅发布关于支持企业大力开展技能人才评价工作的通知。通知明确，按党中央、国务院“放管服”改革要求，加快政府职能转变，充分发挥市场在资源配置中的决定性作用，激发市场主体活力，向用人主体放权，按照“谁用人、谁评价、谁发证、谁负责”的原则，支持各级各类企业自主开展技能人才评价工作，发放职业技能等级证书，推动建立以市场为导向、以企业等用人单位为主体、以职业技能等级认定为主要方式的技能人才评价制度。《通知》最大的亮点是“自主”。该通知较为系统地明确了企业在开展技能人才评价工作中的自主权，包括自主确定评价范围、自主设置职业技能等级、依托企业开发评价标准规范、自主运用评价方法、开展职业技能竞赛评价、贯通企业技能人才职业发展等。

(2)《关于做好水平评价类技能人员职业资格退出目录有关工作的通知》

2020 年 7 月 21 日，人社部办公厅发布关于做好水平评价类技能人员职业资格退出目录有关工作的通知。通知强调要深刻理解和领会取消水平评价类技能人员职业资格、推行社会化职业技能等级认定的重要意义；2020 年年底前，拟分批将水平评价类技能人员职业资格退出目录；妥善处理水平评价类技能人员职业资格退出目录的有关后续工作；加强职业资格证书管理；做好职业技能等级认定工作；对与公共安全、人身健康、生命财产安全等密切相关的水平评价类技能人员职业资格，要求有关单位要抓紧配合做好相关法律法规制定修订工作，依法将其调整为准入类职业资格。

(3)《关于改革完善技能人才评价制度的意见》

2019 年 9 月，人社部印发了《关于改革完善技能人才评价制度的意见》，鼓励社会组织、市场机构及企业、院校等作为社会培训评价组织，提供技能评价服务。《意见》明确，健全完善技能人才评价体系，形成科学化、社会化、多元化的技能人才评价机制；坚持深化改革、多元评价、科学公正、以用为本；发挥政府、用人单位、社会组织等多元主体作用，建立健全以职业资格评价、职业技能等级认定和专项职业能力考核等为主要内容的技能人才评价制度，形成有利于技能人才成长和发挥作用的制度环境，促进优秀技能人才脱颖而出。

(4)《技能人才队伍建设实施方案(2018—2020 年)》

方案明确指出技能人才队伍建设工作的重点举措：一是加强技能人才激励保障；二是大规模开展职业技能培训；三是大力发展技工教育；四是深化技能人才评价制度改革；五是推动职业技能竞赛发展；六是加大技能扶贫工作力度。

(5)《建立企业新型学徒制 培养技能人才接班人》

国家对企业新型学徒制有何政策支持：一是健全了企业新型学徒制培训投

人机制。规定学徒在学习培训期间,按照劳动合同约定,由企业根据学徒实际工作贡献支付不低于当地最低工资标准的学徒基本工资。企业按照合作协议约定,向培训机构支付学徒培训费用,从企业职工教育经费中列支。承担带徒任务的企业导师享受导师带徒津贴,津贴标准由企业确定,津贴由企业承担。企业对学徒开展在岗培训、业务研修等企业内部发生费用,符合有关政策规定的,可从企业职工教育经费中列支。二是完善了企业新型学徒制补贴政策。人社部门会同财政部门对开展学徒制培训的企业按规定给予职业培训补贴,补贴资金从就业专项资金列支。补贴数额一般可按企业支付给培训机构培训费用(以培训费发票为准)的60%确定,每人每年的补贴标准原则上应控制在4 000～6 000元的合理区间,补贴期限不超过2年。

(6)《强化职业培训 释放人才红利》

"十二五"期间,全国累计开展政府补贴性职业培训9 875万人次,在稳定和扩大就业中发挥了重要作用。

职业培训必须聚焦需求,增强有效性。《意见》明确提出,要根据产业发展和市场需求,定期发布重点产业职业培训需求、职业资格和职业技能等级评定指导目录。这就要求职业培训要具有一定的前瞻性,加强对未来人才需求预测;建立健全终身职业技能培训制度。

职业培训必须聚焦重点,增强精准性。《意见》明确,在现行直补个人补贴方式的基础上,可根据去产能企业失业人员、建档立卡贫困人口的特点,创新培训组织形式,采取整建制购买培训项目、直补培训机构等方式开展集中培训。

职业培训必须聚焦转型,增强创新性。要加速培育大批具有专业技能和工匠精神的高素质劳动者和技术技能人才,健全技能人才多元评价机制,建立职业资格、职业技能等级与相应职称比照认定制度,用人单位聘用的高级工、技师、高级技师可比照相应层级工程技术人员享受同等待遇。

职业培训必须聚焦企业,增强激励性。为鼓励企业大规模开展岗位技能提升培训,使职工在能力提升后能够留得下、稳得住,实现稳定就业和高质量就业,《意见》提出确保企业职工教育经费足额提取并合理使用。

(7)《关于深入推进技工院校与国有企业开展校企合作的若干意见》

技工教育是国民教育体系和人力资源开发的重要组成部分,承担着为经济社会发展培养高素质技能人才的重要任务。近年来,技工院校已经成为综合性的技工教育培训基地、高技能人才培养的重要阵地、与企业联系紧密的办学实体，形成了鲜明的办学特色和独特的技能人才培养优势。为深入贯彻落实党的十九大精神和《新时期产业工人队伍建设改革方案》《国务院办公厅关于深化产教融合的若干意见》（国办发〔2017〕95号）等文件要求，进一步深化产教融合、校企合作，切实提高技工院校人才培养质量，加强国有企业技能人才队伍建设，现就深入推进技工院校与国有企业开展校企合作提出以下意见。

①深入推进校企合作办学：完善校企合作办学制度；强化技工院校与国有企业合作关系；加强技工院校与国有企业人才的双向流动。

②推动国有企业办技工院校改革：切实做好国有企业办技工院校改革工作；营造国有企业参与技工教育良好政策环境；持续完善国有企业办技工院校管理制度。

③大力加强技工院校服务企业能力：着力提升技工院校服务企业技能人才培养培训能力；推动校企培训资源共享，积极开展生产性实习实训；创新教育培训服务供给，积极参与学习型企业建设。

④切实做好组织实施工作：加强组织领导；完善投入保障机制；营造良好社会环境。

5. 全国教育大会

（1）2017年全国教育工作会议

全民学习终身化。随着知识经济时代的到来，要在提高各级各类教育普及程度的基础上，从学校教育向社会教育拓展，进一步构建起正规教育与非正规教育、普通教育与职业教育、职前教育与职后教育纵向衔接横向贯通的终身学习体系，让教育覆盖人的整个生命周期。

增强职业教育服务发展支撑力，培养技术技能人才。主动服务动能转化和产业升级，推动实施《制造业人才发展指南》，加快步伐大力培育新时代高素质劳动者，助力中国制造业的转型升级，为祖国的建设添砖加瓦。配合"一带一路"建设和国际产能合作，探索与中国企业和产品"走出去"相配套的职业教育发展模式。

推动转型发展出经验见实效，培养大批应用型人才。转型发展从提出到实施已经两年，要在前期工作基础上，向政策保障、深度转型、示范引领上迈进。实施好产教融合应用型高校建设项目，同步推进项目建设和转型改革，切实把办学真正转到服务地方经济社会发展上来，转到产教融合校企合作上来，转到培养应用型、技术技能型人才上来，转到增强学生就业创业能力上来。

(2)2018 年全国教育工作会议

要增强教育服务创新发展能力,培养更多适应高质量发展的各类人才。更加重视、充分发挥高校在强化基础研究和原始创新、突破关键核心技术中的重要作用。大力办好职业院校,坚持面向市场、服务发展、促进就业的办学方向,推进产教融合、校企合作,培养更多高技能人才。提高技术技能人才的社会地位和待遇。

要持续推进职业教育质量提升。2018 年要印发实施职业学校校企合作促进办法,推进职业教育校企深度合作项目,鼓励大企业举办高质量的职业教育,推进现代学徒制试点,建设一批示范性职业教育集团。要完善具有职业教育特点的教学标准体系,印发新的中职专业目录和部分公共基础课程标准、高职专业教学标准,健全专业随产业发展动态调整机制。实施中国特色高水平高职学校和专业建设计划。创新职业院校评估,提升职业院校办学水平和质量。

(3)2019 年全国教育工作会议

印发《职业教育校企合作促进办法》,启动产教融合建设试点,让职业教育更贴近产业,让学生更多走进企业。印发实施《国家职业教育改革实施方案》,启动“1+X”(学历证书+职业技能等级证书)制度试点,深化产教融合、校企合作,推动办学模式由参照普通教育向类型教育转变。启动实施中国特色高水平高职学校和专业建设计划,建设一批中国特色、世界水平的高职学校和骨干专业,鼓励大企业举办高质量的职业学校。

(4)2020 年全国教育工作会议

会议强调要坚持和完善党对教育工作全面领导的制度体系;提升落实立德树人根本任务的针对性实效性,对准“五育并举”体系中的短板弱项,保持定力、持续用力、精准发力;聚焦义务教育有保障这一核心目标,聚焦“三区三州”等深度贫困地区这一主战场,聚焦残疾儿童少年、困难学生等困难群体,坚决打赢教育脱贫攻坚战;构建服务全民终身学习的教育体系;推动教育改革开放实现新突破;全面加强教师队伍建设;坚定不移落实教育优先发展战略地位,千方百计筹好经费,调整优化支出结构,严格规范经费管理。

(5)2021 年全国教育工作会议

努力建设技能型社会,强化职业教育类型定位,加快构建中国特色现代职业教育体系,在山东、甘肃、江西以及苏锡常等省市启动职业教育创新发展高地建设。

完善中国特色现代职业教育。坚持职业教育与普通教育不同类型、同等重要的战略定位，开好全国职业教育大会并落实好大会精神，进一步推进“职教 20 条”落实落地，增强职业教育适应性。要完善工作布局。以部省共建职业教育创新发展高地为抓手，整省推进构建职业教育发展空间格局。要提高整个社会的技能水平。扎实推进高职扩招三年行动，加快推进高职院校分类考试，培养更多高素质技术技能人才。以提质培优、增值赋能为主线，继续落实“双高计划”、提质培优十大行动，总结推广“1 + X”证书制度试点，开展本科层次职业教育试点。要深化校企协同。完善支持措施，探索中国特色学徒制，建立省级产教融合型企业认证制度，建设校企合作命运共同体。

6. 职业教育大会

(1)2017 年度全国职业教育与继续教育工作会议

会议的主要任务是，总结 2016 年工作进展，分析“十三五”期间发展形势，部署 2017 年工作，推动职业教育与继续教育向着现代化目标加快前进。

会议指出，2017 年职业教育与继续教育的总要求是稳中求进。方向要稳，坚持高度重视、加快发展的总方针，牢牢把握服务发展、促进就业的办学方向，确保在实现教育现代化进程中不掉队，力争上游、努力走在前边；目标要稳，加快构建现代职业教育体系，做强中职、做优高职、做大培训、做好职业启蒙，推进考试招生制度改革，构建更加开放畅通的人才成长“立交桥”；阵地要稳，保持职普招生规模大体相当，坚定办好中等职业教育，高度重视培训。服务要进，紧贴供给侧结构性改革，服务国家重大发展战略的实施；内涵要进，狠抓体制机制和模式创新，着力做一些有示范引领作用的改革探索；队伍要进，畅通校企人员双向流动渠道，完善职业院校用人机制和教师培养培训制度，建设高水平的“双师型”教师队伍。会议对坚决落实中央部署、着力培养大国工匠、不断扩大职业教育影响力、持续抓好继续教育等重点任务进行了部署。

(2)2018 年度全国职业教育与继续教育工作视频会议

会议指出，党的十八大以来，教育部始终以习近平新时代中国特色社会主义思想为根本遵循和强大思想武器，深入贯彻落实习近平教育思想，持续深化职业教育与继续教育改革创新，推动总体发展水平不断提高。

会议强调，党的十九大为职业教育与继续教育的发展指明了方向，明确了任务，提出了要求，要以改革的思路和办法破解难题，要突出改革的方向性、前瞻性、协同性、人民性、开放性，书写好职业教育与继续教育发展的新篇章。

会议要求，职业教育与继续教育要根据教育部党组部署，在打好职业教育提质升级攻坚战、落实好5项“争先计划”的基础上，突出4个重点：抓体系，高职瞄准高质量、中职守牢职普比、培训注重补短板；抓质量，聚焦提高学生职业素养，深化产教融合、校企合作，建好“双师型”教师队伍；抓继教，注重职业教育与继续教育的融合发展；抓党建，加强基层党组织建设和作风建设。

(3)2019年全国职业教育与继续教育工作会议

2019年全国职业教育和继续教育重点抓好十方面工作，积极推动职业教育关键制度建设，全面推进现代职业教育体系建设，激发行业企业参与职教内生动力，系统谋划实施技术技能人才培养，深入推动职业教育信息化发展，实现国际化与国家战略融合发展，继续加强职业教育基础能力建设，促进区域间职业教育协调发展，推动继续教育取得进一步突破，推进学习型社会建设迈上新台阶。

会议强调，协调推进“四个全面”的战略布局，基础是人的素质，核心是人的发展。我国人口和劳动力结构的深刻变化和科技进步的不断加速，要求用结构性改革破解结构性矛盾，加快构建更加科学合理的人才结构，推动发展动力由人口数量红利向人力资本红利转变。要深刻理解协调推进“四个全面”对职业教育的战略要求，把加快发展现代职业教育作为构建科学合理教育结构的重要突破口和切入点，爬上“质量坡”、越过“结构坎”，推进依法治教、深化综合改革，整体提升我国人力资本素质，更好地适应转变发展方式要求、契合产业升级需求，更好地提升全民就业创业能力、促进社会公平。

7. 政策总结

国家诸位领导人在各大会议中讲话、国务院政策文件、教育部政策文件，以及人社部政策文件中相关条例与政策均反映出，国家高度重视技能人才发展。在技能人才个人层面，国家不仅重视技能人才技术、知识培育，同样对技能人才个人生活问题给予高度关注，从实际问题出发，将技能人才薪资水平低、生活压力大、无法扎根于城市等问题纳入技能人才发展考虑范围，在政策中提出要保障技能人才生活，为技能人才解决后顾之忧。在用人单位层面，国家诸多政策提出，要树立“不拘一格降人才”的选拔与晋升理念，为技能人才搭建成体系的绿色晋升通道，让技能人才拥有属于自己职业发展路径，打破过去传统环境下技能人才的职业发展天花板。

对技能人才相关政策的梳理和总结表明，国家对技能人才群体的重视程度将越来越高，并且将在未来对技能人才培育持续加大投入，建设更多高水平职业技术院校，为加快产业发展进度，实现中国制造业的转型升级，把中国从制造大国建设为制造强国提供坚实技能人才保障。

第三节 新时代对技能人才要求

一、新时代背景下技能人才工作要求演变

不同的生产方式要求不同素质的技能人才与之相匹配。信息化和工业化深度融合下"数控一代"和"智能一代"机械产品的出现，对制造业技术技能型人才的知识和能力结构产生了变革的需求，迫切需要劳动者从体力型向知识技能型转变，跨出适应高新技术产业飞速发展的第一步。这种变革主要包括以下两方面。

（一）技能人才工作内容改变

生产设备从"自动化"向"智能化"跨越，技术革命对生产流程产生了"质变"的影响。相较于传统技能人才作业环节，现阶段工作内容不再是过去简单的体力劳动，智能化设备与机器代替了技能人才进行基础的体力工作，新时代下技能人才工作内容更加偏向于操作器械进行加工制造，运用智能化设备进行流水化作业等。另外，与传统技能人才工作内容不同的是，新时代技能人才新增设备故障检修、机器正常维护等工作内容。

（二）技能人才工作环境改变

相比较于当下的技能人才作业环境，传统的车间硬件环境条件恶劣，管理手段与方法落后。现阶段的流水线作业经过泰勒科学管理、六西格玛管理等方法规范，生产效率极大提高，作业环境大幅度升级，当下的作业车间硬件设备全面，安全管控到位，并且当下"数控自动化"与"智能机械"普及的流水线作业方式所需求的参与作业人员减少，每个车间只需要 1～2 个控制人员即可满足生产需求。

二、新时代背景下技能人才综合素质更新

新时代背景对技能人才提出更高的要求。具备全面、综合的适应能力应该是技能人才的基本素质。而高质量的技能人才不仅仅意味着具备过硬的专业知

识与技术，同时要求技能人才满足基本的身体素质，拥有良好的心理素质，如强大的抗压能力，等等。时代在快速发展，环境的变化日新月异，技能人才再也不是与外界隔离的一个工作群体，现代的发展节奏要求技能人才拥有强大的适应能力，该能力意味着技能人才能够快速适应工作环境，融入组织团队，适应领导风格。另外，新时代宏伟的“中国梦”目标是历史的、民族的，承载着中华民族几千年来的热切期望。因此，新时代下的高质量技能人才不仅要学习现代西方工业技术，也要传承中国优秀的工匠精神，爱岗敬业，恪尽职守，汲取经验，精益求精。

只有做到生理与心理双重达标，综合能力与健康共同具备，才能真正被称为高质量技能人才。本书将新时代技能人才应具备的条件抽象为本书的关键词——技能人才职业适应能力。只有着重提升技能人才的职业适应能力，才能实现我国技能人才队伍现状从高数量到高质量的转变。

新时代高质量技能人才应该具备高水平职业适应能力，在新时代背景下，职业适应能力着重体现为以下几个维度。

（一）所需知识

新时代技能人才所需知识有所变化。专业素质是技能人才工作的核心与基础，同样是产品生产、工业制造的实现保障。新时代下技能人才不仅需要掌握过硬的专业知识与专业技能，同样应该具备相关的信息技术、智能设备知识，并且新时代技能人才也应该具备一定的学习能力。

新时代信息技术革命的兴起，导致传统的单一的经验技术技能被弱化，现阶段的技能人才所需知识重点将汇聚于对前沿技术、生物科技、生态学、系统理论及各种职业技能等，例如，借助于传统计算机辅助设备检测技能的要求增加，一线工作者需要通过对特定的数字符号和所监测到的数据进行合理的分析，将劳动者从生产一线中解放出来。这意味着“机器换人”不再是空口平谈，扁平化的制造业发展迫切需要技能人才具备全产业链的生产知识，掌握全过程关键技术。

我国正处在一个互联网迅猛发达的信息化时代，科学技术日新月异，信息技术不断变革，人工智能、智慧城市、5G 技术等应运而生。作为新时代技能人才，必须紧跟时代步伐，不断更新、完善自身学识，以发展的眼光与时俱进，把握新时代知识的脉搏，树立终生学习的理念，去迎接机遇与挑战。

技能人才尤其是能够适应制造业转型升级的高技能人才，是制造业产业发展的主力军。人工智能生产方式是今后制造业由“制”向“智”转型的不可逆转之路，对生产一线的从业者由简单劳动向知识技能型劳动的转变，加大对“手脑并用”从业者的培育，重视人本价值的回归，攻克高技能人才缺乏的壁垒，是实现中国制造数字化转型的必经之路。新时代技能人才类型主要分为三种，分别是技术技能型人才、知识技能型人才与复合技能型人才，具体见表2-8。

表2-8　新时代技能人才内涵与代表工种

技能人才类型	含义	代表性工种
技术技能型人才	技术技能型人才是在企业生产加工一线中从事技术操作，具有较高技能水平，能够解决操作性难题的人员	主要分布在加工、制造、服务等职业领域。比如：高级钳工、中式烹调师等
知识技能型人才	知识技能型人才是既具备较高的专业理论知识水平，又具备较高的操作技能水平的人员。能够将所掌握的理论知识用于指导生产实践，创造性地开展工作	主要分布在高新技术产业和新兴职业领域，如软件工程师、飞行器制造工程师等
复合技能型人才	复合技能型人才是在企业生产加工一线中掌握一门以上操作技能，能够在生产中从事多工种、多岗位的复杂劳动，解决生产操作难题的人员	机电一体化人才，综合服务一体化人才，以及新兴的创意和操作一体化的人才等

（二）环境适应能力

新时代技能人才应该具备强大的环境适应能力。新时代背景下，智能制造将最终实现“以人为中心”的生产制造技术，岗位分工不再拘泥于传统劳动内容的固化，而是被灵活的、以解决问题为导向的“综合任务”所代替。这就要求从业者在拥有适应岗位职业技能的同时，也必须具备始终贯穿制造全过程的，不与专业直接相关的，在融合式工作过程中解决问题的能力，也就是常说的“关键能力”“核心能力”“软能力”“可迁移能力”等，具体包括人—机协作、人际沟通、团队合作等能力。

（三）情绪控制与复原能力

新时代技能人才需要具备情绪控制与复原能力。新时代下的工作模式大多数为团队合作模式，技能人才早已不再是孤立于其他环节而独自存在，团队合作的模式必然要求技能人才与合作伙伴进行相应的工作沟通与人际交往,沟通的不流畅与低效率容易引发技能人才情绪耗竭,进而影响技能人才的工作绩效。因此,新时代下技能人才也应该具备情绪控制与情绪复原能力。

(四)抗压能力

新时代技能人才需要具备一定的抗压能力。快速发展势必伴随着高压力。承压能力是目前各行各业对员工的最基本要求之一。现代工业的生产节奏加快,在日常工作中通常体现为加班、工作任务重等。在高压环境下作业对技能人才的身心产生了极大的压力,对于一些薪酬水平较低的工种,城市生活的高成本也对技能人才造成生存压力,高压之下有诸多人选择逃避,唯有抗压能力过硬才能符合新时代赋予技能人才的新要求。

(五)价值观

新时代技能人才应具备正确的价值观念。新时代的用人标准更加注重价值观与品德。技能人才应该具备积极、乐观、热情、向上的新时代价值观,爱岗敬业,无私奉献。其次,技能人才也应该拥有良好的品德,德才兼备。以德为主是我国选人用人的一大导向,《国务院关于推行终身职业技能培训制度的意见》中提出"要突出品德评价,把品德作为人才评价的首要内容,加强对技能人才科学精神、职业道德、从业操守等评价考核,倡导诚实守信,严惩品德不端等行为",因此,新时代下技能人才树立正确的价值观念与导向是必要的。

三、新时代背景下技能人才任用观念转变

(一)坚持以人为本,树立正确人才观

新时代是人才的时代。始终秉持以人为本的发展理念,树立正确人才观,是新时代技能人才队伍建设的根本保障。当下,诸多企业对于技能人才存在"只用不教"的现象,究其原因,是企业管理层没有树立正确的用人观念,追求短期利益,不具备战略思维,缺乏对技能人才职业发展的长期关注。

新时代背景下,用人单位管理层人员要对技能人才树立人力资源管理理念,重视技能人才职业生涯发展与个人生涯适应前景,始终秉持以人为本的思想与观念,努力培养数以亿计的高素质劳动者和技术技能人才,才能从根本上解决"技术荒"的问题。

(二)坚持能力为本,淡化刻板观念

技能人才作为人才队伍的重要组成部分,在求职时同样面临"门槛"问题。

某些企业招聘技能人才过分看重学历、任职历程等信息。事实上，招聘技能人才的根本需求是任用人才，最根本的招聘条件应该是技能人才的技术质量过关，综合素质过硬，而不应该过分注重技能人才的学历与出身。

习近平总书记曾在院士大会中提到，对于技能人才的任用与发展，用人部门要做到“不拘一格降人才”，对人才做到求贤若渴，寻找到符合要求的人才应该如获至宝。在技能人才的持续发展层面，用人单位应着力为高素质技能人才搭建人才晋升通道，为真正高素质技能人才破除职业发展天花板，清除体制发展障碍，让人才创新创造活力充分迸发，使技能人才得以尽展所长。

（三）坚持以用为本，按需引才

目前高素质一线技术工人短缺，在企业中具体表现为两种现象：一是一些企业动辄开出“天价”月薪，却依然无法招聘到所需要的技能人才；二是一些企业在招聘时招人数量大，但是在落实工作，解决问题时依旧面临“技工荒”问题。出现这种情况的根本原因是用人单位在招聘时，没有考虑到按需为本，应该紧扣需求目标，招聘人才。

各用人单位在招聘时应切实考虑单位根本需求，通过招聘或熟人介绍等渠道引进满足用人需求的、切实可用的人才，并且用人单位也应该重视“土专家”与“田秀才”的作用，倘若该类技能人才能够满足用人需求，用人单位可分门别类建立人才信息库，实现技能人才的系统化和信息化管理。

（四）坚持持续发展，吸引保留人才

当下社会环境下，技能人才的工作待遇与其他职业不相匹配，技能人才的薪酬体系不够完善，福利待遇不成体系，这种用工环境导致技能人才跳槽成本小，流动门槛低。对于技能人才，企业同样需要秉持选人、用人、留人的流程化、体系化管理方法，不应忽略技能人才的“留人”环节。

各用人单位可以加强对技能人才的企业价值观的培育，增强技能人才对组织的认同感，有效降低技能人才离职率。

四、新时代背景对技能人才管理策略要求提高

（一）更新并完善技能人才评价与选拔标准

新时代对技能人才群体的能力素质提出更高要求，技能人才的评价与选拔标准自然随之调整。当前，我国技能人才评价机制仍存在分类评价不足、评价标准单一、评价手段趋同、评价社会化程度不高、用人主体自主权落实不够等突出

问题。新时代背景下，国务院出台《国务院关于推行终身职业技能培训制度的意见》，坚持问题导向，对不同行业、不同领域、不同工作性质的技能人才细分评价标准，为推进新时代技能人才发展明确了要求。

（二）调整并优化技能人才管理制度

工欲善其事，必先利其器。要发挥好技能人才作用，必须要有科学的人才管理制度。新时代需求的技能人才素质产生变化，管理制度势必需要进行调整。新时代所需要的技能人才综合能力更加全面，个人素质更加“全能”，更具有深度思考能力。新时代始终秉持“以人为本”的人才发展观念，把人才的培育、发展放在首位，在国家、行业发展的基础上重视技能人才的个人职业生涯发展。因此，企业应制定适用于新时代背景的技能人才管理制度，将技能人才个人发展目标与集体发展目标统一起来。

第四节　本章小结

新时代是我国发展前进历程中的一个全新的历史方位，是将“中国梦”“两个一百年”等作为必将实现的战略目标的全新征程。新时代下，技能人才不再是以往传统定义下技能、任务目标单一的技术工人，而应该是具备全面、综合素质的复合型人才。新时代技能人才不仅应具备专业知识与技能，同样应该具备良好的情绪复原力、强大的心理适应能力、较好的认知能力与积极的价值取向等素质。

本书将新时代下对技能人才的诸多新要求抽象为职业适应能力，该能力的提升对我国新时代奋斗目标的实现、产业结构转型优化与制造业的装备升级均有重要意义。因此，本书将对职业适应能力国内外相关研究现状进行梳理与总结，厘清职业适应能力的相关理论、内涵维度、相关概念、模型与应用的演变历程，为技能人才职业适应能力内涵与影响因素模型的提出提供理论基础与科学依据。

第三章

新时代技能人才职业适应能力内涵及理论研究

本章对研究要素——职业适应能力进行了深入探讨。通过对国内外文献的总结与梳理，本章明确了职业适应能力的内涵，结合前文对技能人才的理解给出了“技能人才职业适应能力”的清晰界定，并对职业适应能力相关概念进行了辨析；从维度划分的角度总结了职业适应能力的四维度说、五维度说和多维度说；探讨了目前职业适应能力的研究现状，包括其研究对象、影响因素和影响效应；梳理了职业适应能力相关研究的理论脉络，并讨论了职业适应能力在现实层面的应用，为本新时代技能人才职业适应能力模型的构建提供了良好的理论基础。

第一节　职业适应能力内涵及维度

一、职业适应能力的内涵

（一）职业适应力内涵

职业适应能力的发现最早可以追溯到职业成熟度的研究。Super（1955）在生涯发展理论中提出职业成熟度的概念，认为职业成熟度是指与年龄阶段相吻合的，能够在态度和认识上准备好应对一系列的职业发展任务，包括确定、选择、计划和执行职业目标，进而确立自己的职业发展直到退休前后的准备。随后学者们慢慢发现职业成熟度对青少年的职业发展影响较大，而对成年人的作用很小。为了解决这一问题，Super 等（1981）提出了职业适应能力的概念，使人们将注意力从为职业决策准备的职业成熟度概念转向了为满足工作岗位和工作环境要求做准备的职业适应能力概念。目前学术界关于职业适应能力的定义还没有统一的结论，大多数学者是根据研究内容解释职业适应能力，主要有以下三个角度：

第一，从个体品质能力角度看：Rottinghaus（2005）等从个体角度指出“职业适应能力是一种态度，即如何看待自身职业对个体能力的要求”。Hamtiaux

(2013)提出职业适应能力是在快速发展的工作环境中实现元能力的关键因素，即个体在适应工作时的态度、能力和行为。Choi(2013)认为职业适应能力是一种心理能力，它会引导和管理个体，并使其适应职业目标。施晶晖(2004)将职业适应能力视为一种个人品质，是在从事职业活动中，个体能够达到职业要求且积极有效的工作品质，包括适应职业环境要求的素质和在工作中展示、提高自我的能力两个方面。

第二，从工作内容角度看：龙立荣(2002)认为职业适应能力是指工作可以满足个人的需求，包含生理和心理两方面。Bliese(2006)认为职业适应能力包括文化、工作压力、学习、危机和人际关系等不同内容的适应力。继此之后也有部分学者认为职业适应能力是可以满足职业基本需求的能力，职业适应能力是适应能力在职业领域的体现，是岗位对员工基本技能素质的要求。

第三，从个体与职业交互角度看：Pratzner 等(1984)将职业适应能力界定为个体适应工作基本需求及工作环境来适应个体基本需求的综合体，该定义不仅体现了个体根据职业环境或职业条件的要求来调整自己，也体现了调整环境和条件来适应自己的需求。Goodman(1994)认为职业适应能力是人们在工作和自身之间的平衡状态，反映了个体与职业交互作用。Savickas(1997)将职业适应能力视为职业建构理论的一部分，并将其定义为"个人对当前的岗位素质要求、职业发展任务所进行的准备"。Rottinghaus 等(2005)认为职业适应能力是人们在面对职业要求时的态度及调整自己的状态去达到岗位要求的能力，本质上是个体自我调整以达到个体与职业协调的能力。

从学者们关于职业适应能力的研究可以看出，职业适应能力可以从个体和职业两个方面理解。从个体层面看，职业适应能力是人的态度、能力、行为等特征因素对工作岗位的适应程度；从职业层面看，职业适应能力是工作岗位对个体的知识能力要求。综合而言，职业适应能力是指个体与所从事的工作之间的协调程度。

因此，本书认为职业适应能力是指个体为适应工作和环境而所必备的基本能力素质要求，这种能力素质是在先天条件的基础上加上后天学习发展起来的。基于职业适应能力的概念，本书将技能人才职业适应能力定义为：技能人才为适应新时代工作岗位要求和工作环境变化所必备的基本能力素质。它包括三个主要特征：①技能人才职业适应能力是一个多维的概念，包括认知、情绪、态度等多个方面；②技能人才职业适应能力是可培养的，具备可塑性；③技能人才职业适应能力是个体能力与职业要求相互作用的结果。

（二）相关概念辨析

1. 生涯胜任力与职业适应能力

Hackett 等于 1985 年首次提出生涯胜任力（Career Competency）的概念，他的研究中主要阐述了女性学术研究者在自己所从事的工作中表现优异的必备能力。随后，Defillippi 等（1994）正式提出了生涯胜任力的定义，他们将生涯胜任力界定为个体取得职业生涯成功的资产和能力。生涯胜任力包括三个维度：know-why、know-how、know-whom，即“知道为什么、知道怎么样、知道谁”。其中，know-why 指的是个体发展与工作有关的、可迁移的技能与知识的程度；know-how 指的是个体明白自身与工作相关的兴趣、能力和价值观等；know-whom 指的是个体对人际关系网络的识别程度，了解哪些人际关系对自身工作发展有利。生涯胜任力具有两个明显的特征：一是生涯胜任力会影响员工的绩效表现，它可以区分在工作中表现优秀的员工和表现一般甚至是表现较差的员工；二是生涯胜任力既包括显而易见的表层特征，如员工在工作中表现出的知识、技能等，又关注员工的个性、态度和价值观等深层次特征。

从学者们对生涯胜任力和职业适应能力的研究可知，二者之间存在两个明显的差异：其一，“生涯胜任力”与工作绩效有关，涉及绩效优秀和绩效一般的区分，而“职业适应能力”与工作环境有关，涉及工作岗位基本要求。其二，“生涯胜任力”涉及胜任素质的表层特征和深层特征，而“职业适应能力”更多地涉及个体的深层次特征。

2. 生涯适应力与职业适应能力

Super 和 Knasel（1997）提出生涯适应力（Career Adaptability）来解释个体如何适应不断变化的工作环境和要求，他们认为生涯适应力是指个体不仅可以适应可预测的工作任务，还可以在面对难以预测的任务时及时调整状态，是一种从容面对新环境的品质特征。Savickas（2002）将生涯适应力界定为态度、能力和行为的综合体，这种态度、能力和行为可以使个体与适合的职业相匹配。Borgen（2005）认为生涯适应力是让个体能适应不断变化的工作环境和职业规划的一种调节能力。生涯适应力受环境的影响，个体从周围环境中获得的支持，能够给个体提供更多的职业选择和探索机会。研究表明，生涯适应力影响个体的心理健康水平、幸福感和工作满意度，而且较高的生涯适应力会促进个体更好地进行职业生涯规划和决策，提升工作绩效。

从学者们对生涯适应力和职业适应能力的概念定义可知，“职业适应能力”与“生涯适应能力”两个概念在本质上就有差别，生涯主要体现的是个体的职业轨迹，而职业主要针对当前所从事的工作岗位。Savichas(2012)认为生涯适应力关注的是职业的纵向构念，聚焦的是个体生涯发展中的应变过程，即个体与环境之间如何在各种转换中实现顺利过渡和相互匹配，包括从学校到职场、从一份工作到另一份工作、从一种职业到另一种职业的角色或任务的转换，而职业适应能力关注的是职业的横截面构念，聚焦的是员工如何适应当前工作岗位的需求。

3. 职业弹性与职业适应能力

职业弹性的概念由弹性演化而来，弹性是指个体可以随着环境的改变而轻松舒适地改变自己(Herr,1992)。随后 Herr 将弹性的概念引入到职业领域，界定了职业弹性。他们认为可以将职业弹性理解为个体可以处理好各种职业问题，甚至可以有效地处理职业改变，包括学习技能、适应性技能和职业复原力等。Arnold(1997)指出了职业弹性对个体职业发展具有重要作用，他认为职业弹性可以带给从业者丰富的职业体验，不仅有利于职业品质的提升，也有利于个体面对职业转换。Niles 等(2004)在研究中指出，环境是不断变化的，职业弹性可以帮助个体适应正在变化的外部环境，在职业中进行准确的定位。陈建丞(2008)将职业弹性划分为信息开放、灵活运用策略、动态调适、正向接纳、延续时间观和尝试冒险六个方面的能力。

从学者们对职业弹性和职业适应能力的研究可知，二者既有区别又有联系。不少学者将职业适应能力视为职业弹性的一个部分，由上文职业弹性的概念可知，它不仅包含了个体满足当前职业的基本岗位要求，还包括了个体可以很好地处理职业转换。而职业适应能力是指个体满足当前工作岗位要求的基本素质能力，与职业弹性的适应性技能比较接近，但不涉及职业弹性中的职业转换。Pryor(2003)等提出生涯混沌理论，他们认为，不可预测性且多变的环境会让个体的职业发展变得混乱，会使从业者无法很好地适应工作，职业适应能力将会有助于提升个体的职业弹性。

二、职业适应能力的维度

回顾以往研究，不同学者对职业适应能力维度的看法不同，目前主要存在三种主流划分方式：四维度、五维度和多维度。

四维度说：不少的学者认为职业适应能力包含四个部分。Blustein 等

(1997)运用扎根理论得出了职业适应能力的四维度模型:职业决策、自我探索、理解职业环境和向他人寻求解决之道。Herr 等(2004)认为职业适应能力应该包括识别和界定问题、分析理据、执行解决方案和应对变化。Baumeister(2007)等认为职业适应能力包括探求机遇、谋划明天、做出决定和自我调整。Savickas(2002,2012)是研究职业适应能力的代表性人物,他最初认为职业适应能力包含自我及环境探索、职业规划、职业决策和自我管理四个维度。最终在后续完善的基础上提出职业适应能力是一种多维的心理社会结构,包括四个基本组成部分,即关注、控制、好奇心和信心。这四种职业适应能力资源构成了更高阶的一般职业适应能力维度,反映了适应职业发展任务和工作岗位要求的自我调节策略,使人们能够适应职业要求,实现人与环境的融合。

五维度说:有些学者在上述研究的基础上,加入了其他的要素。Super(1981)认为职业适应能力模型包括计划、探索、信息、决策和现实导向五个维度,并开发出“成人职业适应能力模型”。曾维希(2009)提出职业适应能力由开放灵活、意义追寻、务实行动、乐观豁达和坚忍执着构成。王益富(2014)构建了中国情境下的员工职业适应能力模型,包含组织融合能力、工作沟通能力、学习发展能力、情绪调节能力和职业转化能力五个维度。

多维度说:基于 Savickas(2002)的四维度说,赵小云(2011)结合我国大学生的实际情况提出了包含职业关注、控制、好奇心、信心、调适和职业人际的多维的职业适应能力结构。Cronshaw 和 Jethmalani 等(2005)提出职业适应能力的 12 个维度,分别是心理规划、灵活性、主动性、果断性、冲突管理、领导力、同理心、持续学习、适应变化、伦理意识、冲动控制和团队工作。

上述研究大都是基于西方组织情境或者特定群体,本书将基于我国的组织情境,揭示新时代技能人才职业适应能力的内容结构,提升技能人才职业适应能力在新时代的适用性和解释力。

第二节　职业适应能力相关研究

一、职业适应能力的研究对象

目前学者们对职业适应能力的研究主要集中于城市居民、大学生和教师等群体。

城市居民：关于城市居民的职业适应能力研究有代表性的学者是范成杰(2005)。在其研究中，城市居民的政治面貌、职称水平、社会网络规模等对城市居民的职业适应能力有显著影响。城市居民整体的职业适应能力水平较高，这与城市居民的阶层背景因素、竞争能力因素、社会支持网络因素有很大关系。关于城市居民的职业适应能力研究，大多学者主要是针对城市青年进行研究。胡仕勇(2004)等研究了国有企业青年员工职业适应的能力，研究结果表明，国有企业中城市青年员工的职业适应能力在职业技能、职业规范、人际关系等角色内容上存在着显著差异，其中人际关系适应比较困难。

大学生：学者们以大学生为研究对象的职业适应能力相关研究成果比较丰富。大学生的职业适应能力整体水平偏低，不同的性别、专业、年级、角色等会影响大学生的职业适应能力。张廼英等(2010)在职业适应能力的基础上，构建了大学生就业适应性与就业保障的关系模型。张宏如(2008)探索了大学生职业适应能力的影响因素，研究发现职业价值观与职业适应能力之间呈显著相关关系，职业兴趣、能力发挥和成就声望可以有效提高大学生的职业适应能力，此外，学校提供的职业指导、课程设置对学生的职业适应能力同样具有重要作用。

教师：学者们以教师为研究对象的职业适应能力研究主要集中在两个方面：流动教师的职业适应能力研究、教师的心理素质与职业适应能力的关系研究。关于流动教师的职业适应能力研究，郭黎岩等(2010)在教师交流制度背景下，研究了社会支持与职业适应能力之间的关系，结果表明社会支持对职业适应能力有显著的正向影响，其中，同事支持对职业适应能力的影响效果最为显著，其次是领导支持。关于教师的心理素质与职业适应能力之间的关系研究，学者们认为学校应该重视教师的心理素质培养和职业适应能力提升，教师自身应该加强心理素质、学会自我调节并与同事和睦相处，这样才能使教师更好地适应本岗位的基本要求，提升职业适应能力。

二、职业适应能力的影响因素

关于职业适应能力的影响因素，学者们认为应从组织、家庭和个体三个层面进行研究，但是目前从多层面视角探讨组织、家庭与职业适应能力关系的研究较为匮乏。现有研究中组织层面因素主要指组织支持等；家庭层面因素通常指父母影响等；个体层面因素主要指人口学统计学因素、人格特质、能力因素等。

（一）组织层面

职业适应能力的组织层面影响因素主要是组织支持。组织支持是指员工所感受到的来自组织方面的支持。员工的职业建构过程会受到组织中各种因素的影响，例如组织工作强度大时，员工会感受到高强度的工作压力，从而影响其工作表现。Maggiori（2013）也提出当员工的工作不安全感感知强时，会影响他们的心理建构资源，最终作用于职业表现。组织提供具体的支持措施或支持性政策，可以促进员工的社会心理建构资源的累积，进而影响员工的工作态度和行为（于海波、郑晓明，2013）。

（二）家庭层面

职业适应能力的家庭层面影响因素主要是父母。父母与孩子的关系亲密程度、教养方式等会影响孩子的职业适应能力。研究发现，大学生职业适应能力与对父母依赖程度有显著的相关关系，与此同时，父母对孩子的支持度越高，孩子的职业适应能力就越强（江小燕、谢雅萍，2008）。赵小云（2011）在研究大学生职业适应能力时发现，父母的教养方式对大学生的职业适应能力影响显著，民主型教养方式的家庭中孩子的职业适应能力最高，而溺爱型和放任型家庭中孩子的职业适应能力最差。

（三）个体层面

1. 人口统计学因素

在人口学因素中，学者们多关注性别、年龄和受教育水平对个体职业适应能力的影响。①性别：性别向来是影响职业发展的重要因素。吴淑琬（2008）指出同一年龄段的男女之间心理成熟度不同，而这会影响他们的职业心理。但是也有学者认为性别不会对职业适应能力产生影响。②年龄：年龄与工作时间和工作经验有很大关系，因此有可能对职业适应能力产生影响。年龄大的员工可能比年龄小的员工拥有更加丰富的工作经验，而工作经验对职业适应能力有显著的预测作用，因此，年龄可能对职业适应能力有重要影响。③受教育水平：Zacher（2014）通过研究发现员工的受教育水平与职业适应能力呈正相关关系，受教育水平越高的员工，知识掌握得更加丰富，更易获得与职业相关的技能。

2. 人格特质因素

在人格特质因素方面，学者们关注较多的是大五人格和主动性人格对个体职业适应能力的影响作用。①大五人格：大五人格是指开放性、尽责性、宜人性、外向性和神经质五种人格特质。Zacher（2014）通过调查发现，开放性、尽责性正向影响职业适应能力，宜人性、外向性和神经质则对职业适应能力没有影响。而 Rudolph（2017）等的研究结果与 Zacher 的研究稍有出入，他们运用元分析方法发现大五人格特质中的每一个维度都会显著影响员工的职业适应能力。其中，开放性、宜人性、外向性和尽责性均与职业适应能力呈正向相关关系，仅有神经质与职业适应能力呈负向相关关系。孙丽璐、陈熙（2015）提出开放性和宜人性会正向影响职业适应能力，而外向性会负向影响职业适应能力。②主动性人格：主动性人格是指个体采取积极行为以积极影响环境的倾向。Tolentino 等（2014）认为具有主动性人格的人可能会积极面对职业条件、职业环境等相关变化，从而提升他们的职业适应能力。Zhou Jiang（2016）通过研究发现主动性人格的个体职业适应能力较高，相较于其他人，他们可以积极轻松地面对职业的变化。

3. 能力因素

关于能力因素方面，学者们多探讨了个体适应能力和就业能力技能对个体职业适应能力的影响。①个体适应能力：个体适应能力是指个人改变或适应不同任务、社会和环境特征的能力、技能、性格和意愿，包括危机、学习、文化、工作等方面。Hamtiaux（2013）提出个体适应能力与职业适应能力相关性很高，而且两个构念的分维度之间也呈现不同程度的相关。②就业能力技能：就业能力技能是指在工作中获得、保持和做好工作所必需的基本技能，包括沟通、计划、组织、团队合作、解决问题和自我管理等（Robinson，2000）。职业适应能力与就业能力技能之间有显著的相关性，就业能力技能有助于提高员工的职业适应能力。

三、职业适应能力的影响效应

职业适应能力作为个人适应岗位要求的基本素质能力，对个体职业态度和职业行为有较强的影响。关于职业适应能力的结果变量研究主要有：职业承诺、职业认同、工作满意度、工作幸福感、离职倾向、工作不安全感、工作投入、工作绩效等（见表 3-1）。研究结果表明，职业适应能力对员工积极的工作态度和行为具有正向影响，对员工消极的工作态度和行为具有负向影响。

表 3-1 职业适应能力的影响效应（部分）

结果变量	学者	研究结果
职业承诺	Blau（2001），Brotheridge（2005），Hoare（2008），贾燕燕（2013）	职业适应能力与职业承诺呈显著正相关关系
职业认同	Porfeli（2012），Savickas（2012）	职业适应能力与职业认同呈显著正相关关系

续上表

结果变量	学者	研究结果
工作满意度	Hirsch(2009),Skorikov(2008),Machin(2008)	职业适应能力与工作满意度呈显著正相关关系
工作幸福感	Hirsch(2009),Skorikov(2007),Vondracck(2007)	职业适应能力与工作幸福感呈显著正相关关系
离职倾向	Jack(2005),Guan(2014)	职业适应能力与离职倾向呈显著负相关关系
工作不安全感	Johnston(2013),Maggiori(2013)	职业适应能力与工作不安全感呈显著负相关关系
工作投入	Gregory(2012)	职业适应能力与工作投入呈显著正相关关系
工作绩效	于海波、郑晓明(2013)	职业适应能力与工作绩效呈显著正相关关系

第三节　职业适应能力理论基础及应用

一、职业适应能力的理论基础

根据以往文献,职业适应能力相关研究的理论脉络主要有以下两个视角。

1. 职业建构理论视角

职业建构理论认为职业发展是一个内在动力变化的过程,个体心理资源在面对不同的职业和任务时具有重要作用。在该视角下,职业适应能力是一种社会心理建构资源,能够帮助个体应对当前的职业问题,并能很好地完成工作任务。于海波和郑晓明(2013)根据职业建构理论,研究了组织职业生涯管理对职业适应能力的影响,也对职业适应能力与员工的工作绩效及离职倾向(或离职意向)之间的作用关系进行了验证。他们指出,组织的职业生涯管理会让员工渐渐了解并掌握组织和岗位对个人的要求,员工的心理资源会逐步增加,职业适应能力会增强,进而产生好的工作绩效,降低离职率。田静(2017)基于职业建构理论探讨了大学生职业适应能力的前因变量,从高校、家庭和个人三方面提出了提升大学生职业适应能力的建议。舒晓丽等(2019)通过研究发现职业适应能力能够正向预测员工的工作绩效,职业适应能力强的员工,在工作中具有更多的社会心理建构资源,能够表现出更好的绩效。

2. 人—岗匹配理论视角

人—岗匹配是指工作要求(即知识、技能和能力)与任职资格之间的匹配,或员工需求与工作供应之间的匹配,它注重分析个人水平,并确保员工具有执行其分配工作和做出有价值贡献的技术专长。在该视角下,职业适应能力是指员工与职业环境的匹配,并且主要表现在知识、技能以及能力等方面的匹配。员工与工作之间相互匹配能够带来积极的工作结果(Edwards,1991)。相反,个人的能力(或需求)与工作的要求不匹配,可能导致员工的离职、工作再寻找行为(McKee-Ryan & Harvey,2011)。如于海波和关晓宇(2014)证实了人—岗匹配在职业适应能力与员工工作敬业和离职倾向之间的中介作用,研究表明职业适应能力对人—岗匹配有显著影响作用,而人—岗匹配有助于提高员工的工作敬业度并能有效降低离职倾向。

可以看出,职业建构理论认为个体的职业适应能力是一种应对当前职业要求的社会心理建构资源,而人—岗匹配理论从工作内容的角度强调了工作要求与个体资质的一致性和匹配性。总结发现,在运用这些理论去解释职业适应能力的时候,缺少从个体心理层面和内在认同角度去解释职业适应能力影响因素的研究。

二、职业适应能力的应用

关于职业适应能力的应用,主要可以分为一般职业适应能力应用和特殊职业适应能力应用。早在1934年,部分专家对美国两万个企业的不同工作岗位做了调查研究,最终形成了20个职业模式,并确定了10种能力倾向,这就是著名的"一般能力倾向成套测验(General Occupational Aptitude Test Battery,GATB)",该测验后续也得到了多国的广泛运用。关于特殊职业适应能力的研究,主要体现为飞行员、驾驶员、宇航员、电工、起重工、音乐家和外科医生等特种作业岗位,相比于一般职业适应能力,特殊职业工种对职业适应能力的要求更高。

职业适应能力的研究内容包括很多不同的行业,虽然行业特点不同,但主要都涉及以下几点:个人背景、工作意愿、工作效率、岗位所需基本素质、熟练操作所需时间、事故倾向。职业适应能力作为个体在工作中所必须达到的本岗位基本的特征要求,反映了个体与所从事的工作岗位之间的适应程度。这些心理、生理的特征是在先天条件的基础上加上后天学习发展起来的。组织为了使个体与工作岗位更加合适,需要配套相应的管理措施来提高员工的职业适应能力。

第四节　本章小结

通过对职业适应能力相关研究进行梳理,可以看出当前国内外学者对于职业适应能力问题进行了许多研究,这些研究成果对于本书的撰写过程具有重大的价值和意义。但是目前关于职业适应能力的研究还不够深入,在概念、维度研究上面尚未形成统一观点,在影响因素、研究对象研究方面还存在诸多局限。

为适应新时代对技能人才的新要求,实现我国技能人才队伍整体素质的提升,需要对技能人才的职业适应能力进行准确的评价和有效的提升,从而建立起科学的职业适应能力指标。本章在文献综述的基础上,结合技能人才特点,归纳了技能人才职业适应能力的内涵,认为技能人才职业适应能力是指技能人才为适应新时代工作岗位要求和工作环境变化所必备的基本能力素质;总结了职业适应能力的理论基础,为后续技能人才职业适应能力构建与提升提供理论支撑。

第四章

基于扎根理论的新时代技能人才职业适应能力模型构建

伴随新一轮技术革命和产业升级,现代生产、制造、服务及运输等行业对技能人才的能力素质提出了越来越高的要求。职业适应能力是个体适应工作和环境所必备的基本能力素质,同时也是应对外界多种压力的有效手段,因此职业适应能力受到国内外理论界和实业界的广泛关注和应用。但是国内针对技能人才这一群体的研究仍然匮乏,尚未出现针对技能人才职业适应能力的研究。鉴于技能人才对于新时代中国发展的重要作用,本书主张将技能人才的职业适应能力作为一个新的理论构念,形成一套严谨的、专业的、适用于我国技能人才群体的职业适应能力量表。

第一节　扎根理论设计与分析

质性研究作为量化研究的有力补充,日益受到学者们的重视,而扎根理论(Grounded Theory)作为质性研究中一种重要的研究方法,因其具有可以系统性地获得与分析资料以发展理论,保证其符合实际情境并能提供相关预测、说明、解释与应用的特点,受到越来越多管理学学者的青睐。1967 年,哥伦比亚大学的两位学者 Glaser 和 Strauss 出版了《扎根理论的发现:质性研究的策略》一书,标志着扎根理论的诞生。

扎根理论的研究过程如图 4-1 所示。首先根据研究目的和研究设计进行理论取样,明确要收集的数据及收集方式;之后采取观察、访谈等方法对所要研究的内容进行资料收集和整理;编码过程包括开放式编码、主轴性编码、选择式编码三个程序;当从资料中无法再获得新的数据,即达到“理论饱和”时即可停止研究过程,否则将继续补充新的资料再次进行研究。

扎根理论主要适用于研究个体对真实世界的解释或看法,是研究现象的自然呈现过程。通过对经验资料的收集分析,并不断对研究模型进行归纳与修正,把新的范畴纳入模型,直至达到理论饱和,形成一个能够反映现象本质和意义的模型。由于职业适应能力表征的是人内在的潜能、品质和特点，使用定量研究法操作起来比较困难，并且目前国内并没有关于技能人才职业适应能力的相关研究成果可供借鉴。因此，本书将采用扎根理论这种质性研究方法，通过对原始现象的分析来构建技能人才职业适应能力模型。

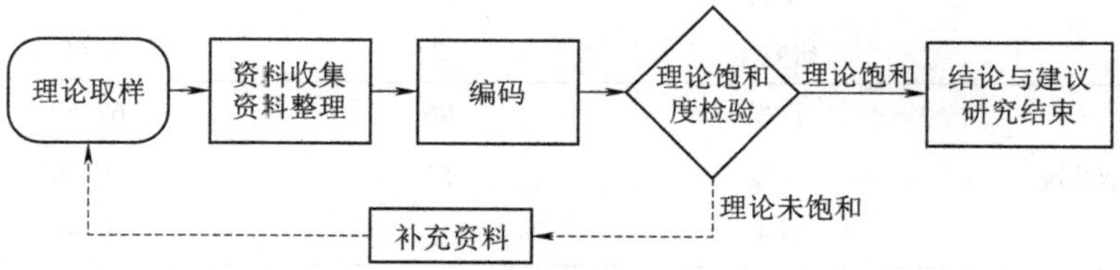

图 4-1　扎根理论研究过程

第二节　访谈调研与编码分析

一、理论性取样与资料收集

采用扎根理论的前提是对研究对象进行理论性取样，遵循典型性和一致性原则，在收集样本的同时，对样本发生的现象进行编码分析，直至达到理论饱和为止。在资料的收集方面，主要采用访谈法和观察法：访谈法是指通过面对面地与受访者就研究问题进行交流，获得受访者对研究问题的看法；观察法是指研究者在不干扰被调查者状态的情况下，深入研究现场，从客观的视角获得研究问题的初始资料。

本书面向新时代技能人才群体，依据理论性取样原则选取了初级工、中级工、高级工、技师、高级技师等不同技术职称的共计 113 名技能人才作为访谈对象，41 名技能人才作为观察对象，调研样本的基本信息见表 4-1。

表 4-1　调研样本基本信息

项目	类别	人数	比例
性别	男	145	94.20%
	女	9	5.80%
年龄	25 岁以下	32	21.10%
	26～35 岁	62	40.30%
	36～45 岁	41	26.30%
	46 岁及以上	19	12.30%

续上表

项目	类别	人数	比例
学历	中专及以下	37	24.10%
	大专	80	51.80%
	本科	35	22.50%
	研究生	2	1.60%
婚姻状况	已婚	96	62.60%
	未婚	56	36.20%
	其他	2	1.20%
工作年限	5 年以下	62	40.10%
	6～10 年	20	12.70%
	11～15 年	18	12.00%
	16 年及以上	54	35.20%
技术职称	初级工	34	21.90%
	中级工	44	28.80%
	高级工	53	34.90%
	技师	22	14.00%
	高级技师	1	0.40%

由于扎根理论研究要求访谈对象对访谈主题有一定的了解和认识,因此在与访谈对象相关领导沟通后,访谈提纲已提前告知访谈对象。每次访谈的时间控制在 1～1.5 h 以内,既给访谈对象提供相对充分的思考和表达的时间,又不因时间过长给访谈对象造成心理疲劳感。现场对访谈过程进行录音。由于访谈对象涉及主管领导和一线技能人才两类主体,因而访谈提纲在设计时既有相通的问题又分别有所侧重。

在采用扎根理论研究方法对研究对象进行观察时,要求观察者最大限度地降低对研究对象的干扰,以便获得最真实的反馈。因此,研究人员对 41 名技能人才分别进行了为期 1～2 天的观察,体验其最真实的工作状态;观察期间研究人员与技能人才同步作息,但并不进行任何交流,仅用文字、视频、音频等进行记录。最终,将访谈的录音文件转录成文本研究,同时与观察记录到的资料进行整合归纳,共形成了 7 万余字的文本资料。

二、资料分析与编码

遵循扎根理论的操作程序对理论性取样获得的资料进行编码,具体操作过程如下:

(一)开放式编码

从资料中提取能够反映出技能人才职业适应能力的文字叙述,并对访谈记录进行开放式编码。开放式编码是将所收集到的资料重新分类整理,将原始资料所描述的现象进行比较、归类,将相似的现象命名为新的概念,并将概念继续提炼范畴化的过程。主要从访谈记录中直接提取,精炼概括成词语,将能够反映出的独立的事物、事件、想法和行动进行概念化,逐渐归类和范畴化,最终得到538条陈述句及对应的初始概念,并在此基础上归纳总结出24个范畴见表4-2。

表4-2 开放式编码范畴化(节选)

访谈资料	提取概念	范畴化
Q:一线技能人才的压力主要来自哪些方面? A:关于一线作业人员压力方面。一线作业场所遇到紧急情况不允许耽搁,需要作业人员:(1)立即做出反应,比如,作业时间长,空间狭窄,空气循环不是很畅通。(2)另外噪声比较大,比如,空调噪声,作业噪声。灯光污染,灯光设计不合理造成晚上作业视野不清楚。遭受的压力也是比较大的。乘务人员普遍这么认为。(3)工作班制导致无法正常回家,和家人聚少离多	a1 紧急情况做出反应; a2 工作环境恶劣; a3 工作家庭冲突	a1 紧张应对; a2 适应工作环境能力; a3 适应角色冲突能力
Q:具体哪些方面可以被称作职业适应能力? A:一旦发生问题,汇报了非正常情况,从工作中止到工作开始,电话不停,会干扰作业人员:(4)心里可能会慌乱,我们对这种非正常情况要求处理速度要快;还有语言交流退化。(5)工作时没有人跟他讲话会很焦虑,脾气性格暴躁	a4 遇故障要求冷静处理; a5 工作时焦虑	a4 适应时间紧迫能力; a5 焦虑
Q:与多方沟通协调,技能人才起到关键作用 A:(6)有时候要作业人员来判断,有时要向领导汇报,让领导判断。有时候处理领导做决定,作业人员服从,有时候需要由作业人员做决定,这是由故障类型决定的	a6 处理故障时做决策	a6 逻辑判断能力

续上表

访谈资料	提取概念	范畴化
Q:这些处理好的技能人才存在什么能力使得其处理事务更好呢? A:比如工作场所发生故障,技能人才能掌握发生的原因:(7)汇报调度,通知主管人员,因为主管人员需要通知专业人员去处理,但是故障处理以后。(8)恢复需要得到专业人员的通知,有时候专业人员不能掌握,不通知司机,所以故障处置需要一线技能人才、主管人员、故障处理专业人员几方面的合作	a7 遇故障要求快速处理; a8 需要与其他工种合作	a7 人际沟通能力 a8 协作配合能力

(二)主轴编码

接下来将上述开放式编码得到的范畴继续进行主轴编码,对开放式编码中形成的范畴加以类聚。在这一过程中,通过集中对比和比较,努力寻找范畴之间的关联,按照编码系统将相同或相近的范畴合在一起形成主范畴,将相异的范畴区别开来,使得得到的主范畴具有最大的内部同质性和外部异质性。

通过对比发现,“紧张应对”“倦怠应对”“挫折应对”“焦虑应对”“郁闷应对”等均为描述情绪类的词语,因此将这五个范畴归为一类,命名为“情绪复原能力”;“适应时间紧迫能力”“适应工作环境能力”“适应角色冲突能力”“适应负面情绪能力”等均为表述个体适应能力的词语,因此将这四个范畴归为一类,命名为“心理适应能力”;“注意力”“记忆力”“反应能力”“学习能力”“逻辑判断能力”“协作配合能力”“人际沟通能力”均为描述个体认知能力的词语,因此将这七个范畴归为一类,命名为“认知能力”;“爱岗敬业”“遵章守纪”“服从指挥”“按标作业”“奉献精神”“责任意识”均为描述个体工作态度类的词语,因此将这六个范畴归为一类,命名为“价值取向”;“专业技能”“专业知识”等均为描述个体专业素质与岗位要求的匹配程度,因此将这两个范畴归为一类,命名为“专业能力”。

经过对 24 个范畴的重新分类和汇总,最终形成了 5 个主范畴,分别为情绪复原能力、心理适应能力、认知能力、价值取向、专业能力,得到技能人才职业适应能力范畴体系见表 4-3。

表 4-3 主轴编码形成的主范畴

主范畴	范畴
情绪复原能力	紧张应对、倦怠应对、挫折应对、焦虑应对、郁闷应对
心理适应能力	适应时间紧迫能力、适应工作环境能力、适应角色冲突能力、适应负面情绪能力
认知能力	注意力、记忆力、反应能力、学习能力、逻辑判断能力、协作配合能力、人际沟通能力
价值取向	爱岗敬业、遵章守纪、服从指挥、按标作业、奉献精神、责任意识
专业能力	专业技能、专业知识

（三）选择性编码

通过主轴编码得到主范畴后，接下来进行选择性编码。选择性编码是指将已得到的主范畴通过反复比较、分析，进行深入关联，最终抽象出核心范畴的过程。按照选择性编码的分析要求，邀请两名长期从事心理学和组织行为研究的教授（拥有扎实的理论基础和研究功底）一同深入探讨。通过不断地分析、对比与合并归纳，提炼出“技能人才职业适应能力”这一核心范畴，并认为情绪复原能力、心理适应能力、认知能力、价值取向、专业能力 5 个主范畴可以解释绝大多数初始概念和各级范畴。具体原因如下：

（1）由于工作内容或工作环境的原因，技能人才经常会遇到各种负面情绪状态，如技能人才会因工作空间的狭窄产生压抑情绪，因此，具备良好职业适应能力的技能人才需要具有妥善管理自身情绪的能力，对由于工作内容或工作环境引起的不满、恐惧、厌恶、悲伤、焦虑等情绪体验能够自我疏导、自我协调、主动摆脱不安情绪，即情绪复原能力。

（2）技能人才会面临各种紧急突发的工作状况，如一线技能人才在紧急非正常作业状况下，会承受来自社会、领导、同事等的高度关注。例如，接触网维修工需要在高电压、野外环境工作，因此，具备良好职业适应能力的技能人才需要具有主动解决工作生活中的心理问题，使得个体有更好的生存能力，即心理适应能力。

（3）就工作内容而言，要求技能人才具有较高认知能力，即人脑加工、储存和提取信息并对事物的构成、性能与他物的关系、发展的动力、发展方向以及基本规律把握的能力。例如，当技能人才在工作中时，需要在过程中既保持注意力集中，同时可以分配注意力关注多个目标。

(4)我国制造业的快速发展离不开背后工作人员的无私奉献和兢兢业业,技能人才拥有良好职业适应能力的前提是具备正确的工作价值观,即个人对工作和与工作相关的客观事物(包括人、物、事)及对自己行为结果的意义、作用、效果和重要性的总体评估。

(5)安全是正常开展工作的首要前提,这要求技能人才保持对存在风险的外在环境条件的警觉,具备基本的安全意识,即在生产活动中具备可能对自己或他人造成伤害的外在环境条件的一种戒备和警觉的心理状态,是技能人才开展工作的前提与基础。

(四)理论饱和度检验

依据扎根理论所得的技能人才职业适应能力模型具备充分性和可靠性,后续采用 Glaser 和 Strauss(1967)提出的"理论饱和度"检验标准进行检验。"理论饱和度"指当工作者从可获得的所有资料(例如:访谈、问卷调查、文献)中无法再发现新的现象与范畴时,即可停止资料收集工作。编码分析完成后,再次对一线技能人才发放了 68 份"技能人才职业适应能力构成"开放式调查问卷,各工种根据工作特征描述其岗位所需要的职业适应能力。梳理回收后的问卷数据(见表 4-4)发现结果并没有出现新的关键词和范畴,且范畴之间并未发现新的联系,因此可以认为所构建的技能人才职业适应能力模型通过了理论饱和度检验。

表 4-4　技能人才职业适应能力构成开放式问卷结果汇总

内容
焦虑应对、紧张应对、挫折应对、应急反应能力、工作家庭平衡能力、适应时间紧迫能力、适应高电压工作环境能力、适应密闭工作环境能力、适应被关注能力、逻辑判断能力、注意力集中能力、手眼协同能力、学习能力、协作配合能力、人际沟通能力、故障描述能力、观察力、想象力、服从指挥、奉献精神、爱岗敬业、遵章守纪、按标作业、耐心、事故敏感性、严谨细致、尽责性、反应速度、团结协作

三、资料分析编码结果

通过对 113 名技能人才进行访谈,技能人才职业适应能力的 24 个子范畴和 5 个主范畴得到了确认,新时代技能人才职业适应能力的五维模型得以构建,具体内容如图 4-2 所示。

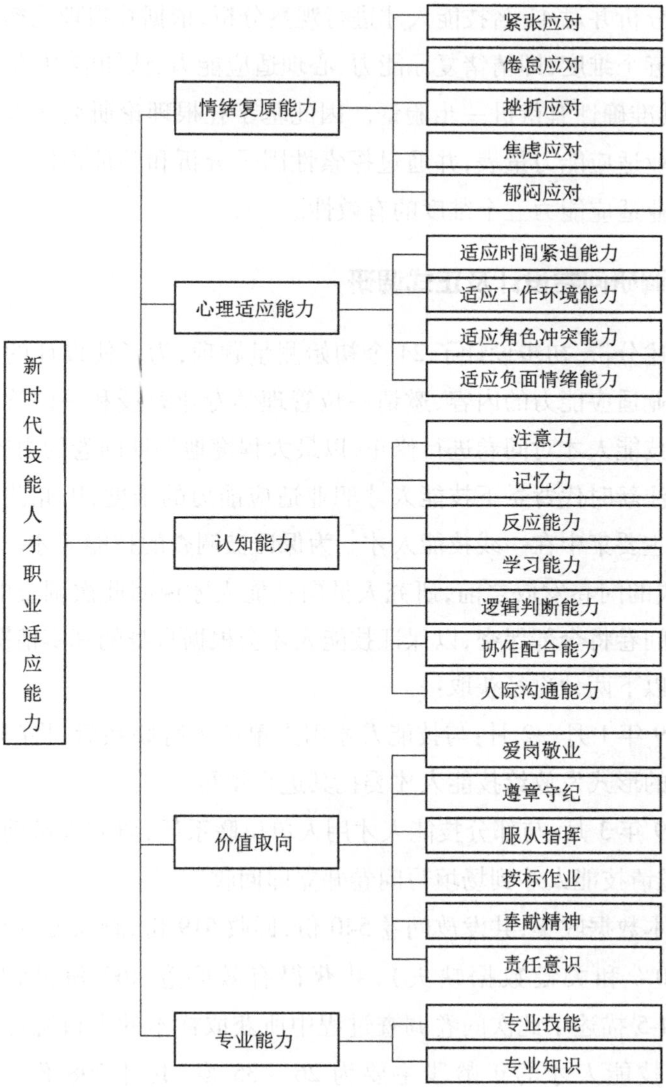

图 4-2　新时代技能人才职业适应能力模型

第三节　新时代技能人才职业适应能力模型验证与讨论

通过对 113 名不同年龄、不同学历、不同技术职称、不同工作年限的技能人才进行访谈分析并对41名技能人才进行观察分析，依据扎根理论初步界定职业适应能力的五个维度，即情绪复原能力、心理适应能力、认知能力、价值取向和专业能力，但其准确性有待进一步验证。因此基于扎根理论研究成果开发新时代技能人才职业适应能力量表，并通过探索性因子分析和验证性因子分析验证了技能人才职业适应能力五个维度的有效性。

一、预调研问卷设计及正式调研

基于上述分析，初步设计了24个初始测量题项，为了使设计的量表能够准确表达出职业适应能力的内容，邀请一位管理学专业教授和一位管理学专业副教授及数位技能人才对问卷进行修正，以最大程度地保证问卷的内容效度。

本书关注新时代背景下技能人才职业适应能力的维度，因此此次问卷调查的调查对象主要集中在一线技能人才。为保证被调查的技能人才填写资料的准确性，在正式的问卷发放之前，研究人员向技能人才说明此次调查的目的，并告知其填写的问卷将全部保密，以保证技能人才会根据自身的真实情况填写问卷。问卷数据由以下两种途径获取：

(1)2019年1月—2月：与技能人才用人单位进行联系后，将问卷通过电子邮件或信件的形式发放给技能人才委托其进行填写。

(2)2019年3月：与部分技能人才用人单位联系后，研究人员前往技能人才用人单位，邀请技能人才到场填写问卷并立即回收。

通过样本数据收集，共发放问卷540份，回收519份，删除无效问卷后(未作答率超过10%和关键数据缺失)，共获得有效问卷467份，回收有效率为86.48%，表4-5描述了此次问卷调查过程中所获取样本的人口统计学特征。此次被调查的技能人才的年龄段主要为26～35岁，共计398份，占总样本的85.22%；其次为36～45岁，共计62份，占13.28%，25岁及以下和46岁及以上的样本量为6和1份，分别占总样本的1.28%和0.22%。就技能人才的工作年限而言，工作1年及以下的技能人才为3人，占总样本的0.64%，2～5年的技能人才为201人，占总样本的43.04%，6～10年的技能人才为186人，占总样本的39.83%，工作11年及以上的技能人才为77人，占总样本的16.49%。就技能人才的婚姻状况而言，大部分技能人才已婚(人数345，占总样本的73.88%)。就技能人才的教育背景而言，高中或中专学历的技能人才有67人，占总样本的14.35%，大专学历的技能人才307人，占总样本的65.74%，本科及以上的技能人才有 93 人,占总样本的 19.91%。就技能人才的技术等级而言,技术等级为初级工的技能人才仅 1 人,占总样本的 0.22%,中级工 3 人,占总样本的0.64%,高级工 448 人,占总样本的 95.93%,技师 13 人,占总样本的 2.78%,高级技师 2 人,占总样本的 0.43%。

表 4-5 人口统计学特征统计($N=467$)

项目	选项	人数	所占百分比(%)
年龄	25 岁及以下	6	1.28
	26~35 岁	398	85.22
	36~45 岁	62	13.28
	46 岁及以上	1	0.22
工作年限	1 年及以下	3	0.64
	2~5 年	201	43.04
	6~10 年	186	39.83
	11 年及以上	77	16.49
婚姻状况	已婚	345	73.88
	未婚	117	25.05
	其他	5	1.07
教育背景	初中及以下	0	0.00
	高中或中专	67	14.35
	大专	307	65.74
	本科及以上	93	19.91
技术等级	初级工	1	0.22
	中级工	3	0.64
	高级工	448	95.93
	技师	13	2.78
	高级技师	2	0.43

在对样本数据进行描述性统计分析后,将 467 份样本随机分为两组样本($N_1=229$,$N_2=238$),并将职业适应能力调查问卷的题目编号为 QX1~QX5、XL1~XL4、JC1~JC7、JZ1~JZ6、ZY1~ZY2,以便于后续分析。

二、新时代技能人才职业适应能力结构测量

本节运用 SPSS 22.0 进行数据分析,对第一组样本($N=229$)采用主成分分

析法进行探索性因子分析，以确定技能人才职业适应能力量表的效度。在因子分析前，首先对量表KMO(Kaiser - Meyer - Olkin)值和Bartlett's球形检验值进行测量，Kerlinger(1986)认为，只有当样本的KMO值>0.7、Bartlett's球形检验达到统计学显著性水平时，样本的因子分析结果才具有可靠性。统计学中p值即为概率，反映某一事件发生的可能性大小。根据显著性检验方法所得到的p值，一般以$p<0.05$为有统计学差异，$p<0.01$为有显著统计学差异，$p<0.001$为有极其显著的统计学差。经检验，技能人才职业适应能力测量问卷的KMO值和Bartlett's球形检验值分别为0.934和3 457.97($p<0.001$)，表明该样本适合进行因子分析。因子分析结果见表4-6，共抽取了5个特征值大于1的主成分，累计方差贡献率为76.81%。

表4-6　技能人才职业适应力的因子分析结果

项目	测量题项	因子1	因子2	因子3	因子4	因子5
QX1	遇到紧急情况要求快速准确处置故障时，我可以及时调整紧张情绪	0.766				
QX2	我可以及时进行自我调整来应对长期重复、单调无味的工作	0.695				
QX3	遇到挫折时我可以尽快调整状态，很好地投入到工作中	0.684				
QX4	在频繁与上下级沟通复杂信息时，我容易出现焦虑情绪	0.589				
QX5	我的工作性质让我无法产生成就感和归属感	0.519				
XL1	在设备发生故障时，我可以在短时间内准确判断故障发生的原因并解决故障		0.710			
XL2	我能够在恶劣或危险的工作环境中从容地完成工作任务		0.610			
XL3	当工作和家庭发生冲突时，我可以在两者之间做好平衡抉择		0.593			
XL4	当心情烦躁、情绪低落时，我会及时进行自我调整		0.510			

续上表

项目	测量题项	因子1	因子2	因子3	因子4	因子5
JC1	我可以长时间集中精力完成自己的工作			0.846		
JC2	我可以同时关注多个设备,监控设备状态			0.780		
JC3	我能准确判断设备发生故障的原因			0.770		
JC4	我熟练掌握本岗位的工作技能			0.752		
JC5	团队作业时,我可以很好地与组内成员进行协作配合			0.668		
JC6	我和别人交流时非常和谐,不会产生冲突			0.646		
JC7	我目前的身体状况可以很好地适应我的工作			0.576		
JZ1	我非常热爱自己从事的这份职业				0.780	
JZ2	我可以自觉遵守本岗位所有的规章制度				0.666	
JZ3	工作中,我会服从调度指令、听从上级指挥、全力以赴执行任务				0.639	
JZ4	我会遵循本岗位所有标准和流程实施作业				0.592	
JZ5	工作中,我始终坚持把国家和人民利益放在首位,真诚自愿付出				0.543	
JZ6	我工作时严格按照本岗位作业标准进行操作				0.514	
ZY1	我目前的技术能力可以很好地胜任我的工作					0.862
ZY2	我具备的技能、知识和我的工作要求相匹配					0.778

提取方法:主成分分析。

旋转方法:Kaiser 标准化最大方差法。

最大收敛性迭代次数:25 次。

由表 4-6 可知,技能人才职业适应能力的 24 个测量题项的因子载荷均大于 0.5,即本节构建的技能人才职业适应能力模型具有较好的因子结构。现将各因子依次命名如下:

第一个因子包括 QX1、QX2、QX3、QX4 和 QX5 共五个题项,累计解释总方差的 58.06%,主要是技能人才职业适应能力在应对紧张、倦怠、挫折、焦虑和郁闷等方面的体现,因此命名为“情绪复原能力”。

第二个因子包括 XL1、XL2、XL3 和 XL4 共四个题项，累计解释总方差的68.24%，主要是技能人才职业适应能力在适应时间紧迫、工作环境、角色冲突和负面情绪等方面的体现，因此命名为“心理适应能力”。

第三个因子包括 JC1、JC2、JC3、JC4、JC5、JC6 和 JC7 共七个题项，累计解释总方差的 24.55%，主要体现了技能人才职业适应能力在注意力管理、逻辑判断、学习和沟通协作等方面的能力，因此命名为“认知能力”。

第四个因子包括 JZ1、JZ2、JZ3、JZ4、JZ5 和 JZ6 共六个题项，累计解释总方差的 45.71%，主要反映了技能人才职业适应能力在爱岗敬业、遵章守纪、奉献精神和责任意识等方面的体现，因此命名为“价值取向”。

第五个因子包括 ZY1 和 ZY2 共两个题项，累计解释总方差的 76.81%，主要是技能人才职业适应能力在专业技能和专业知识方面的体现，因此命名为“专业能力”。

综上，基于扎根理论界定的技能人才职业适应能力的五维模型（包括情绪复原能力、心理适应能力、认知能力、价值取向、专业能力）通过探索性因子分析得到初步验证，但该结构的准确性和内在稳定性需要进一步探究。

三、新时代技能人才职业适应能力结构验证

本节运用 SPSS 22.0 软件进行数据分析，对第二组样本（$N=238$）进行验证性因子分析，提出技能人才职业适应能力的 4 个比较模型，分别为：①单因子结构模型（图 4-3）：将五个维度“情绪复原能力”“心理适应能力”“认知能力”“价值取向”和“专业能力”合并为单因子；②双因子结构模型（图 4-4）：分别将“认知能力”和“价值取向”进行合并，将“情绪复原能力”“心理适应能力”和“专业能力”进行合并，构成两个维度；③三因子结构模型（图 4-5）：将“情绪复原能力”“心理适应能力”和“专业能力”合并为一个维度，与“认知能力”“价值取向”组成三因子结构；④四因子结构模型（图 4-6）：将“心理适应能力”和“专业能力”进行合并，并与“认知能力”“价值取向”和“情绪复原能力”共同构成四因子结构。

运用 AMOS 22.0 软件分别将上述四个结构模型与前文构建的技能人才职业适应能力五维模型（图 4-7）进行比较，以测量模型的可接受程度。五个结构模型拟合结果如图 4-3 ~ 图 4-7 所示。

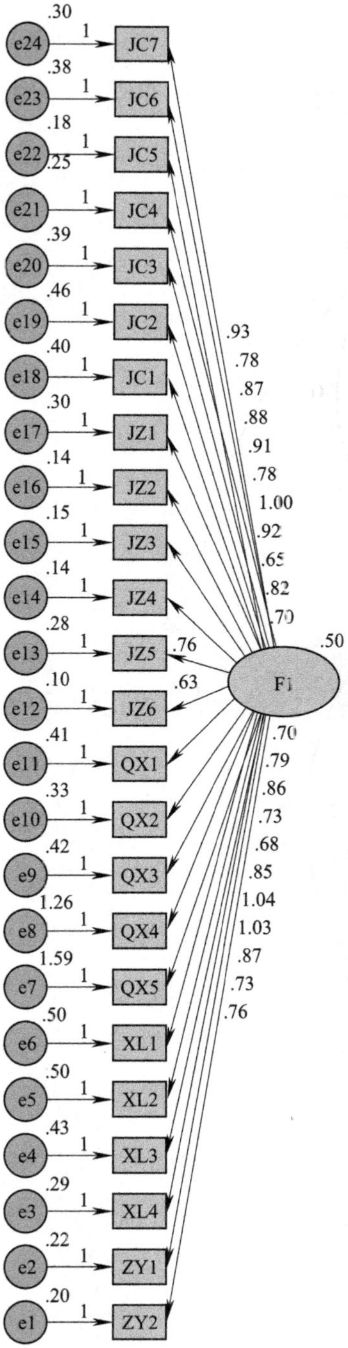

图 4-3 技能人才职业适应能力单因子结构模型

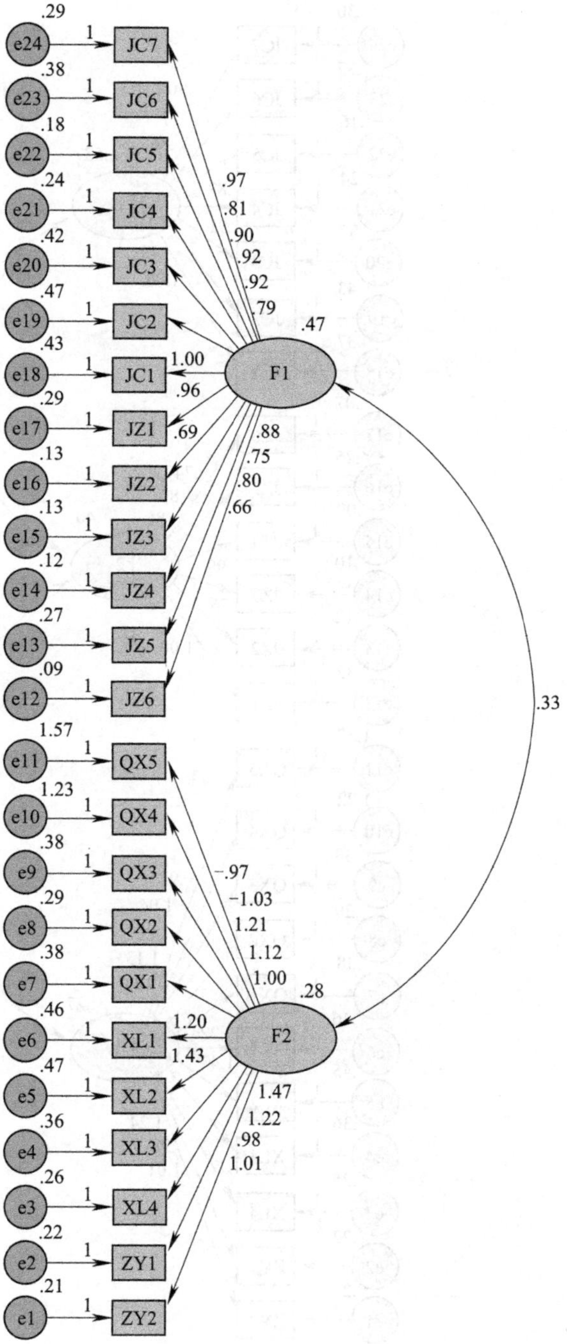

图 4-4 技能人才职业适应能力双因子结构模型

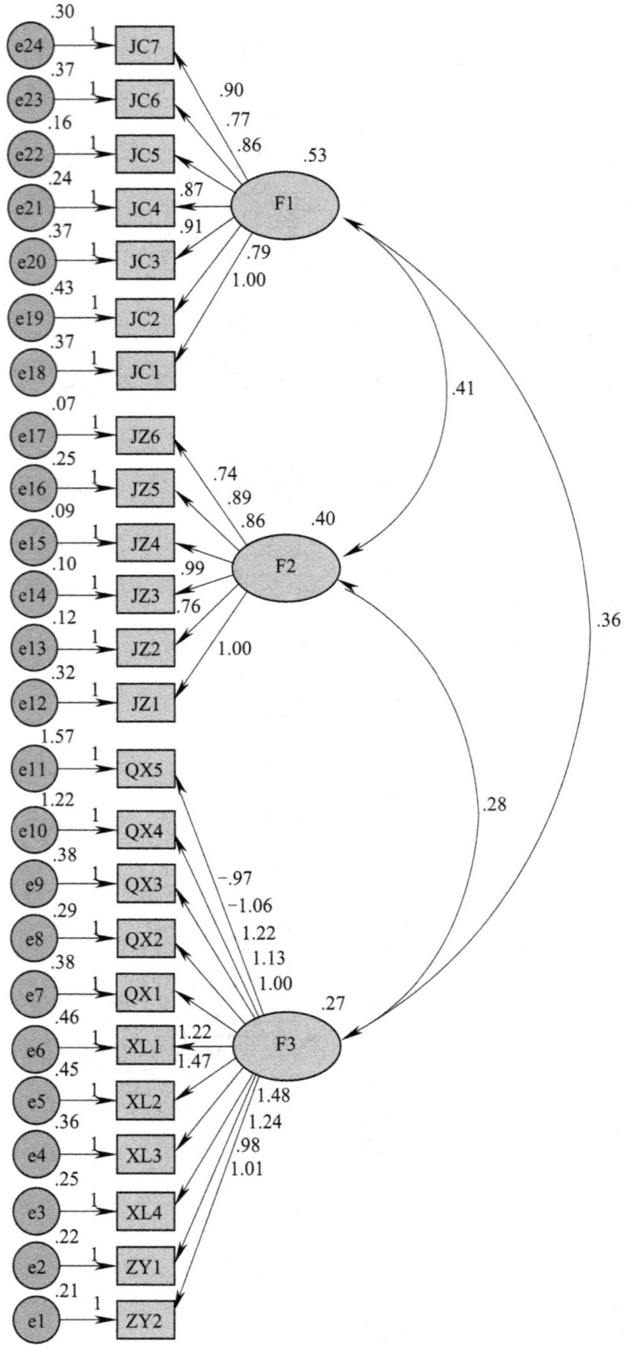

图 4-5　技能人才职业适应能力三因子结构模型

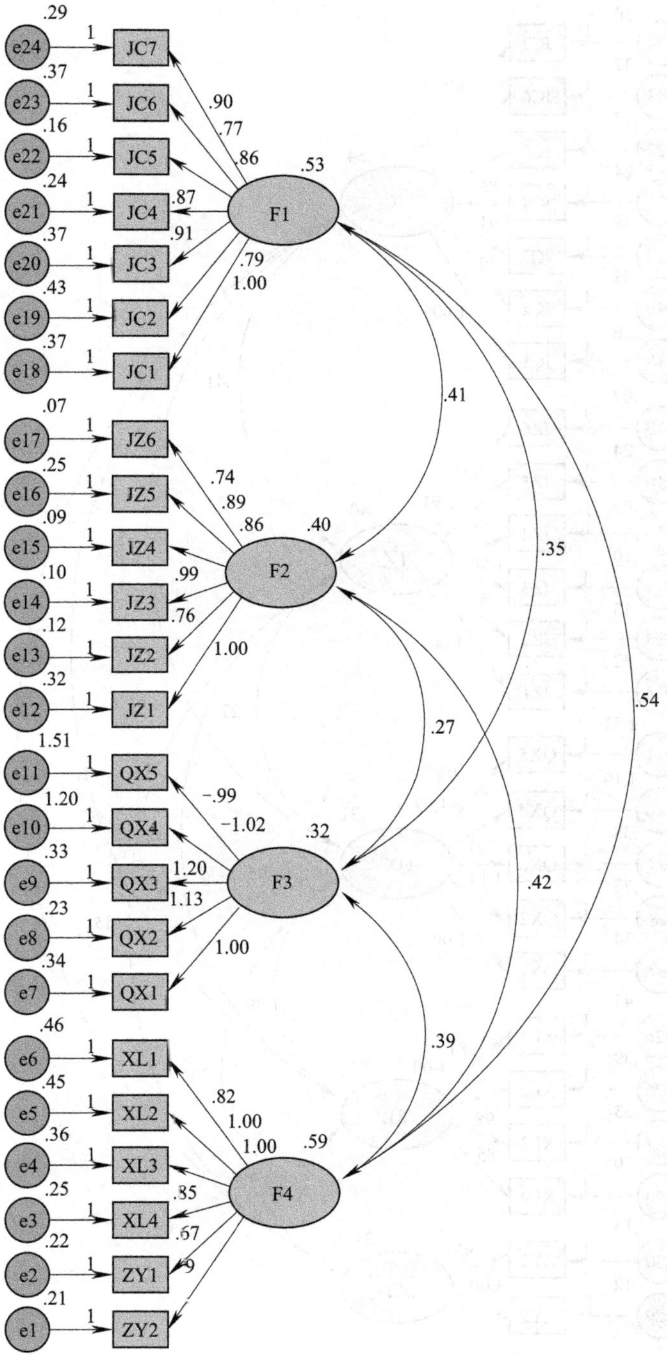

图 4-6　技能人才职业适应能力四因子结构模型

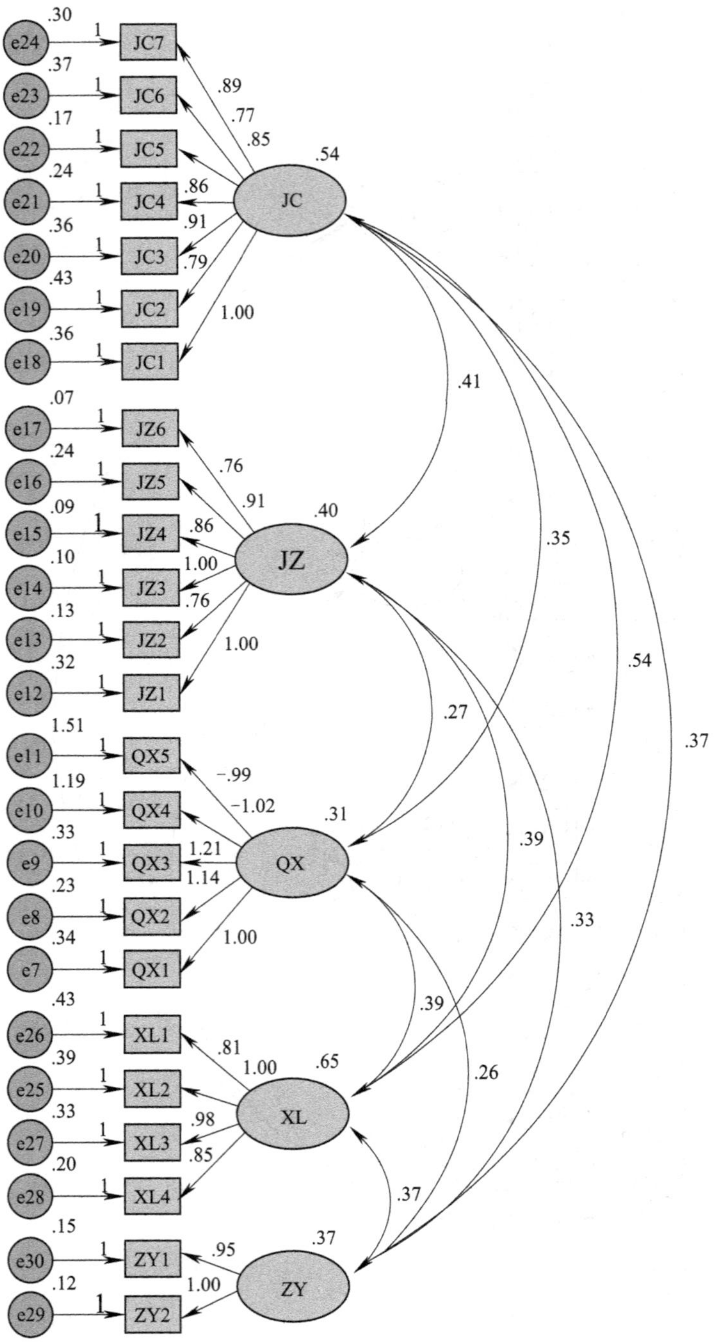

图 4-7 技能人才职业适应能力五因子结构模型

表 4-7 为技能人才职业适应能力各模型拟合指数计算结果，由表 4-7 可知对

于技能人才职业适应能力而言,其单因子模型的拟合效果最差,χ^2/df 值为 2.729,CFI、TLI、RMSEA 和 SRMR 等指标均不符合评价指标;双因子模型、三因子模型和四因子模型的 χ^2/df 值分别为 2.496、2.245 和 2.190,除 RMSEA 指标外,CFI、TLI 和 SRMR 等指标均不符合评价指标;最后,职业适应能力的五因子模型 χ^2/df 值为 1.663,CFI、TLI 均大于 0.9,RMSEA = 0.053 < 0.08,SRMR = 0.047 <0.05,表明该结构有较好的拟合效果。并且由图 4-7 可知,相比于技能人才职业适应能力的单因子结构、二因子结构、三因子结构和四因子结构,五因子结构中每个维度的标准因子载荷均较高(均大于 0.75),表明观测指标与各潜变量之间具有较好的关联效度。

表 4-7 技能人才职业适应能力的模型拟合结果

模型	χ^2/df	CFI	TLI	RMSEA	SRMR
单因子模型	2.729	0.809	0.791	0.085	0.064
双因子模型	2.496	0.835	0.819	0.079	0.062
三因子模型	2.245	0.864	0.849	0.072	0.057
四因子模型	2.190	0.872	0,856	0.071	0.055
五因子模型	1.663	0.933	0.920	0.053	0.047
评价标准	<3	>0.9	>0.9	<0.08	<0.05

四、新时代技能人才职业适应能力问卷信效度检验

(一)信度分析

依次测量所有样本($N=467$)的情绪复原能力、心理适应能力、认知能力、价值取向、专业能力和总体量表的 α 系数,以检验技能人才职业适应能力量表的信度,见表 4-8。Cronbach's alpha 系数(以下简称 α 系数)主要用于评价连续变量和有序分类变量的一致性。一般来说,条目的一致程度与测量内容有关,α 系数越大提示内在一致性越强。既往研究认为,α 系数大于 0.7,可认为条目之间的一致性较好。由表 4-8 可知,技能人才职业适应能力各维度的 α 均大于 0.7,且整体 α 为 0.954,表明职业适应能力测量问卷具有良好的内部一致性。

表 4-8 职业适应能力各维度信度分析

维度	情绪复原能力	心理适应能力	认知能力	价值取向	专业能力	总量表
α	0.722	0.846	0.882	0.922	0.843	0.954

（二）效度分析

本书所提出的技能人才职业适应能力量表是基于113名技能人才访谈结果提炼整理后初步编制的，并在后续邀请三名管理学教授、一名管理学副教授及数位技能人才对问卷题项进行修正评估，因此保证了该测量量表的条目能最大程度地反映技能人才的特点，从而保证技能人才职业适应能力测量问卷的内容效度。

综上，新时代技能人才职业适应能力的五维模型得以验证，其中五个维度包括情绪复原能力、心理适应能力、认知能力、价值取向和专业能力。在经过探索性因子分析、验证性因子分析和信效度分析后，该五维模型的一致性与可靠性也得到了验证。

五、新时代技能人才职业适应能力模型讨论

本书针对新时代技能人才进行研究，构建其职业适应能力五维模型，其中认知能力和专业能力是以往学者研究教师、大学生和护士等群体职业适应能力的部分维度，而情绪复原能力、心理适应能力和价值取向是新时代背景下与技能人才工作新内容、新要求紧密相关的新维度。在访谈过程中，受访者在被问及工作中的最需要哪方面的能力时，绝大部分受访者提到了在新时代作为一名技能人才，不仅要适应各种工作环境，还要学会应对挫折、焦虑和负面情绪。即新时代背景下，技能人才认为情绪复原能力、心理适应能力及认知能力是构成职业适应能力的重要因素，因此将其纳入技能人才职业适应能力的维度中。职业适应能力模型包括五个维度：

（1）情绪复原能力，包括紧张应对、倦怠应对、挫折应对、焦虑应对、郁闷应对5个范畴，此维度主要解释技能人才在新时代背景下，应对消极情绪的能力。新时代对技能人才提出了更高的要求，岗位技能要求由传统单一的经验技术技能转向适应岗位要求的职业技能、职业发展能力和多种复合型技能，由于要求提高而产生的负面情绪是技能人才必须克服的困难。

（2）心理适应能力，包括适应时间紧迫能力、适应工作环境能力、适应角色冲突能力、适应负面情绪能力4个范畴，此维度主要解释技能人才在新时代背景下的心理调节能力。技能人才不仅要满足新时代提出的更高要求，还要适应工作内容、工作知识和工作环境的变化，进行自我疏导等心理调节是技能人才在新时代背景下必需的能力。

(3)认知能力,包括注意力、记忆力、反应能力、学习能力、逻辑判断能力、协作配合能力、人际沟通能力 7 个范畴,此维度主要解释新时代背景下技能人才的认知要求。与传统的工作方式相比,新时代背景下越来越多的工作以团队形式完成,协作配合和人际沟通等能力在技能人才工作中越来越重要。

(4)价值取向,包括爱岗敬业、遵章守纪、服从指挥、按标作业、奉献精神、责任意识 6 个范畴,此维度主要解释新时代对技能人才价值观的要求。新时代国家政策的落实、战略目标的实现、国际贡献的创造都离不开高素质的技能人才队伍,技能人才必须拥有正确的价值取向。

(5)专业能力,包括专业技能和专业知识两个范畴,此维度主要解释新时代对于技能人才工作技能和工作知识的新要求。新时代下技术革命对生产流程产生了"质变"的影响,技能人才必须拥有与岗位要求相匹配的专业技能和专业知识,这是技能人才必须具备的基础能力。

综上,本章的一、二、三节以技能人才为研究对象,采用扎根理论的研究方法,通过开放式编码、主轴编码、选择性编码等得出技能人才职业适应能力的模型及各个维度和相应范畴,即技能人才职业适应能力包括情绪复原能力、心理适应能力、认知能力、价值取向、专业能力五个维度。然后通过技能人才职业适应能力构成问卷和验证性因子分析验证了技能人才职业适应能力模型的合理性,为后续探索技能人才职业适应能力的提升路径奠定基础。

第四节 新时代技能人才职业适应能力与工作绩效的关系

一、研究设计

(一)研究目的

前文界定了技能人才职业适应能力的概念并构建了五维模型,但技能人才职业适应能力的高低对企业和技能人才自身是否会产生积极影响还有待实证探究。

技能人才的高绩效是组织创造高绩效的基石,而任务绩效(Task Performance)和关系绩效(Contextual Performance)的研究在学术界一直处于重要地位。任务绩效是指与工作结果密切相关的绩效指标,而关系绩效是指在工作中对组织没有直接贡献但对组织长期发展非常重要的自愿行为。

因此本节选取任务绩效和关系绩效作为结果变量，通过研究技能人才职业适应能力对任务绩效和关系绩效的影响来验证技能人才职业适应能力的有效性。

（二）数据获取

本节主要研究技能人才的职业适应能力水平与工作绩效的关系，问卷的发放对象主要为一线工作的技能人才。为保证被调查的技能人才填写资料的准确性，在正式的问卷发放之前，研究人员向技能人才说明此次调查的目的，并告知其填写的问卷将全部保密，以保证技能人才会根据自身的真实情况填写问卷。此次调查通过现场发放问卷的形式获取数据。与技能人才用人单位协商沟通后，随机抽取技能人才作为样本对象，约定问卷填写的时间地点进行现场问卷填写并回收。

研究人员于 2019 年 5 月共发放问卷 270 份，回收 270 份，删除无效问卷后（未作答率超过 10% 和关键数据缺失等），共获得有效问卷 226 份，回收有效率为 83.70%。对调查所得的整体样本进行了人口统计学分析，结果见表 4-9。由表可知，此次被调查的技能人才的年龄段主要为 26 ~ 35 岁，共计 185 份，占总样本的 81.86%；其次为 36 ~ 45 岁，共计 38 份，占 16.81%，25 岁及以下的样本量为 3 份，占总样本的 1.33%。就技能人才的工作年限而言，工作 1 年及以下的技能人才为 3 人，占总样本的 1.33%，2 ~ 5 年的技能人才为 137 人，占总样本的 60.62%，6 ~ 10 年的技能人才为 59 人，占总样本的 26.11%，工作 11 年及以上的技能人才为 27 人，占总样本的 11.94%。就技能人才的婚姻状况而言，大部分技能人才已婚（人数 168，占总样本的 74.33%）。就技能人才的教育背景而言，高中或中专学历的技能人才有 26 人，占总样本的 11.51%，大专学历的技能人才 154 人，占总样本的 68.14%，本科及以上的技能人才有 46 人，占总样本的 20.35%。就技能人才的技术等级而言，大部分技能人才的技术等级为高级工，有 220 人，占总样本的 97.35%，技术等级为技师的技能人才有 5 人，占总样本的 2.21%，高级技师仅 1 人，占总样本的 0.44%。

表 4-9　人口统计学特征统计（$N=226$）

项目	选项	人数	所占百分比（%）
年龄	25 岁及以下	3	1.33
	26 ~ 35 岁	185	81.86
	36 ~ 45 岁	38	16.81

续上表

项目	选项	人数	所占百分比(%)
工作年限	1年及以下	3	1.33
	2~5年	137	60.62
	6~10年	59	26.11
	11年及以上	27	11.94
婚姻状况	已婚	168	74.33
	未婚	55	24.34
	其他	3	1.33
教育背景	高中或中专	26	11.51
	大专	154	68.14
	本科及以上	46	20.35
技术等级	高级工	220	97.35
	技师	5	2.21
	高级技师	1	0.44

(三)测量工具

在数据收集的过程中,采用的量表均采用 Likert 五点记分量表,其中“1”代表最低水平,“5”代表最高水平。

职业适应能力:采用前文开发的职业适应能力量表。该量表共24个条目,如“我可以长时间集中精力完成自己的工作”“工作中,我始终坚持把国家和人民利益放在首位,真诚自愿付出”“我可以及时进行自我调整来应对长期重复、单调无味的工作”“我能够在恶劣或危险的工作环境中从容地完成工作任务”“我目前的技术能力可以很好地胜任我的工作”等。此处,职业适应能力量表的 Cronbach's alpha 值为0.908。

任务绩效:采用 Van Dyne(1996)等开发,并由李超平等(2018)翻译的中文版任务绩效量表。该量表共4个条目,如“我能履行规定的责任”“我能按照预期的水平完成工作”“我的表现符合规定”等。此处,任务绩效量表的 Cronbach's alpha 值为0.841.

关系绩效:采用由 Scotter 和 Motowidlo(1996)开发,并由王辉等(2004)进行了中文版修订的关系绩效量表。该量表共15个条目,如“利用休息时间工作以保证任务按时完成”等。此处,关系绩效量表的 Cronbach's alpha 值为0.921。

控制变量:为了排除人口统计学特征类变量对研究结论可靠性的干扰,本节将年龄、婚姻状况、工作年限、教育背景、技术等级作为控制变量。

虚拟变量编码:由于本节中年龄、工作年限、婚姻状况、教育背景和技术等级为定类变量,在数据分析之前,本研究将其转换为虚拟变量。转换规则如下:

①“年龄”的“1”表示“25 岁及以下”,“2”表示“26 ~ 35 岁”,“3”表示“36 ~ 45 岁”,“4”表示“46 岁及以上”;②“工作年限”的“1”表示“1 年及以下”,“2”表示“2 ~5 年”,“3”表示“6 ~ 10”年,“4”表示“11 年及以上”;③“婚姻状况”的“1”表示“已婚”,“2”表示“未婚”,“3”表示“其他”;④“教育背景”的“1”表示“初中及以下”,“2”表示“高中及中专”,“3”表示“大专”,“4”表示“本科及以上”;⑤“技术等级”的“1”表示“初级工”,“2”表示“中级工”,“3”表示“高级工”,“4”表示“技师”,“5”表示“高级技师”。

二、实证分析

(一)技能人才职业适应能力与任务绩效

1. 职业适应能力与任务绩效相关性分析

通过分析职业适应能力及其各维度与任务绩效的 Pearson 相关系数,得出表 4-10所列结果。情绪复原能力($r = 0.453, p < 0.001$)、心理适应能力($r = 0.605, p < 0.001$)、认知能力($r = 0.657, p < 0.001$)、价值取向($r = 0.616, p < 0.001$)和专业能力($r = 0.656, p < 0.001$)与任务绩效之间存在显著的正相关关系,职业适应能力与任务绩效也显著正相关($r = 0.700, p < 0.001$)。通过相关性分析可以初步验证技能人才的职业适应能力及其五个子维度均会正向影响其任务绩效。但相关分析只是变量间的简单线性关系,技能人才的职业适应能力及其各维度对任务绩效是否有影响仍待进一步研究,后续将通过多元回归线性模型正式检验技能人才职业适应能力是否会对任务绩效产生影响。

表 4-10　职业适应能力及其各维度与任务绩效的平均值、标准差和相关系数

研究变量	M	SD	1	2	3	4	5	6	7
1. 情绪复原能力	3.986	0.624	1.000						
2. 心理适应能力	4.269	0.648	0.583***	1.000					
3. 认知能力	4.463	0.544	0.541***	0.761***	1.000				
4. 价值取向	4.704	0.508	0.503***	0.663***	0.768***	1.000			
5. 专业能力	4.662	0.594	0.389***	0.594***	0.724***	0.747***	1.000		

续上表

研究变量	M	SD	1	2	3	4	5	6	7
6. 职业适应能力	4.408	0.485	0.747***	0.863***	0.917***	0.872***	0.772***	1.000	
7. 任务绩效	4.650	0.523	0.453***	0.605***	0.657***	0.616***	0.656***	0.700***	1.000

注：*** 表示 $p<0.001$；** 表示 $p<0.01$；* 表示 $p<0.05$。

2. 职业适应能力与任务绩效回归分析

为验证技能人才职业适应能力是否会正向影响其任务绩效，运用多元线性回归模型进行检验研究假设，分析结果见表 4-11。其中模型 A1 是以控制变量为自变量，以任务绩效为因变量的回归方程模型；模型 A2 是在模型 A1 的基础上，将情绪复原能力、心理适应能力、认知能力、价值取向和专业能力作为自变量进入到回归方程中的回归方程模型；模型 A3 是在模型 A1 的基础上，将职业适应能力作为自变量进入到回归方程中的回归方程模型。

表 4-11 技能人才职业适应能力对任务绩效的直接效应检验

	因变量：任务绩效					
	模型 A1		模型 A2		模型 A3	
	标准 β	T	标准 β	T	标准 β	T
控制变量：						
年龄	0.131	1.548	0.024	0.397	0.011	0.177
婚姻状况	-0.062	-0.928	0.025	0.521	0.022	0.453
工作年限	-0.212	-2.585	0.006	0.100	0.001	0.014
教育背景	0.089	1.280	0.080	1.584	0.072	1.431
技术等级	0.062	0.941	0.030	0.627	0.031	0.635
自变量：						
情绪复原能力			0.086	1.436		
心理适应能力			0.161*	2.078		
认知能力			0.169	1.833		
价值取向			0.087	1.018		
专业能力			0.341***	4.490		
职业适应能力					0.697***	13.900
调整 R^2	0.029		0.511		0.482	
$\triangle R^2$	0.050		0.482		0.445	
F	2.334		44.412		193.223	

注：*** 表示 $p<0.001$；** 表示 $p<0.01$；* 表示 $p<0.05$。

由表可知：

(1)模型 A2 的回归结果表明，技能人才职业适应能力的五个维度中，心理适应能力(标准β为0.161，$p<0.05$)、专业能力(标准β为0.341，$p<0.001$)对其任务绩效有着显著的正向影响作用；情绪复原能力(标准β为0.086，$p>0.05$)、认知能力(标准β为0.169，$p>0.05$)和价值取向(标准β为0.087，$p>0.05$)与任务绩效之间不存在显著的回归关系。

(2)模型 A3 的回归结果表明，技能人才职业适应能力对任务绩效有着显著的正向影响作用(标准β为0.697，$p<0.001$)。

因此可以发现，技能人才职业适应能力及心理适应能力和专业能力两个子维度会正向影响其任务绩效，但情绪复原能力、认知能力和价值取向这三个子维度无法正向影响任务绩效。

(二)技能人才职业适应能力与关系绩效

1. 职业适应能力与关系绩效相关性分析

通过分析职业适应能力及其各维度与关系绩效的 Pearson 相关系数，得到表4-12所列结果。情绪复原能力($r=0.540$，$p<0.001$)、心理适应能力($r=0.740$，$p<0.001$)、认知能力($r=0.801$，$p<0.001$)、价值取向($r=0.759$，$p<0.001$)和专业能力($r=0.645$，$p<0.001$)与关系绩效之间存在显著的正相关关系，职业适应能力与关系绩效也显著正相关($r=0.836$，$p<0.001$)。通过相关性分析可以初步验证技能人才的职业适应能力及其五个子维度均会正向影响其关系绩效。但相关分析只是变量间的简单线性关系，技能人才的职业适应能力及其各维度对关系绩效是否有影响仍待进一步研究，后续通过多元回归线性模型正式检验技能人才职业适应能力是否会对关系绩效产生影响。

表 4-12 职业适应能力及其各维度与关系绩效的平均值、标准差和相关系数

研究变量	*M*	SD	1	2	3	4	5	6	7
1. 情绪复原能力	3.986	0.624	1.000						
2. 心理适应能力	4.269	0.648	0.583***	1.000					
3. 认知能力	4.463	0.544	0.541***	0.761***	1.000				
4. 价值取向	4.704	0.508	0.503***	0.663***	0.768***	1.000			
5. 专业能力	4.662	0.594	0.389***	0.594***	0.724***	0.747***	1.000		
6. 职业适应能力	4.408	0.485	0.747***	0.863***	0.917***	0.872***	0.772***	1.000	
7. 关系绩效	4.476	0.518	0.540***	0.740***	0.801***	0.759***	0.645***	0.836***	1.000

注：*** 表示 $p<0.001$；** 表示 $p<0.01$；* 表示 $p<0.05$。

2. 职业适应能力与关系绩效回归分析

为了验证技能人才职业适应能力是否会正向影响其关系绩效，运用多元线性回归模型进行检验研究假设，分析结果见表4-13。其中模型B1是以控制变量为自变量，以关系绩效为因变量的回归方程模型；模型B2是在模型B1的基础上，将情绪复原能力、心理适应能力、认知能力、价值取向和专业能力作为自变量进入到回归方程中的回归方程模型；模型B3是在模型B1的基础上，将职业适应能力作为自变量进入到回归方程中的回归方程模型。

表4-13 技能人才职业适应能力对关系绩效的直接效应检验

	因变量:关系绩效					
	模型B1		模型B2		模型B3	
	标准 β	T	标准 β	T	标准 β	T
控制变量:						
年龄	0.151	1.789	0.018	0.392	0.006	0.118
婚姻状况	-0.071	-1.047	0.040	1.083	0.033	0.868
工作年限	-0.194	-2.356	0.043	0.917	0.066	1.391
教育背景	0.068	0.984	0.052	1.344	0.048	1.256
技术等级	0.070	1.057	0.037	1.011	0.032	0.858
自变量:						
情绪复原能力			0.059	1.283		
心理适应能力			0.226***	3.811		
认知能力			0.371***	5.243		
价值取向			0.302***	4.610		
专业能力			0.003	0.059		
职业适应能力					0.849***	22.194
调整 R^2	0.023		0.511		0.698	
ΔR^2	0.045		0.482		0.661	
F	2.081		44.412		492.584	

注：***表示 $p<0.001$；**表示 $p<0.01$；*表示 $p<0.05$。

由表可知：

（1）模型 B2 的回归结果表明，技能人才职业适应能力的五个维度中，心理适应能力（标准 β 为 0.226，$p<0.001$）、认知能力（标准 β 为 0.371，$p<0.001$）和价值取向（标准 β 为 0.302，$p<0.001$）对其关系绩效有着显著的正向影响作用；情绪复原能力（标准 β 为 0.059，$p>0.05$）和专业能力（标准 β 为 0.003，$p>0.05$）与关系绩效无关。

（2）模型 B3 的回归结果表明，技能人才职业适应能力对关系绩效有着显著的正向影响作用（标准 β 为 0.849，$p<0.001$）。

因此可以发现，技能人才职业适应能力及心理适应能力、认知能力和价值取向三个子维度会正向影响其关系绩效，但情绪复原能力和专业能力这两个子维度无法正向影响关系绩效。

三、研究结果

本节采用实证研究方法，以工作在一线的技能人才为总体样本，共发放问卷 270 份，回收 226 份有效问卷。借助相关分析、回归分析等统计方法，探究技能人才职业适应能力与任务绩效和关系绩效的关系，研究结果见表 4-14。研究发现，技能人才的职业适应能力对其任务绩效、关系绩效均具有显著的预测作用。其中，心理适应能力可以显著预测任务绩效和关系绩效；认知能力可以显著预测关系绩效，对任务绩效没有显著的预测作用；价值取向可以显著预测关系绩效，对任务绩效没有显著的预测作用；专业能力可以显著预测任务绩效，对其关系绩效没有显著的预测作用。

表 4-14　研究结果

	任务绩效	关系绩效
情绪复原能力	×	×
心理适应能力	√	√
认知能力	×	√
价值取向	×	√
专业能力	√	×
职业适应能力	√	√

注：√表示具有显著预测作用；×表示不具有显著预测作用。

与以往的实证研究结论相似，本次的实证结果表明：

（1）技能人才的职业适应能力及其中的心理适应能力和专业能力水平越高，那么其任务绩效也会越高；相反，职业适应能力低的技能人才，其产生的任务绩效水平较低。以上的研究结果说明，对于技能人才而言，职业适应能力是其职业发展过程中必不可少的要素。当技能人才适应工作环境、角色冲突等工作场所的消极情况的能力强、专业技能和专业知识水平高时，其任务绩效会显著提升。

（2）技能人才的职业适应能力及其中的心理适应能力、认知能力和价值取向水平越高，那么其关系绩效也会越高；相反，职业适应能力低的技能人才，其产生的关系绩效水平较低。以上的研究结果说明，技能人才的职业适应能力不仅是其个人的重要资源，也是组织的重要资源。当技能人才的心理适应能力、认知能力和价值取向水平较高时，会更倾向采取保持良好的工作关系，坦然面对逆境。

然而与以往研究不同的是，本次的实证结果发现：

（1）情绪复原能力、认知能力和价值取向这三个维度对技能人才的任务绩效没有显著的直接效应。可能的原因在于：技能人才工作时，其情绪复原能力、认知能力和价值取向不能直接帮助技能人才更好、更快地完成任务，即对任务绩效没有显著的正向影响。

（2）情绪复原能力和专业能力两个维度对技能人才的关系绩效没有显著的直接效应。可能的原因在于：技能人才的情绪复原能力和专业能力是个人固有的能力，当技能人才面临是否与组织成员交好、是否主动加班等抉择时，这两项能力并不会对关系绩效产生影响。

第五节　本章小结

职业适应能力是技能人才为适应新时代工作岗位要求和工作环境变化所必备的基本能力素质。本章采用定性和定量相结合的方式，基于理论文献和原始资料，以扎根理论为主要方法，探究技能人才职业适应能力的构成。研究发现，技能人才职业适应能力包含五个维度：情绪复原能力、心理适应能力、认知能力、价值取向和专业能力。同时，按照一定的统计步骤和操作程序，开发和提炼了技能人才职业适应能力的特征量表。随后通过探索性因子分析和验证性因子分析验证技能人才职业适应能力的结构维度,框定其理论结构模型。最后在对技能人才职业适应能力结构模型构建的基础上,采用实证研究方式,通过大样本问卷调研、相关分析及回归分析,探究技能人才职业适应能力对其任务绩效和关系绩效的影响,验证了技能人才职业适应能力对组织和个体的积极作用,并为后续分析技能人才现状、研究技能人才职业适应能力的影响因素提供科学依据和基础。

第五章

新时代技能人才职业适应能力现状分析

本章以技能人才职业适应能力的五个维度与相关理论文献为基础，理论联系实际，在北京、上海等地进行问卷调查，探究当前我国技能人才的职业适应能力现状。问卷调查内容包含基本信息、职业适应能力两部分，基本信息包括年龄、工作年限、婚姻状况、教育背景、技术等级等；职业适应能力部分包括五个维度，分别是情绪复原能力、心理适应能力、认知能力、价值取向、专业能力，并对每个维度进行了细分，具体内容见表 5-1。在分析过程中，首先对我国技能人才队伍的现状进行整体描述，然后分别从职业适应能力的五个维度对技能人才的年龄、工作年限、婚姻状况、教育背景、技术等级方面进行差异性分析，明晰我国技能人才职业适应能力现状，最后对研究结论进行总结。

表 5-1　技能人才职业适应能力五大维度

基本维度	细分
情绪复原能力	紧张应对
	倦怠应对
	挫折应对
	焦虑应对
	郁闷应对
心理适应能力	适应时间紧迫能力
	适应工作环境能力
	适应角色冲突能力
	适应负面情绪能力
认知能力	注意力
	记忆力
	反应能力
	学习能力
	逻辑判断能力
	协作配合能力
	人际沟通能力

续上表

基本维度	细分
价值取向	爱岗敬业
	遵章守纪
	服从指挥
	按标作业
	奉献精神
	责任意识
专业能力	专业技能
	专业知识

第一节 新时代技能人才职业适应能力调研与数据收集

为保证样本来源的多样性和全面性,正式调研样本覆盖我国不同地区的技能人才,如东部、西部、中部、东北地区等。在数据收集的方式上采用方便性抽样的方法,以北京、上海、广州、郑州、太原等31个城市为样本来源地,样本基本覆盖全国所有省份。表5-2是样本所在地区的基本特征,其中4个东北地区的城市,占比12.9%;7个西部地区的城市,占比22.6%;7个中部地区的城市,占比22.6%;13个东部地区的城市,占比41.9%。因为东部地区城市众多,广泛涉及多种行业,技能人才群体壮大,所以选择的样本来源地最多,占比41.9%。

表5-2 样本所在地区的基本信息($N=31$)

类别	选项	数量	所占百分比(%)
样本所在地区	东北	4	12.9
	西部	7	22.6
	中部	7	22.6
	东部	13	41.9

通过现场发放问卷和网络发放问卷的形式,邀请生产一线技能人才进行作答,历时两个月,共发放问卷600份,回收问卷477份。根据是否有漏答题项、答

案是否呈明显规律等标准，剔除不合格问卷22份，最终得到455份有效问卷。有效样本的基本信息见表5-3。

表5-3　调研样本的基本信息（$N=455$）

类别	选项	人数	所占百分比(%)
年龄	25岁及以下	6	1.3
	26～35岁	391	85.9
	36～45岁	57	12.5
	46岁及以上	1	0.3
工作年限	1年及以下	3	0.7
	1～5年	199	43.7
	6～10年	179	39.3
	11年及以上	74	16.3
婚姻状况	已婚	337	74.1
	未婚	113	24.8
	其他	5	1.1
教育背景	高中或中专	65	14.3
	大专	299	65.7
	本科及以上	91	20.0
技术等级	中级工	3	0.7
	高级工	437	96.0
	技师	13	2.9
	高级技师	2	0.4
所在地区	东北	12	2.6
	东部	225	49.5
	西部	105	23.1
	中部	113	24.8

1. 技能人才年龄统计

样本中，年龄划分为4个阶段，25岁及以下的技能人才约占1.3%，26～35岁的技能人才约占85.9%，36～45岁的技能人才约占12.5%，46岁及以上的技能人才约占0.3%。在年龄分布上，26～35岁的技能人才占比最多，46岁及以上的技能人才占比最少，这与当前社会劳动力年龄结构有关。我国劳动力基数大，增长速度快，劳动力结构年轻化，年轻人头脑灵活、学习能力强，很容易掌握一门技术,成为技能人才。

2. 技能人才工作年限统计

样本中,工作年限划分为 4 个阶段,工作年限在 1 年及以下的技能人才占 0.7%,工作 1 ~5 年的技能人才占 43.7%,工作 6 ~10 年的技能人才占 39.3% ,工作 11 年及以上的技能人才占 16.3%。由此可知,工作 1 ~5 年的技能人才占比最多,因为当前社会技能人才流动率较高,新加入企业的技能人才占大多数,提高了工作年限较少的技能人才的占比。同时,工作年限在 11 年及以上的技能人才仍不在少数,表明企业中资历深、技艺娴熟的技能人才大有人在。

3. 技能人才婚姻状况统计

样本中,已婚的技能人才占比 74.1%,未婚的技能人才占 24.8%,婚姻状况属于其他情况占比 1.1% 。其中已婚的技能人超过三分之二,占比最高,这与样本中技能人才的年龄分布基本吻合。

4. 技能人才教育背景统计

样本中,教育背景包括高中或中专、大专、本科及以上学历,教育背景为高中或中专的技能人才占比 14.3%,教育背景为大专的技能人才占比 65.7%,教育背景为本科及以上的技能人才占比 20.0%。由此可知,教育背景为大专的技能人才占比最高,这与我国技能人才培养模式有关。当前培养技能人才的院校主要是专科院校,本科院校主要培养研究型人才,鲜少涉及技能人才的培养,这就使得技能人才中大专学历的人数居多。

5. 技能人才技术等级统计

样本中,技术等级共划分为 4 个等级,分别是中级工、高级工、技师、高级技师。技术等级为中级工的技能人才占比 0.7%,技术等级为高级工的技能人才占比 96.0%,技术等级为技师的技能人才占比 2.9%,技术等级为高级技师的技能人才占比 0.4%。其中,技术等级为高级工的技能人才占比最高,表明技术等级处于中等偏上水平的技能人才占大多数。这与当前的就业形势有关,就业机会减少,对技能人才的技术水平要求变高,使得技能人才不断提高自己的技术等级。

6. 技能人才所在地区统计

样本中,东北地区的技能人才占比 2.6%,东部地区的技能人才占比 49.5%,西部地区的技能人才占比 23.1%,中部地区的技能人才占比 24.8%。其中,东部地区的技能人才占比最高,因为东部地区的制造业为主要产业,技能人才比较集中。除此之外，中部和西部的技能人才占比基本一致，总共占比约50%，因为随着产业结构的调整，制造业逐渐从东部向中西部转移，使得中西部的技能人才占比有所提高。

第二节　新时代技能人才职业适应能力总体现状分析

职业适应能力共包括情绪复原能力、心理适应能力、认知能力、价值取向、专业能力五个维度。整个量表采用 Likert－5 点计分，其中“1”代表最低分，“5”代表最高分，分值越高表明职业适应能力越强。本节运用 SPSS24.0 进行数据分析，首先对职业适应能力的量表进行信度检验，结果一致显示 α 系数为 0.941（大于 0.8），说明量表信度较好。下面将详细介绍技能人才职业适应能力的整体情况和差异性分析。

通过样本统计分析发现，由图 5-1 可知，绝大多数技能人才（92.74%）职业适应能力较强，其中价值取向、专业能力的均分比较高（图 5-2）。他们具有较强的职业适应能力，能够较快地从消极情绪中恢复，可以在心理上更大限度地适应当前工作，对工作内容有清晰准确的认知，熟练掌握必备专业技能，同时与组织保持高度一致的价值取向，这一切都有利于组织和技能人才本身的发展；此外，仅有 0.66% 的技能人才职业适应能力比较弱，他们无法较好地适应当前工作。

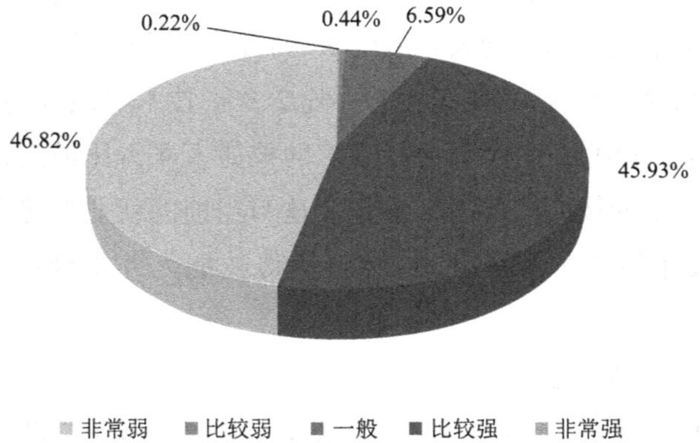

图 5-1　技能人才职业适应能力整体情况

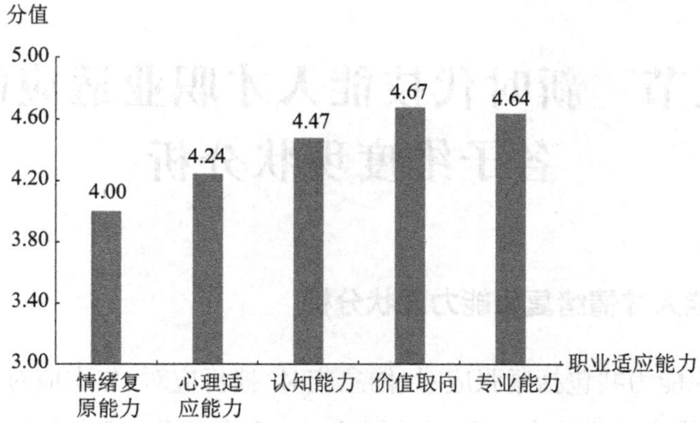

图 5-2 技能人才职业适应能力各维度整体情况

统计学中 Sig 代表差异性显著的检验值,该值一般与 0.05 或 0.01 比较,若小于 0.05 或 0.01 则表示差异显著。通过对技能人才职业适应能力的差异性分析发现,技能人才职业适应能力在不同年龄(Sig. =0.048 <0.05)、工作年限(Sig. =0.035 <0.05)、教育背景(Sig. =0.000 <0.05)、技术等级(Sig. =0.015 <0.05)等四大方面存在显著差异(见表 5-4)。不同年龄段的技能人才,在情绪复原能力、认知能力等方面有明显差异;不同工作年限的技能人才,在情绪复原能力、认知能力、专业能力等方面有明显差异;不同教育背景的技能人才,在情绪复原能力、认知能力、专业能力等方面有明显差异;不同技术等级的技能人才,在情绪复原能力、认知能力、专业能力等方面有明显的差异。所以不同年龄、工作年限、教育背景、技术等级的技能人才,其职业适应能力会有明显差异。此外,不同婚姻状况的技能人才职业适应能力没有显著差异(Sig. =0.414 >0.05)(见表 5-4),整体来说,婚姻状况作为一种外在的关系状态一般不会影响技能人才的职业适应能力。

表 5-4 技能人才职业适应能力差异性检验

维度		SS	df	MS	*F*	Sig.
年龄	组间	1.725	2	0.862	3.064	0.048
	组内	125.258	445	0.281		
工作年限	组间	2.431	3	0.810	2.888	0.035
	组内	124.552	444	0.281		
婚姻状况	组间	0.502	2	0.251	0.882	0.414
	组内	126.481	445	0.284		
教育背景	组间	15.648	2	7.824	35.835	0.000
	组内	88.641	406	0.218		
技术等级	组间	2.698	3	0.899	3.531	0.015
	组内	92.961	365	0.255		

第三节　新时代技能人才职业适应能力各子维度现状分析

一、技能人才情绪复原能力现状分析

情绪复原能力共包括紧张应对、倦怠应对、挫折应对、焦虑应对、郁闷应对五个维度，每个维度对应一个问题，采用 Likert－5 点计分，其中紧张应对、倦怠应对、挫折应对为正向计分，“1～5 分”代表情绪复原能力越来越强；焦虑应对、郁闷应对为反向计分，“1～5 分”代表情绪复原能力越来越弱。本节运用 SPSS24.0 进行数据分析，首先对情绪复原能力的量表进行信度检验，结果一致显示 α 系数为 0.792（接近 0.8），说明量表信度较好。下面将详细介绍技能人才情绪复原能力的整体情况和差异性分析。

（一）技能人才情绪复原能力整体情况分析

通过样本的统计分析发现，如图 5-3 所示，绝大多数技能人才（72.52%）情绪复原能力较强，其中紧张应对、倦怠应对、挫折应对的均分比较高（图 5-4）。他们面对紧急事件、工作倦怠、挫折等困境时，能够较快地从困境中自救、恢复、提升自身的情绪状态；此外，仅有 1.11% 的技能人才情绪复原能力比较弱，当他们面临工作困境时，无法快速反应、做出应对措施以帮助恢复自身情绪状态。

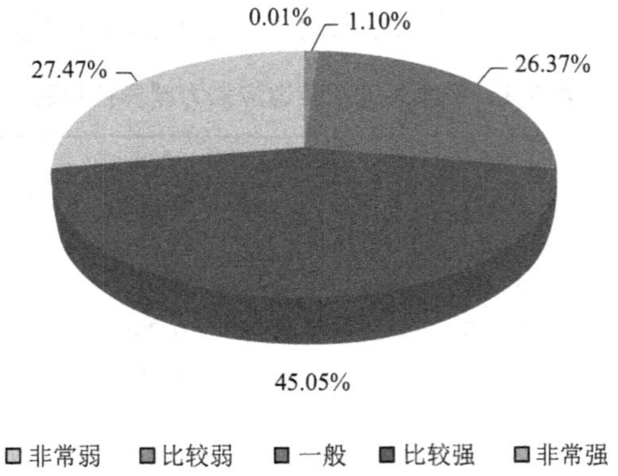

图 5-3　技能人才情绪复原能力整体情况

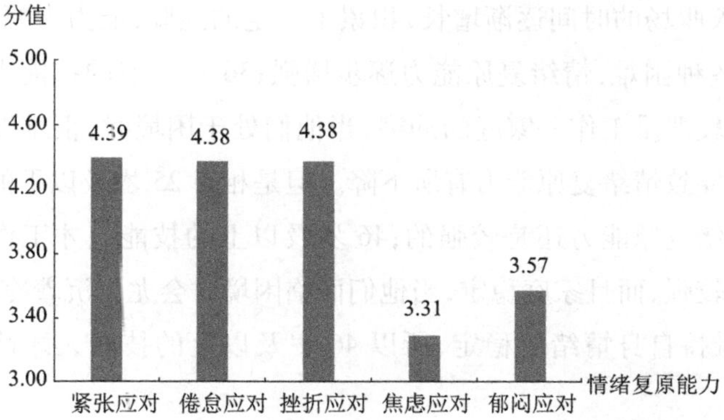

图 5-4　技能人才情绪复原能力各维度整体情况

（二）技能人才情绪复原能力差异性分析

1. 年龄差异性分析

通过样本分析发现，由图 5-5 可知，46 岁及以上的技能人才情绪复原能力平均得分最高，为 4.40；25 岁及以下的技能人才情绪复原能力平均得分最低，为 3.50；另外，26～35 岁的技能人才情绪复原能力平均得分为 4.04，36～45 岁的技能人才情绪复原能力平均得分为 3.79。整体来看，不同年龄段的技能人才情绪复原能力情况差异较大，而且随着年龄增长，技能人才情绪复原能力呈波动上升状态。通过单因素方差分析发现（见表 5-5），技能人才的情绪复原能力在不同年龄段的确存在显著差异（$F=5.181$，Sig. $=0.006<0.05$）。

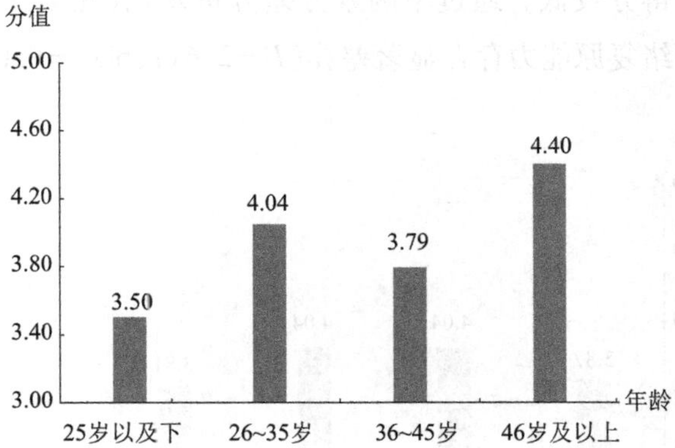

图 5-5　不同年龄段技能人才情绪复原能力情况

25 岁及以下的技能人才年龄较小，初入职场缺乏经验，能力不足，不能顺利在各种困境中调整自身状态，所以情绪复原能力的均分最低；26～35 岁的技能人才随着步入职场的时间逐渐增长，积累了一定的经验，能力大幅提升，能积极有效地解决各种困难，情绪复原能力逐步增强；36～45岁的技能人才已步入中年时期，面临较严重工作—家庭的冲突，当他们处于困境时，很难以冷静的心态去处理问题，导致情绪复原能力有所下降。但是相对25岁及以下的技能人才来讲，他们的情绪复原能力还是较强的；46岁及以上的技能人才工作经验足够丰富，工作能力较强，而且家庭稳定，当他们面临困境时会尤为沉着冷静，倾向于采取积极措施维持自身情绪的稳定，所以46岁及以上的技能人才情绪复原能力最高。

表5-5　技能人才情绪复原能力年龄差异性检验

维度		SS	df	MS	*F*	Sig.
情绪复原能力	组间	4.725	2	2.363	5.181	0.006
	组内	205.669	451	0.456		

2. 工作年限差异性分析

通过样本分析发现，由图5-6可知，工作1～5年和6～10年的技能人才情绪复原能力平均得分最高，为4.04；工作11年及以上的技能人才情绪复原能力平均得分最低，为3.81；另外，工作1年及以下的技能人才情绪复原能力平均得分为3.87。整体来看，随着工作年限越来越长，技能人才情绪复原能力呈先上升后下降的趋势，工作1～10年的技能人才得分最高，工作1年及以下、11年及以上的技能人才得分较低。通过单因素方差分析发现（见表5-6），不同工作年限的技能人才情绪复原能力存在显著差异（$F=2.611$，Sig. $=0.050 \leqslant 0.05$）。

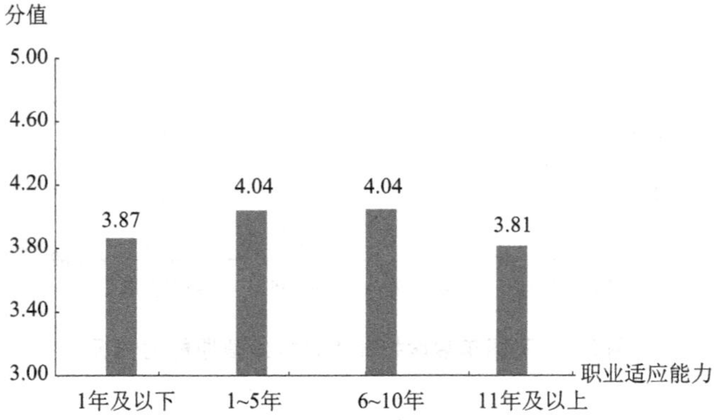

图5-6　不同工作年限技能人才情绪复原能力情况

工作年限在1年及以下的技能人才，对当前工作缺乏全面清晰的认知，不能较为灵活地处理各种问题，所以情绪复原能力平均得分会稍低；工作年限在1～10年的技能人才，处理问题的能力较强，拥有良好的心理素质，可以积极直面困难，维护自身情绪状态的稳定，所以情绪复原能力平均得分会比较高；工作年限在11年以上的技能人才，基本处于工作倦怠时期，尽管能力优秀，但是倾向于消极对待各种困境，不愿意调动自身资源去处理问题，无法从低沉的情绪状态中解脱出来，所以他们的情绪复原能力平均得分较低。

表5-6 技能人才情绪复原能力工作年限差异性检验

维度		SS	df	MS	*F*	Sig.
情绪复原能力	组间	3.600	3	1.200	2.611	0.050
	组内	206.794	450	0.460		

3. 婚姻状况差异性分析

通过样本分析发现，由图5-7可知，已婚的技能人才情绪复原能力平均得分最高，为4.03；婚姻状况属于其他情况的技能人才情绪复原能力平均得分最低，为3.90；另外，未婚的技能人才情绪复原能力平均得分为3.94。整体来看，不同婚姻状况的技能人才情绪复原能力平均得分没有明显差异。通过单因素方差分析发现（见表5-7），技能人才的情绪复原能力在不同婚姻状况下不存在明显的差异（$F=1.090$，Sig. $=0.337>0.05$）。

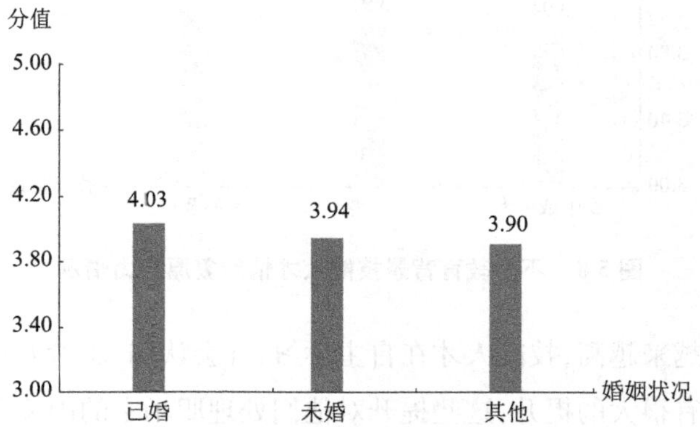

图5-7 不同婚姻状况技能人才情绪复原能力情况

已婚的技能人才与未婚的技能人才相比，他们虽然面临着工作和家庭的冲突，但是这个冲突不是影响他们情绪复原能力的主要因素。因为职业适应能力中的情绪复原能力主要受职场中各种因素的影响，已婚和未婚技能人才面临的职场环境并没有很大差异，所以已婚与未婚的技能人才情绪复原能力得分并没有显著差异。

表 5-7　技能人才情绪复原能力婚姻状况差异性检验

维度		SS	df	MS	F	Sig.
情绪复原能力	组间	1.012	2	0.506	1.090	0.337
	组内	209.383	451	0.464		

4. 教育背景差异性分析

通过样本分析发现，由图 5-8 可知，本科及以上学历的技能人才情绪复原能力平均得分最高，为 4.16；高中或中专学历的技能人才情绪复原能力平均得分最低，为 3.94；另外，大专学历的技能人才情绪复原能力平均得分为 3.97。整体来看，不同教育背景的技能人才情绪复原能力情况差异较大，随着学历越来越高，技能人才情绪复原能力呈明显上升状态。通过单因素方差分析发现（见表 5-8），不同教育背景的技能人才情绪复原能力的确存在显著差异（$F=3.022$，Sig. $=0.050\leqslant0.05$）。

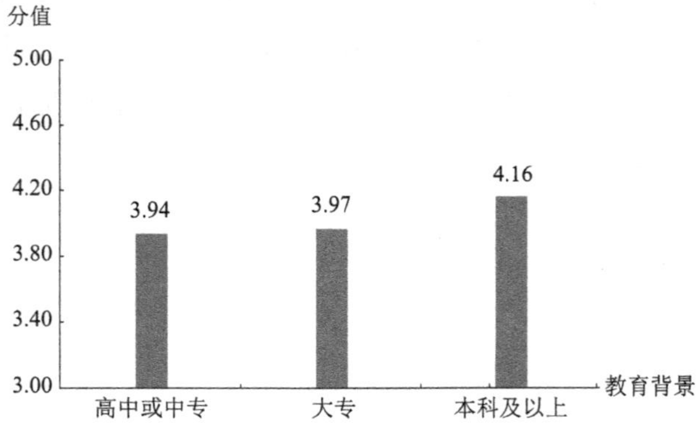

图 5-8　不同教育背景技能人才情绪复原能力情况

随着学历越来越高，技能人才在自主学习、社会认知、思考方式、处事方式与能力等方面都有很大的提升，这些提升对他们处理职场中的困境有很大的帮助，所以本科及以上学历技能人才拥有更强的情绪复原能力。同时，学历较低的技能人才在以上方面都稍微逊色于学历高的技能人才，当他们面临情绪困境时情绪容易失控，没有足够的能力处理当前问题，不能在短时间内恢复情绪状态，所以高中或中专、大专学历的技能人才情绪复原能力较弱。

表 5-8 技能人才情绪复原能力教育背景差异性检验

维度		SS	df	MS	F	Sig.
情绪复原能力	组间	2.782	2	1.391	3.022	0.050
	组内	207.612	451	0.460		

5. 技术等级差异性分析

通过样本分析发现，由图 5-9 可知，中级工的情绪复原能力平均得分最高，为 4.67；高级工的情绪复原能力平均得分最低，为 3.99；另外，技师的情绪复原能力平均得分为 4.14；高级技师的情绪复原能力平均得分为 4.50。整体来看，不同技术等级的技能人才情绪复原能力情况差异较大，随着技术等级越来越高，技能人才情绪复原能力呈先下降、后上升的趋势。通过单因素方差分析发现（见表 5-9），不同技术等级的技能人才情绪复原能力的确存在显著差异（F = 5.824，Sig. = 0.003 < 0.05）。

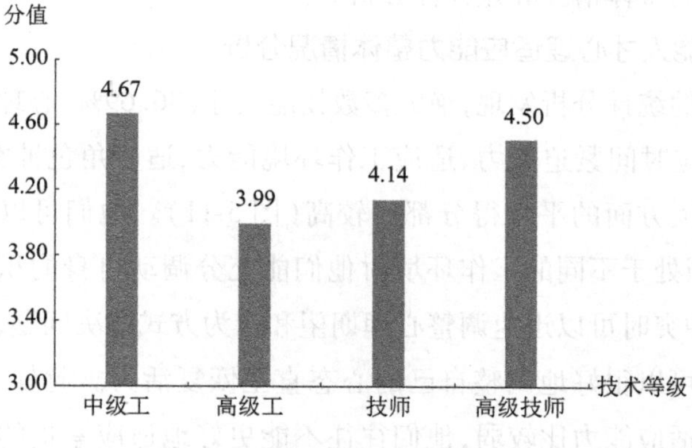

图 5-9 不同技术等级技能人才情绪复原能力情况

不同技术等级的技能人才从事的工作内容有所不同，面临着不同的工作挑战和工作压力。因为职场地位不同，他们处理事情的心态会有所不同，一般来说，技术等级越高，所处的地位会越高，从事的工作会更有难度，他们经历过更多挑战，心理承受能力更强，更容易从情绪的困境中恢复过来。所以随着技术等级升高，技能人才的情绪复原能力会逐渐提高，这与高级工到高级技师情绪复原能力均分递增的情况是一致的。但是，从统计数据的图表来看，中级工作为四种技术等级中最低的一级，其情绪复原能力却是最强的，这可能是中级工从事的工作较为简单，尚未面临复杂的职场问题和较大的工作压力，所以他们可以以更积极的心态面对工作中的挑战，因此其情绪复原能力的得分较高。

表 5-9　技能人才情绪复原能力技术等级差异性检验

维度		SS	df	MS	*F*	Sig.
情绪复原能力	组间	2.777	3	1.389	5.824	0.003
	组内	66.816	277	0.238		

二、技能人才心理适应能力现状分析

心理适应能力共包括适应时间紧迫能力、适应工作环境能力、适应角色冲突能力、适应负面情绪能力四个维度，每个维度对应一个问题，采用 Likert－5 点计分，所有题项为正向计分，“1～5 分”代表心理适应能力越来越强。本节运用 SPSS24.0 进行数据分析，首先对心理适应能力的量表进行信度检验，结果一致显示 α 系数为 0.839（大于 0.8），说明量表信度很好。下面将详细介绍技能人才心理适应能力的整体情况和差异性分析。

（一）技能人才心理适应能力整体情况分析

通过样本的统计分析发现，绝大多数技能人才（86.69%）心理适应能力较强（图 5-10），适应时间紧迫能力、适应工作环境能力、适应角色冲突能力、适应负面情绪能力四大方面的平均得分都比较高（图 5-11）。他们可以较快适应紧迫的工作状态，当处于不同的工作环境时他们能充分调动自身的积极性适应新环境，面临角色冲突时可以迅速调整心理期望和行为方式解决问题，当处于负面情绪状态时他们可以很好地调整自己的心态直至恢复活力。此外，仅有1.10% 的技能人才心理适应能力比较弱，他们往往不能更好地适应紧迫的工作状态和不同的工作环境，不能采取科学合理的方式应对角色冲突和负面情绪。

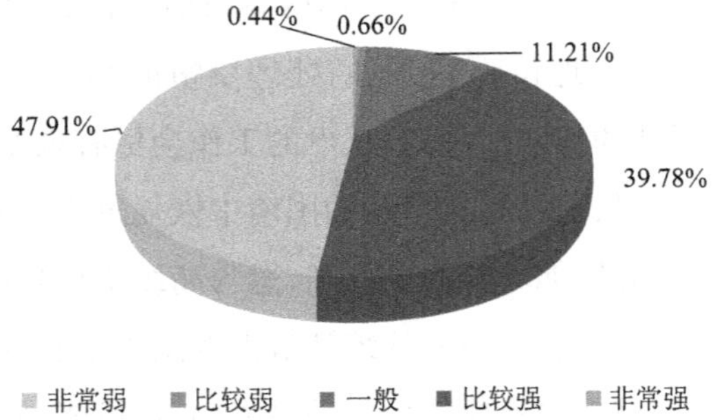

图 5-10　技能人才心理适应能力整体情况

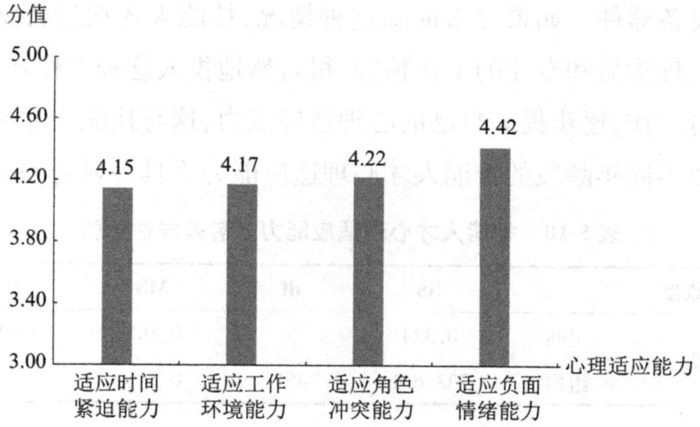

图 5-11 技能人才心理适应能力各维度整体情况

(二)技能人才心理适应能力差异性分析

1. 年龄差异性分析

通过样本分析发现,由图 5-12 可知,46 岁及以上的技能人才心理适应能力平均得分最高,为 4.25;25 岁及以下、36～45 岁的技能人才心理适应能力平均得分最低,为 4.21;另外,26～35 岁的技能人才心理适应能力平均得分为 4.24。整体来看,不同年龄段的技能人才心理适应能力没有明显的区别。通过单因素方差分析发现(见表 5-10),不同年龄段的技能人才心理适应能力不存在显著差异($F=0.209$, Sig. $=0.890>0.05$)。

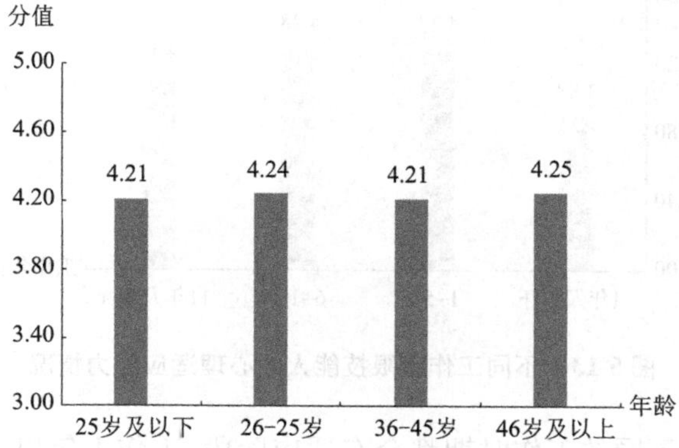

图 5-12 不同年龄阶段技能人才心理适应能力情况

本研究中的心理适应能力包含适应时间紧迫能力、适应工作环境能力、适应角色冲突能力、适应负面情绪能力四种能力,这些能力都是在日常工作实践中锻炼增强的,技能人才工作中经常有时间紧迫的任务,比如需要在有限的时间内制造某种精密设备器件。如果经常面临这种情况，技能人才在进行紧急任务时会形成良好的心理素质和专注的工作精神，很自然地投入这种工作环境，并能够有条不紊地进行工作，逐步提高自己的心理适应能力，这与技能人才的年龄没有很大联系。所以不同年龄段的技能人才心理适应能力不具有显著差异。

表 5-10 技能人才心理适应能力年龄差异性检验

维度		SS	df	MS	*F*	Sig.
心理适应能力	组间	0.324	3	0.108	0.209	0.890
	组内	233.641	451	0.518		

2. 工作年限差异性分析

通过样本分析发现，由图 5-13 可知，工作 6～10 年的技能人才心理适应能力平均得分最高，为 4.28；工作 1 年及以下的技能人才心理适应能力平均得分最低，为 3.88；另外，工作 1～5 年的技能人才心理适应能力平均得分为 4.27，工作 11 年及以上的技能人才心理适应能力平均得分为 4.11。整体来看，不同工作年限的技能人才心理适应能力存在略微差异。通过单因素方差分析发现（见表 5-11），不同工作年限的技能人才心理适应能力不存在显著差异（$F=1.679$，Sig. $=0.171>0.05$）。

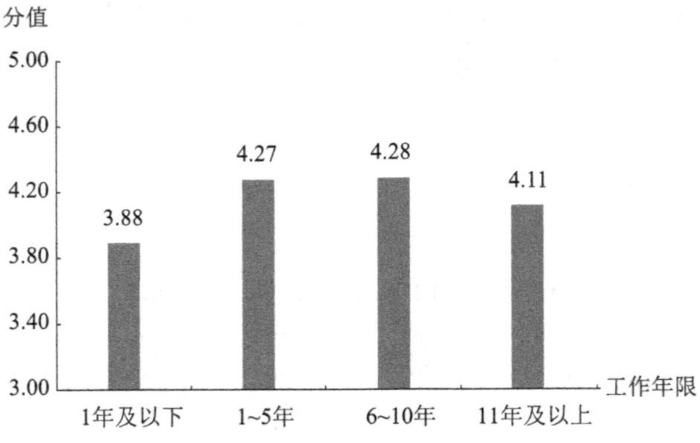

图 5-13 不同工作年限技能人才心理适应能力情况

技能人才在不同的工作时期都会有适应阶段，工作 1 年以下的技能人才初入职场需要适应新工作环境、新工作要求等；对于工作 1～5 年和 6～10 年的技能人才来说，随着工作时间增长，他们倾向于寻求新的工作突破，工作情境、工作动机也会随之发生很大变化，他们需要重新适应工作环境；工作 11 年及以上的技能人才很容易出现职业倦怠，但是在这种情形下仍要克服倦怠、认真负责的工作,为了组织利益他们需要逐渐适应这种工作状态。虽然工作年限不同,但是技能人才都有对当前工作环境的心理适应过程,都需要具备一定的心理适应能力。所以,不同工作年限的技能人才心理适应能力没有显著差异。

表 5-11 技能人才心理适应能力工作年限差异性检验

维度		SS	df	MS	*F*	Sig.
心理适应能力	组间	2.585	3	0.862	1.679	0.171
	组内	231.380	451	0.513		

3. 婚姻状况差异性分析

通过样本分析发现,由图 5-14 可知,已婚技能人才的心理适应能力平均得分最高,为 4.26;婚姻状况属于其他情况的技能人才的心理适应能力平均得分最低,为 3.75;另外,未婚的技能人才的心理适应能力平均得分为 4.19。整体来看,不同婚姻状况的技能人才心理适应能力平均得分略微有差异。通过单因素方差分析发现(见表 5-12),技能人才的心理适应能力在不同婚姻状况下不存在明显的差异($F = 1.583$, Sig. $= 0.206 > 0.05$)。

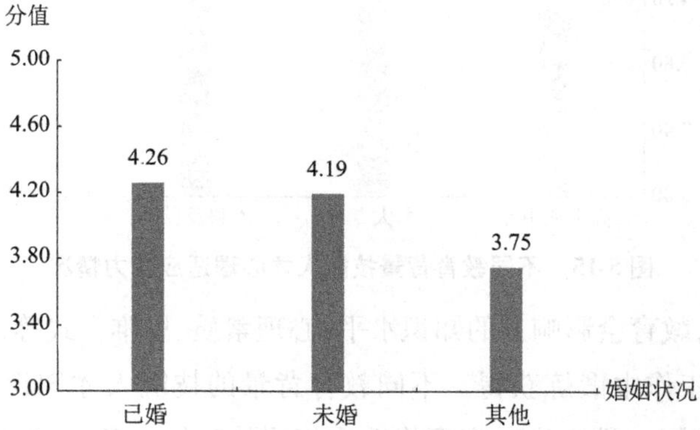

图 5-14 不同婚姻状况技能人才心理适应能力情况

一方面,不同婚姻状况的技能人才面临的工作环境都是一样的,他们都需要适应紧迫的工作时间、不同的工作环境、负面情绪等;另一方面,已婚的技能人才面临着工作与家庭的角色冲突问题,他们需要适应这两种角色。未婚的技能人才虽然不会面临工作和自己家庭的角色冲突问题,但是他们仍需要处理工作和原生家庭的关系,同样需要适应这两种角色。总而言之,无论已婚、未婚或是其他婚姻状况的技能人才,都具备适应紧迫时间、工作环境、角色冲突、负面情绪的能力。所以,不同婚姻状况的技能人才心理适应能力没有显著差异。

表 5-12 技能人才心理适应能力婚姻状况差异性检验

维度		SS	df	MS	F	Sig.
心理适应能力	组间	1.627	2	0.814	1.583	0.206
	组内	232.337	452	0.514		

4. 教育背景差异性分析

通过样本分析发现，由图 5-15 可知，本科及以上学历的技能人才心理适应能力平均得分最高，为 4.36；高中或中专学历的技能人才心理适应能力平均得分最低，为 4.14；另外，大专学历的技能人才心理适应能力平均得分为 4.23。整体来看，不同教育背景的技能人才心理适应能力略微有所区别。通过单因素方差分析发现（见表 5-13），不同教育背景的技能人才的心理适应能力的没有显著差异（$F=2.083$，Sig. $=0.126>0.05$）。

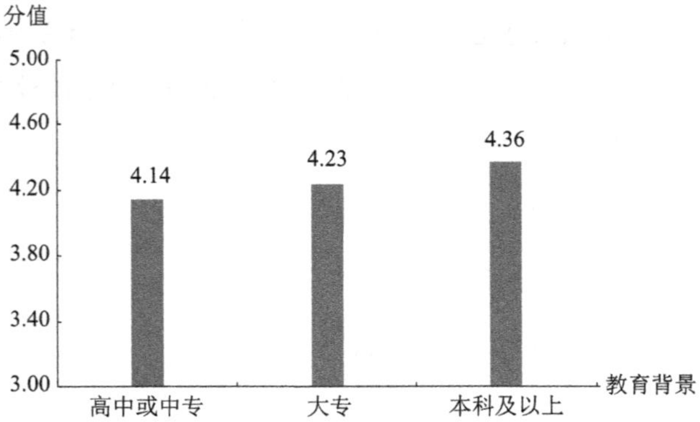

图 5-15 不同教育背景技能人才心理适应能力情况

一般来讲，教育会影响人的知识水平、心理素质、思维方式等，真正的工作技能需要在实际工作中锻炼获得。不同教育背景的技能人才知识水平会有所差异，当他们从事同一份工作时都面临性质相同的工作任务、工作环境、角色冲突和负面情绪，他们的教育背景可能会影响他们处理问题的方式，但是都会有一个心理适应过程，逐渐形成心理适应能力。所以，不同教育背景的技能人才心理适应能力没有很大差别。

表 5-13 技能人才心理适应能力教育背景差异性检验

维度		SS	df	MS	*F*	Sig.
心理适应能力	组间	2.137	2	1.069	2.083	0.126
	组内	231.828	452	0.513		

5. 技术等级差异性分析

通过样本分析发现,由图 5-16 可知,中级工的心理适应能力平均得分最高,为 4.83;技师的心理适应能力平均得分最低,为 4.08;另外,高级工的心理适应能力平均得分为 4.24;高级技师的心理适应能力平均得分为 4.75。整体来看,不同技术等级的技能人才心理适应能力存在一定的差异。通过单因素方差分析发现(见表 5-14),不同技术等级的技能人才心理适应能力不存在显著差异(F = 1.245, Sig. = 0.293 > 0.05)。

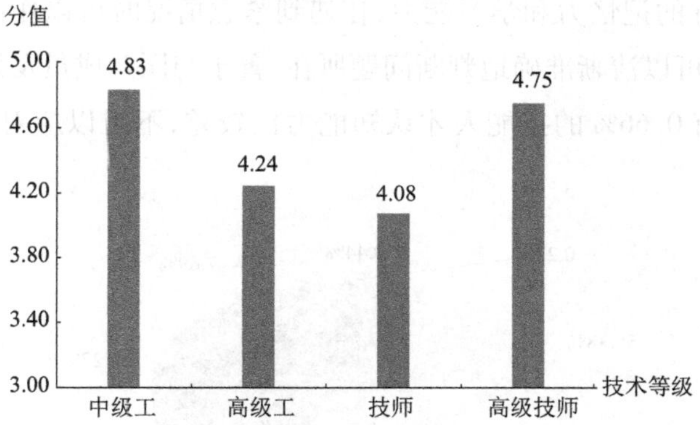

图 5-16 不同技术等级技能人才心理适应能力情况

一方面,技术等级仅仅是对技能人才技术水平的评定,与技能人才其他方面的素质没有关系;另一方面,虽然不同技术等级的技能人才从事的工作有所差异,但是不同的工作都需要处理紧急任务、适应工作环境、处理角色冲突、应对负面情绪,所以经锻炼形成的心理适应能力不会有很大差别。所以,不同技术等级的技能人才心理适应能力没有明显的差异。

表 5-14 技能人才心理适应能力技术等级差异性检验

维度		SS	df	MS	F	Sig.
心理适应能力	组间	1.921	3	0.640	1.245	0.293
	组内	232.043	451	0.515		

三、技能人才认知能力现状分析

认知能力共包括注意力、记忆力、反应能力、学习能力、逻辑判断能力、协作配合能力、人际沟通能力七个维度,每个维度对应一个问题,采用 Likert-5 点计分,所有题项为正向计分,"1~5 分"代表认知能力越来越强。本节运用

SPSS24.0 进行数据分析，首先对认知能力的量表进行信度检验，结果一致显示 α 系数为 0.877（大于 0.8），说明量表信度很好。下面将详细介绍技能人才认知能力的整体情况和差异性分析。

（一）技能人才认知能力整体情况分析

通过样本的统计分析发现，绝大多数技能人才（91.65%）认知能力都比较好（图 5-17），注意力、记忆力、反应能力、学习能力、逻辑判断能力、协作配合能力、人际沟通能力七个方面的平均得分都比较高（图 5-18）。他们工作时注意力集中，具备良好的记忆力和学习能力，在遇到紧急情况时可以作出快速反应，面临工作困难时可以清晰准确地判断问题所在，善于与团队成员友好合作、和谐相处。此外，仅有 0.66% 的技能人才认知能力比较差，不足以应对工作中遇到的问题。

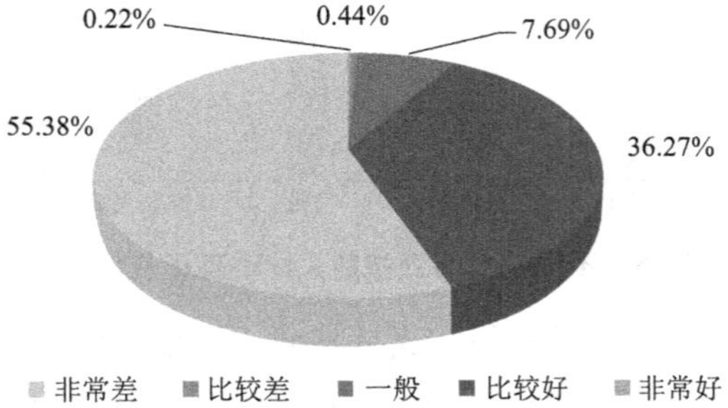

图 5-17　技能人才认知能力整体情况

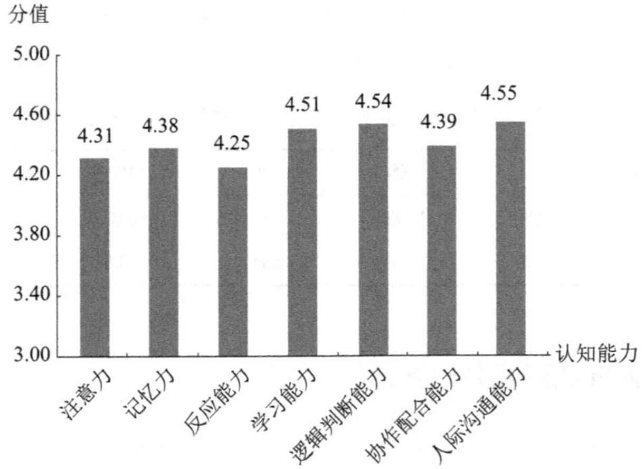

图 5-18　技能人才认知能力各维度整体情况

（二）技能人才认知能力差异性分析

1. 年龄差异性分析

通过对样本分析发现，由图 5-19 可知，25 岁及以下的技能人才认知能力平均得分最高，为 4.76；46 岁及以上的技能人才认知能力平均得分最低，为 4.29；另外，26～35 岁的技能人才认知能力平均得分为 4.43，36～45 岁的技能人才认知能力平均得分为 4.36。整体来看，不同年龄段的技能人才的认知能力差异较大，而且随着年龄增长，技能人才的认知能力呈下降趋势。通过单因素方差分析发现（见表 5-15），技能人才的认知能力在不同年龄段存在显著差异（$F=4.303$，Sig. $=0.014<0.05$）。

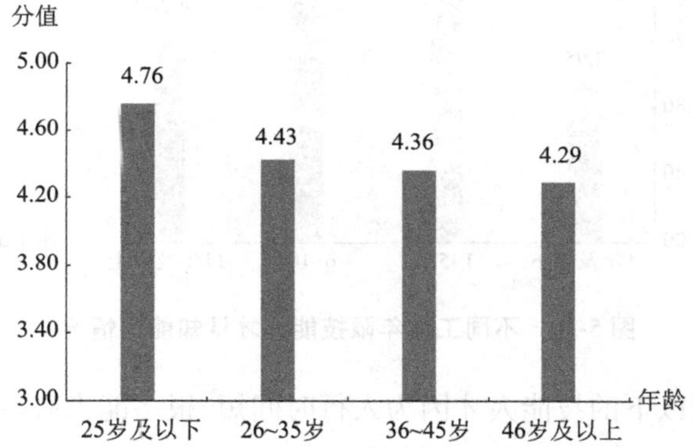

图 5-19　不同年龄阶段技能人才认知能力情况

研究表明，认知能力会随着年龄增长出现衰退趋势，从 20～30 岁之后衰退趋势愈发明显，技能人才认知能力呈现的特征与相关研究结果一致。随着年龄增长，技能人才的注意力、记忆力、反应能力会有所下降，同时学习新知识、新技艺的动机逐渐弱化，从而导致认知能力下降。所以，26 岁及以上的技能人才的认知能力明显逊色于 25 岁及以下的技能人才的认知能力。因此，不同年龄段的技能人才认知能力存在显著差异。

表 5-15　技能人才认知能力年龄差异性检验

维度		SS	df	MS	*F*	Sig.
认知能力	组间	3.130	2	1.565	4.303	0.014
	组内	150.582	414	0.364		

2. 工作年限差异性分析

通过样本分析发现，由图 5-20 可知，工作 1～5 年的技能人才认知能力平均得分最高，为4.46；工作1年及以下的技能人才认知能力平均得分最低，为3.95；另外，工作6～10年的技能人才认知能力平均得分为4.45，工作11年及以上的技能人才认知能力平均得分为4.26。整体来看，不同工作年限的技能人才认知能力存在一定的区别，而且随着工作年限越来越长，技能人才的认知能力呈现先上升后下降的趋势。通过单因素方差分析发现（见表5-16），不同工作年限的技能人才认知能力存在显著差异（$F=2.758$，Sig. $=0.042<0.05$）。

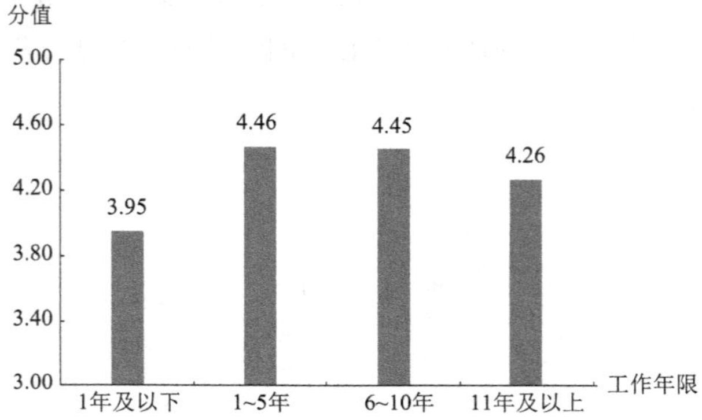

图5-20　不同工作年限技能人才认知能力情况

工作1年及以下的技能人才因为入行时间短，很多能力有待培养提高，所以他们的认知能力相对来说比较差；工作1～5年、6～10年的技能人才，随着他们对工作越来越熟悉，工作技能大幅提高，逐渐形成优秀的逻辑判断能力、协作配合能力、人际沟通能力等。同时，工作1～10年的技能人才正处于事业上升期，他们拥有较强的记忆力，反应迅速，对新知识技能充满学习的热情，所以1～10年这个工作年限的技能人才认知能力相对来说是最优的；工作11年及以上的技能人才一般年龄比较大，他们虽然各方面能力较好，但是逐渐丧失了学习新知识的动力，整体来说，工作11年及以上的技能人才认知能力会逊色于工作1～10年的技能人才，但是仍比工作1年及以下的技能人才的认知能力要好。综合上述分析，不同工作年限的技能人才的认知能力存在明显差异。

表5-16　技能人才认知能力工作年限差异性检验

维度		SS	df	MS	*F*	Sig.
认知能力	组间	3.005	3	1.002	2.758	0.042
	组内	163.783	451	0.363		

3. 婚姻状况差异性分析

通过样本分析发现，由图5-21可知，已婚技能人才的认知能力平均得分最高，为4.52；婚姻状况属于其他情况的技能人才的认知能力平均得分最低，为4.11；另外，未婚的技能人才的认知能力平均得分为4.39。整体来看，不同婚姻状况的技能人才认知能力平均得分略微有差异。通过单因素方差分析发现（见表5-17），技能人才的认知能力在不同婚姻状况下不存在明显的差异（$F=0.865$，Sig. $=0.422>0.05$）。

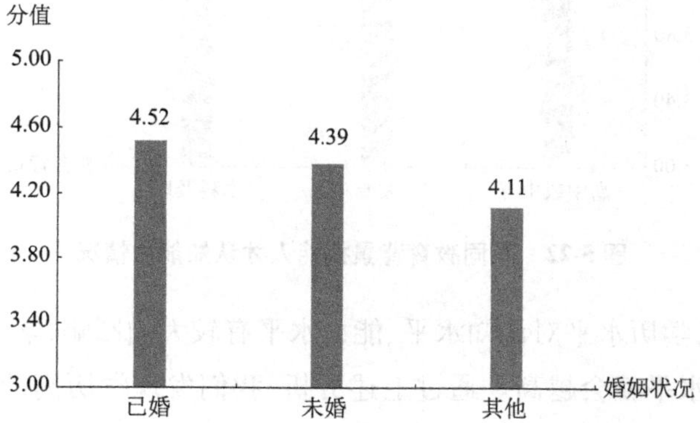

图5-21　不同婚姻状况技能人才认知能力情况

认知能力包括注意力、记忆力、反应能力、学习能力、逻辑判断能力、协作配合能力、人际沟通能力等，这些是技能人才本身的能力特质。婚姻作为一种外在的关系状态，无论结婚与否，他们的能力在短时间内都不会发生改变。所以，不同婚姻状况的技能人才的认知能力没有显著差异。

表5-17　技能人才认知能力婚姻状况差异性检验

维度		SS	df	MS	F	Sig.
认知能力	组间	0.636	2	0.318	0.865	0.422
	组内	166.152	452	0.368		

4. 教育背景差异性分析

通过样本分析发现，由图5-22可知，本科及以上学历的技能人才认知能力平均得分最高，为4.53；高中或中专学历的技能人才认知能力平均得分最低，为4.29；另外，大专学历的技能人才认知能力平均得分为4.41。整体来看，不同教育背景的技能人才认知能力有一定的区别，而且随着学历越来越高，技能人才的认知能力呈现逐渐上升的趋势。通过单因素方差分析发现（见表5-18），不同教育背景的技能人才的认知能力存在显著差异（$F=3.207$，Sig. $=0.041<0.05$）。

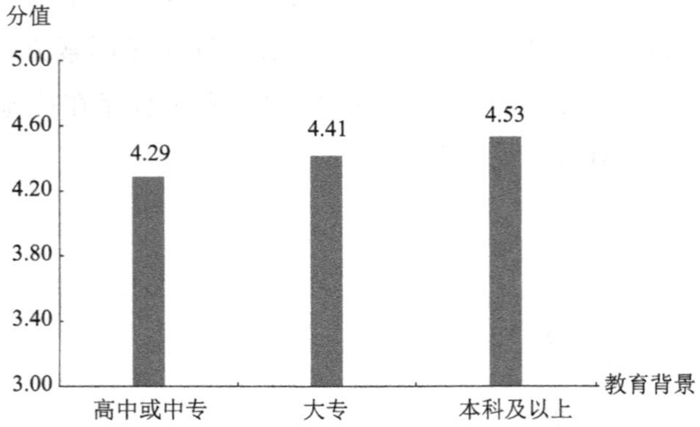

图5-22　不同教育背景技能人才认知能力情况

一般来说，学历水平对认知水平、能力水平有较大的影响，学历水平越高，认知能力或能力水平就会越高。通过上述分析，我们发现学历高的技能人才的认知能力确实优于学历低的技能人才的认知能力。一方面，学历越高，接受过的教育水平越高，各方面能力都接受过系统专业的培养，会有明显的优势，比如逻辑判断能力；另一方面，学历越高的技能人才经历的学习时期较长，学习能力较强，能够较快地接受新知识。此外，一般来说，学历越高的技能人才有更多团队合作的经历，协作配合能力较强。总而言之，不同教育背景的技能人才的认知能力有较明显的差异。

表5-18　技能人才认知能力教育背景差异性检验

维度		SS	df	MS	*F*	Sig.
认知能力	组间	2.333	2	1.167	3.207	0.041
	组内	164.454	452	0.364		

5. 技术等级差异性分析

通过样本分析发现，由图5-23可知，高级技师的认知能力平均得分最高，为4.93；高级工的认知能力平均得分最低，为4.41；另外，中级工的认知能力平均得分为4.67；技师的认知能力平均得分为4.46。整体来看，不同技术等级的技能人才认知能力有所区别，而且随着技术等级的提高，认知能力呈波动上升趋势。通过单因素方差分析发现(见表5-19),不同技术等级的技能人才认知能力存在显著差异($F=5.046$, Sig. $=0.007<0.05$)。

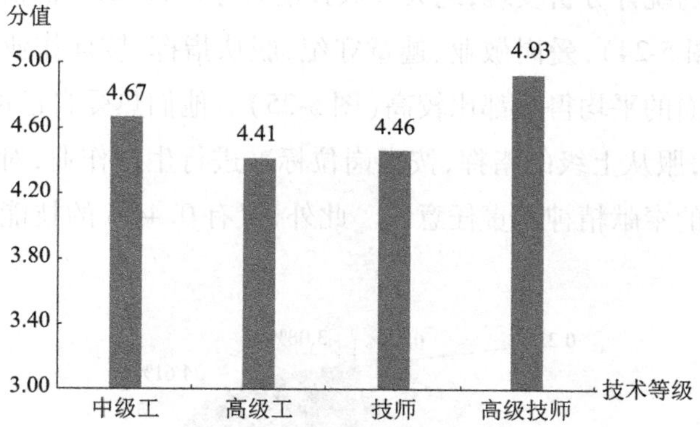

图5-23 不同技术等级技能人才认知能力情况

技术等级是对技能人才工作能力的客观评价,技术等级越高,代表着技能人才经历了越长时间的技术训练与提升,工作能力会相应增强。随着技术等级由中级工上升到高级技师,技能人才的各种能力都有所提升,认知能力也会有所提升。技术等级高的技能人才对工作内容和工作技艺会有更清晰的认知和理解,更容易在工作中表现出更突出的能力,包括高度集中的注意力、优秀的记忆力、灵敏的反应能力等,相比于技术等级低的技能人才有明显的优势。所以,不同技术等级的技能人才的认知能力存在明显差异。

表5-19 技能人才认知能力技术等级差异性检验

维度		SS	df	MS	*F*	Sig.
认知能力	组间	3.412	2	1.706	5.046	0.007
	组内	111.243	329	0.338		

四、技能人才价值取向现状分析

价值取向共包括爱岗敬业、遵章守纪、服从指挥、按标作业、奉献精神、责任意识六个维度,每个维度对应一个问题,采用Likert－5点计分,所有题项为正向计分,"1～5分"代表价值取向与组织目标越来越趋于一致。本节运用SPSS24.0进行数据分析,首先对价值取向的量表进行信度检验,结果一致显示α系数为0.909(大于0.8),说明量表信度很好。下面将详细介绍技能人才价值取向的整体情况和差异性分析。

（一）技能人才价值取向整体情况分析

通过样本的统计分析发现，绝大多数技能人才（96.48%）价值取向与组织利益比较一致（图 5-24），爱岗敬业、遵章守纪、服从指挥、按标作业、奉献精神、责任意识六大方面的平均得分都比较高（图 5-25）。他们热爱自己的职业，遵守组织的规章制度，服从上级的指挥，按照岗位标准进行生产作业，对自己所从事的工作具有高度的奉献精神和责任意识。此外，仅有 0.44% 的技能人才价值取向与组织相悖。

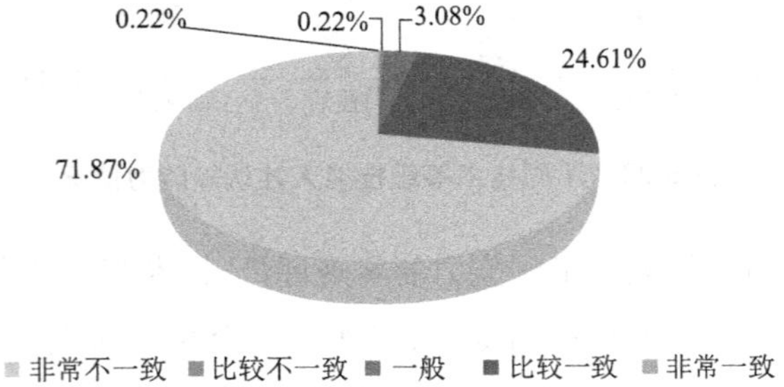

图 5-24　技能人才价值取向整体情况

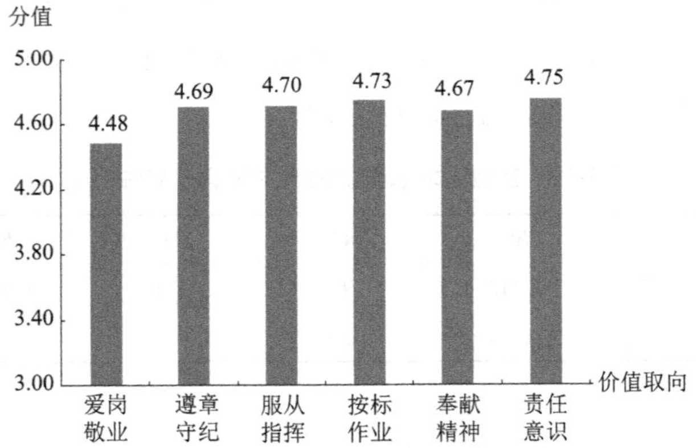

图 5-25　技能人才价值取向各维度整体情况

（二）技能人才价值取向差异性分析

1. 年龄差异性分析

通过样本分析发现，如图 5-26 所示，46 岁及以上的技能人才价值取向平均得分最高，为 4.72；25 岁及以下的技能人才价值取向平均得分最低，为 4.61；另外,26~35岁的技能人才价值取向平均得分为4.67,36~45岁的技能人才价值取向平均得分为4.68。整体来看,不同年龄段的技能人才的价值取向没有明显差异。通过单因素方差分析发现(见表5-20),技能人才的价值取向在不同年龄段不存在显著差异($F=0.160$,Sig. $=0.932>0.05$)。

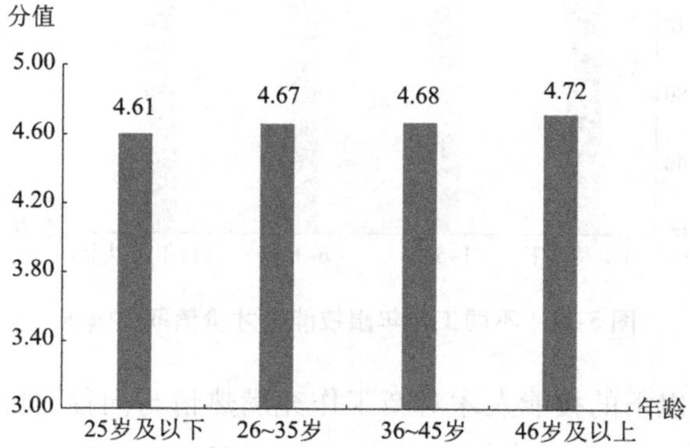

图5-26　不同年龄段技能人才价值取向情况

爱岗敬业、遵章守纪、服从指挥、按标作业、奉献精神、责任意识是合格技能人才应该具备的基本价值观。无论处于哪个年龄段,他们都要热爱工作岗位、遵守规章制度、服从组织指令、按照标准作业。当组织利益与个人利益发生冲突时,优先考虑组织利益,为组织奉献自己的力量,同时对组织充满责任感,努力工作。每一个年龄段的合格技能人才都需要有与组织利益一致的价值取向,所以,不同年龄段的技能人才的价值取向没有显著差异。

表5-20　技能人才价值取向年龄差异性检验

维度		SS	df	MS	F	Sig.
价值取向	组间	0.132	3	0.044	0.160	0.923
	组内	123.753	451	0.274		

2. 工作年限差异性分析

通过样本分析发现,由图5-27可知,工作6~10年的技能人才价值取向平均得分最高,为4.71;工作1年及以下的技能人才价值取向平均得分最低,为4.44;另外,工作1~5年的技能人才价值取向平均得分为4.67,工作11年及以上的技能人才价值取向平均得分为4.58。整体来看,不同工作年限的技能人才价值取向存在略微差异。通过单因素方差分析发现(见表5-21),不同工作年限的技能人才价值取向不存在显著差异($F=1.320$,Sig. $=0.267>0.05$)。

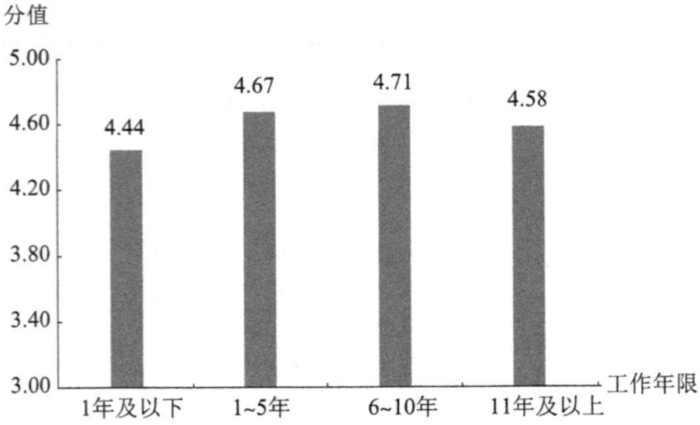

图 5-27　不同工作年限技能人才价值取向情况

工作 1 年及以下的技能人才对新工作充满热情与向往,他们倾向于采取与组织利益一致的价值取向,愿意为组织无私奉献;对工作 1 ~5 年和 6 ~10 年的技能人才来说,随着工作时间增长,他们对组织具有强烈的归属感和荣誉感,会积极主动地采取与组织利益一致的价值取向,不断推动组织的繁荣与发展,同时促进自身的职业发展;工作 11 年及以上的技能人才,因为在组织中工作多年,已经习惯于保持与组织利益一致的价值取向,尽管可能有离职的想法,但长久形成的价值取向不会因此而改变。此外,价值取向是一种稳定的观念,一般不会发生很大变化,所以,不同工作年限的技能人才价值取向没有明显的差异。

表 5-21　技能人才价值取向工作年限差异性检验

维度		SS	df	MS	*F*	Sig.
价值取向	组间	1.078	3	0.359	1.320	0.267
	组内	122.807	451	0.272		

3. 婚姻状况差异性分析

通过样本分析发现,由图 5-28 可知,婚姻状况属于其他情况的技能人才的价值取向平均得分最高,为 4.77;未婚技能人才的价值取向平均得分最低,为 4.62;另外,已婚的技能人才的价值取向平均得分为 4.68。整体来看,不同婚姻状况的技能人才的价值取向平均得分略微有差异。通过单因素方差分析发现

(见表5-22),技能人才的价值取向在不同婚姻状况下不存在明显的差异(F = 0.674,Sig. =0.510 >0.05)。

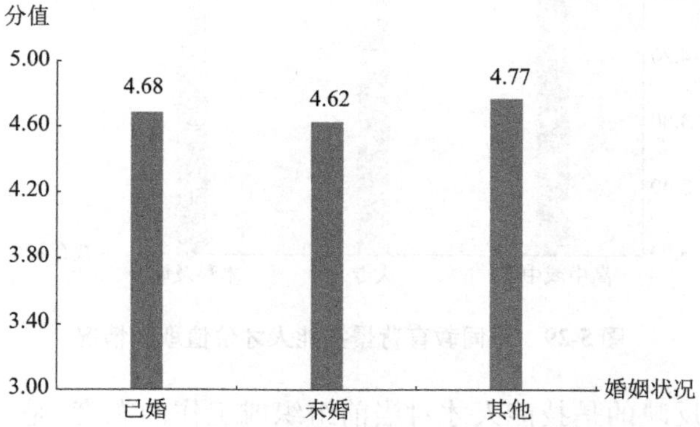

图5-28 不同婚姻状况技能人才价值取向情况

本书的价值取向反映的是技能人才与组织利益相关的价值观念,已婚、未婚或处于其他婚姻状况的技能人才,在同一组织中,都会爱岗敬业、遵章守纪、服从指挥、按标作业,保持与组织利益一致的价值观念。已婚的技能人才可能会因为受新家庭的影响,对组织的奉献精神和责任意识会有所提高,但是与处于其他婚姻状况的技能人才差异不大。所以,不同婚姻状况的技能人才的价值取向没有显著差异。

表5-22 技能人才价值取向婚姻状况差异性检验

维度		SS	df	MS	F	Sig.
价值取向	组间	0.368	2	0.184	0.674	0.510
	组内	123.517	452	0.273		

4. 教育背景差异性分析

通过样本分析发现,由图5-29可知,本科及以上学历的技能人才价值取向平均得分最高,为4.72;高中或中专学历的技能人才价值取向平均得分最低,为4.64;另外,大专学历的技能人才价值取向平均得分为4.66。整体来看,不同教育背景的技能人才价值取向略微有差异。通过单因素方差分析发现(见表5-23),不同教育背景的技能人才的价值取向不存在显著差异(F =0.625,Sig. =0.536 >0.05)。

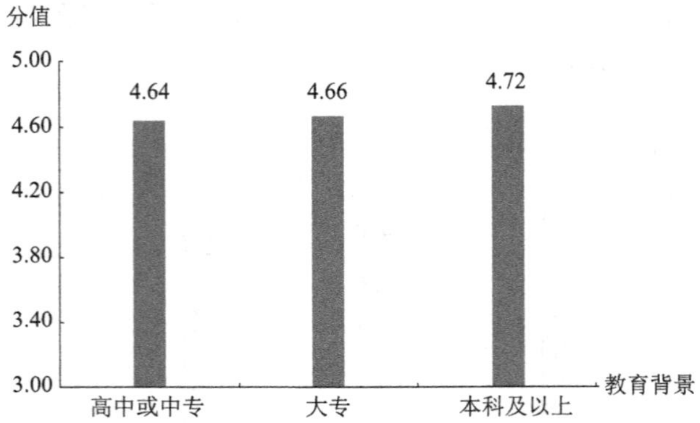

图 5-29　不同教育背景技能人才价值取向情况

价值取向反映的是技能人才对当前组织或工作的态度，是一种主观行为，一般受到组织氛围、领导风格、团队氛围、个体关系等方面的影响而发生改变。教育背景作为独立于组织之外的因素，可能会潜移默化地影响技能人才对组织或工作的价值取向，使得不同教育背景的技能人才所表现出的价值取向不同，但在组织情境中这种潜在影响是不显著的，因为技能人才更容易被所接触到的实际组织情境所影响，实际组织情境的影响很大程度上淡化了因教育背景不同而产生的差异。所以，不同教育背景的技能人才价值取向不会有很大差异。

表 5-23　技能人才价值取向教育背景差异性检验

维度		SS	df	MS	*F*	Sig.
价值取向	组间	0.342	2	0.171	0.625	0.536
	组内	123.543	452	0.273		

5. 技术等级差异性分析

通过样本分析发现，由图 5-30 可知，高级技师的价值取向平均得分最高，为 5.00；高级工的价值取向平均得分最低，为 4.66；另外，中级工的价值取向平均得分为 4.72；技师的价值取向平均得分为 4.79。整体来看，不同技术等级的技能人才价值取向有所区别。通过单因素方差分析发现（见表 5-24），不同技术等级的技能人才价值取向不存在显著差异（$F=0.541$，Sig. $=0.654>0.05$）。

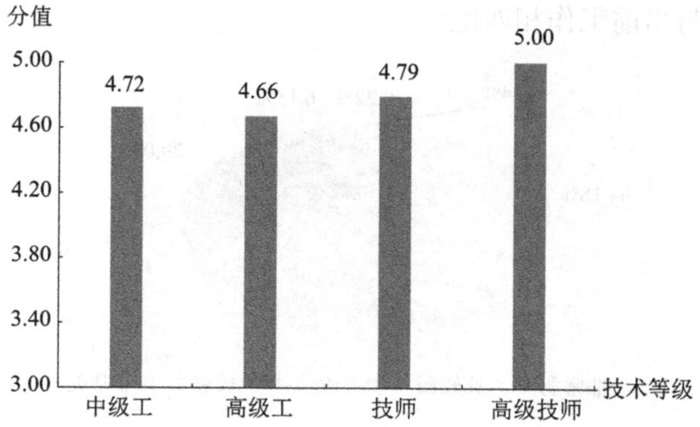

图 5-30 不同技术等级技能人才价值取向情况

价值取向是与组织利益一致的信念，为了组织发展、工作的顺利进行，中级工、高级工、技师、高级技师都倾向于保持与组织利益一致的价值取向，这种价值取向经过长时间积淀、发展，在组织的发展过程中会高度凝练形成一种组织文化，潜移默化地影响每一个技术等级的技能人才。所以，不同技术等级的技能人才的价值取向不会有明显的差别。

表 5-24 技能人才价值取向技术等级差异性检验

维度		SS	df	MS	*F*	Sig.
价值取向	组间	0.444	3	0.148	0.541	0.654
	组内	123.441	451	0.274		

五、技能人才专业能力现状分析

专业能力共包括专业技能、专业知识两个维度，每个维度对应一个问题，采用 Likert－5 点计分，所有题项为正向计分，“1～5 分”代表专业能力越来越强。本节运用 SPSS24.0 进行数据分析，首先对专业能力的量表进行信度检验，结果一致显示 α 系数为 0.826（大于 0.8），说明量表信度很好。下面将详细介绍技能人才专业能力的整体情况和差异性分析。

（一）技能人才专业能力整体情况分析

通过样本的统计分析发现，绝大多数技能人才（93.19%）专业能力都比较强（图 5-31），专业技能、专业知识等两大方面的平均得分都比较高（图 5-32）。他们掌握的技术能力可以很好地胜任当前工作，并且具备与工作岗位相匹配的知识和能力。此外，仅有 0.66% 的技能人才专业能力比较弱，他们所掌握的知识和能力无法与当前工作相匹配。

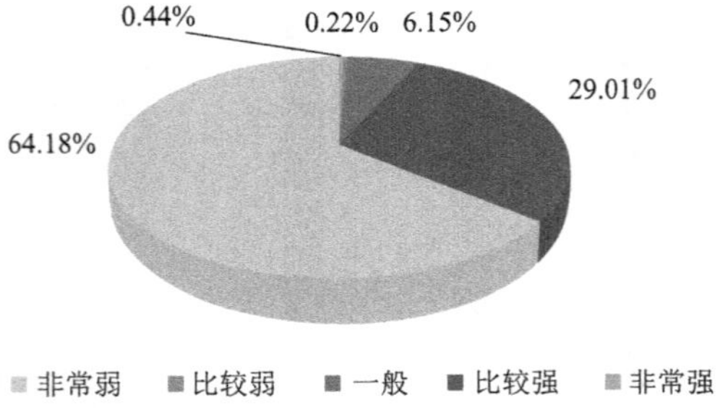

图 5-31　技能人才专业能力整体情况

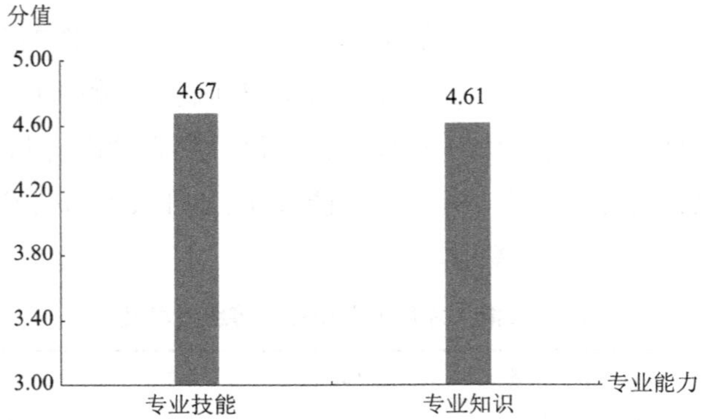

图 5-32　技能人才专业能力各维度整体情况

（二）技能人才专业能力差异性分析

1. 年龄差异性分析

通过样本分析发现，由图 5-33 可知，25 岁及以下的技能人才专业能力平均得分最高，为 4.67；46 岁及以上的技能人才专业能力平均得分最低，为 4.56；另外，26～35 岁的技能人才专业能力平均得分为 4.64，36～45 岁的技能人才专业能力平均得分为 4.59。整体来看，不同年龄段的技能人才的专业能力没有明显区别。通过单因素方差分析发现（见表 5-25），技能人才的专业能力在不同年龄段不存在显著差异（$F=0.277$，Sig. $=0.842>0.05$）。

专业能力包括工作所需要的专业技能和专业知识，针对不同岗位，技能人才需要掌握专门的知识和技术，这些知识和技术与工作内容息息相关，是完成某项工作任务必须具备的基本素养。比如焊工，焊工需要掌握基本的金属焊接方法、气焊和气割方法等，以及氩弧焊的具体操作要点、参数调节等知识。焊工所需掌握的焊接技艺并不会因为其年龄的不同而有所不同，只要从事这类工作就需要掌握相关知识和技术，并且具备一定的操作能力。所以，不同年龄段的技能人才的专业能力没有显著差异。

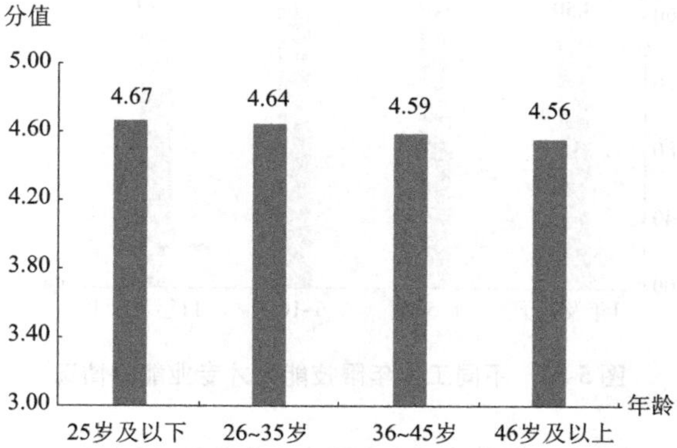

图 5-33 不同年龄段技能人才专业能力情况

表 5-25 技能人才专业能力年龄差异性检验

维度		SS	df	MS	F	Sig.
专业能力	组间	0.291	3	0.097	0.277	0.842
	组内	157.874	451	0.350		

2. 工作年限差异性分析

通过样本分析发现，由图 5-34 可知，工作 1 ~ 5 年的技能人才专业能力平均得分最高，为 4.68；工作 11 年及以上的技能人才专业能力平均得分最低，为 4.49；另外，工作 1 年及以下的技能人才专业能力平均得分为 4.50，工作 6 ~ 10 年的技能人才专业能力平均得分为 4.65。整体来看，不同工作年限的技能人才专业能力存在一些差异。通过单因素方差分析发现（见表 5-26），不同工作年限的技能人才专业能力存在显著差异（$F = 103.264$，Sig. $= 0.000 < 0.05$）。

专业能力包括专业技能和专业知识两个维度。从专业技能的角度来讲，工作年限越长，代表着技能人才越有充足的时间在实践中锻炼提升专业技能，一般来说，工作年限更长的技能人才专业技能会更优秀；从专业知识的角度来讲，工作年限越长，代表着技能人才有充足的学习时间，可以不断丰富专业知识，并在长期的工作实践中加深对专业知识的理解和认知，工作年限短的技能人才则不具有这个优势。所以，不同工作年限的技能人才的专业能力存在明显的差异。

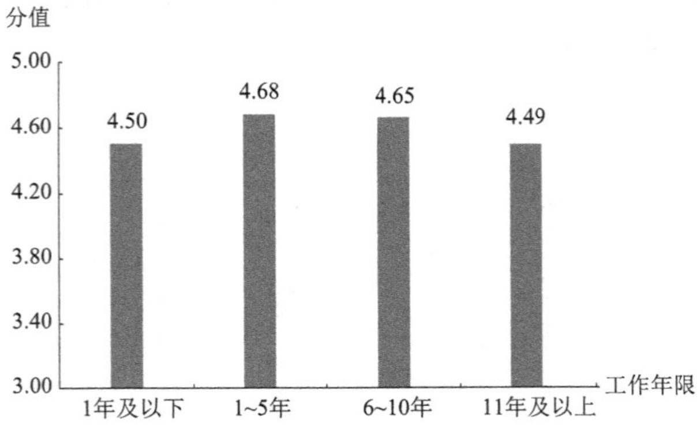

图 5-34　不同工作年限技能人才专业能力情况

表 5-26　技能人才专业能力工作年限差异性检验

维度		SS	df	MS	*F*	Sig.
专业能力	组间	41.624	3	13.875	103.264	0.000
	组内	29.291	218	0.134		

3. 婚姻状况差异性分析

由图 5-35 可知，婚姻状况属于其他情况的技能人才的专业能力平均得分最高，为 4.90；未婚技能人才的专业能力平均得分最低，为 4.59；另外，已婚的技能人才的专业能力平均得分为 4.65。整体来看，不同婚姻状况的技能人才的专业能力平均得分略微有差异。通过单因素方差分析发现（见表 5-27），技能人才的专业能力在不同婚姻状况下不存在明显的差异（$F=0.958$，Sig. $=0.385>0.05$）。

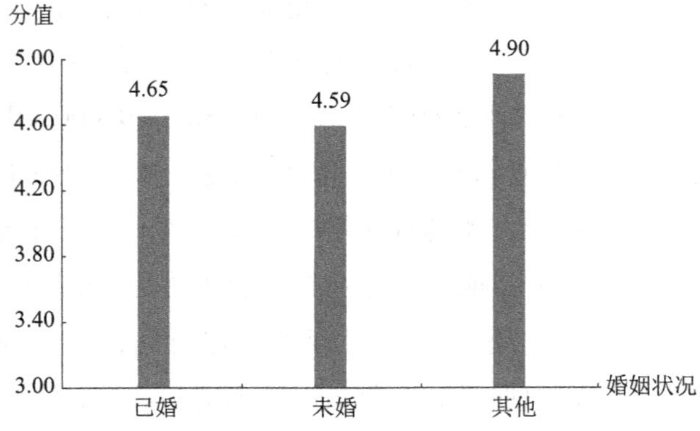

图 5-35　不同婚姻状况技能人才专业能力情况

专业能力包括专业技能和专业知识，反映的是技能人才对当前工作的胜任力，以及知识、技能与工作的匹配程度。婚姻作为一种独立于工作之外的关系状态，无论结婚与否，他们的专业能力都不会因此而发生改变。所以，不同婚姻状况的技能人才的专业能力没有显著差异。

表 5-27　技能人才专业能力婚姻状况差异性检验

维度		SS	df	MS	*F*	Sig.
专业能力	组间	0.667	2	0.334	0.958	0.385
	组内	157.498	452	0.348		

4. 教育背景差异性分析

通过样本分析发现，由图 5-36 可知，本科及以上学历的技能人才专业能力平均得分最高，为 4.71；高中或中专学历的技能人才专业能力平均得分最低，为 4.53；另外，大专学历的技能人才专业能力平均得分为 4.64。整体来看，不同教育背景的技能人才专业能力存在一定差异，而且随着教育背景越来越好，专业能力呈上升趋势。通过单因素方差分析发现（见表 5-28），不同教育背景的技能人才的专业能力存在显著差异（$F = 289.245$，Sig. $= 0.000 < 0.05$）。

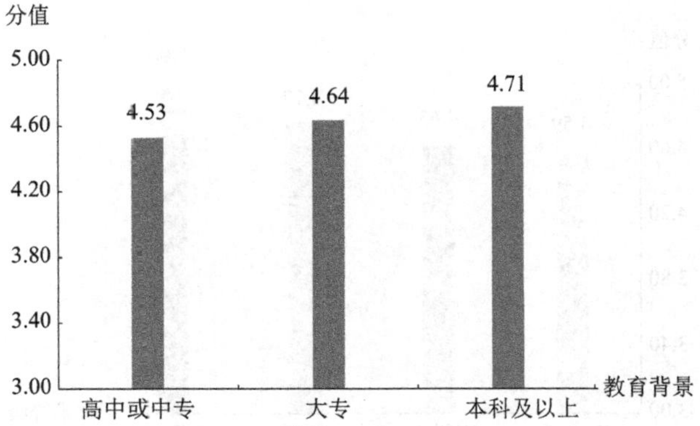

图 5-36　不同教育背景技能人才专业能力情况

一般来讲，教育背景与能力水平存在一定的联系。一方面，教育背景较好的技能人才，拥有较强的学习能力和思考能力，以及高效的学习方法，可以帮助技能人才进行专业技能和专业知识的学习；另一方面，教育背景较好的技能人才，更懂得知识内化，即知识内化通俗来讲就是将学到东西内化成自身能力。教育背景较好的技能人才习得专业技能和专业知识后，更倾向于通过工作实践对专业技能和专业知识进行深层次理解，更有利于将学习到的知识转化为自身能力，从而推动专业能力的提升。所以，不同教育背景的技能人才的专业能力存在显著差异。

表 5-28　技能人才专业能力教育背景差异性检验

维度		SS	df	MS	*F*	Sig.
专业能力	组间	26.987	2	13.493	289.245	0.000
	组内	14.602	313	0.047		

5. 技术等级差异性分析

通过样本分析发现，由图 5-37 可知，高级技师的专业能力平均得分最高，为 5.00；中级工的专业能力平均得分最低，为 4.59；另外，高级工的专业能力平均得分为 4.63，技师的专业能力平均得分为 4.77。整体来看，不同技术等级的技能人才专业能力有一定的差别，而且随着技术等级的升高，专业能力呈现上升趋势。通过单因素方差分析发现（见表 5-29），不同技术等级的技能人才的专业能力存在显著差异（$F=11.060$, Sig. $=0.000<0.05$）。

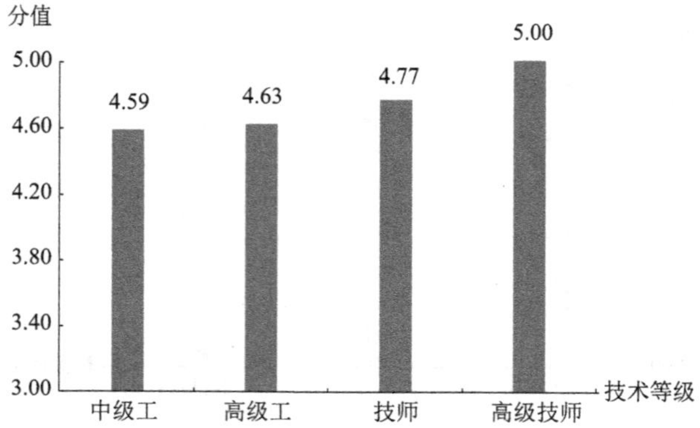

图 5-37　不同技术等级技能人才专业能力情况

技术等级是对技能人才专业能力的客观评价标准，一般来说，技能人才的专业能力越强，技术等级会越高，所以不同技术等级的技能人才的专业能力处于不同水平。具备高级技师这个技术等级的技能人才,熟练掌握各种专业技能同时拥有完整、科学的专业知识体系帮助其严谨的思考问题、指导工作实践。而技师、高级工、中级工技术等级较低,还没有较强的专业能力和完整的专业知识体系,所以在一定程度上,技师、高级工、中级工的专业能力要逊色于高级技师的专业能力。所以,不同技术等级的技能人才的专业能力存在明显的差异。

表 5-29 技能人才专业能力技术等级差异性检验

维度		SS	df	MS	*F*	Sig.
专业能力	组间	6.875	2	3.438	11.060	0.000
	组内	50.850	164	0.311		

第四节 本章小结

本章对技能人才职业适应能力现状进行分析时,从年龄、工作年限、婚姻状况、教育背景、技术等级五个方面进行了描述,首先从整体上分析了技能人才职业适应能力,然后分别对技能人才的情绪复原能力、心理适应能力、认知能力、价值取向、专业能力,即职业适应能力五大维度进行分析。研究发现:

(1)整体来看,不同年龄、工作年限、教育背景、技术等级的技能人才的职业适应能力有明显差异,不同婚姻状况的技能人才的职业适应能力没有明显差异;

(2)情绪复原能力方面,不同年龄、工作年限、教育背景、技术等级的技能人才的情绪复原能力有明显的差异,不同婚姻状况的技能人才的情绪复原能力没有明显差异;

(3)心理适应能力方面,不同年龄、工作年限、婚姻状况、教育背景、技术等级的技能人才的心理适应能力没有显著差异;

(4)认知能力方面,不同年龄、工作年限、教育背景、技术等级的技能人才的认知能力有明显的差异,不同婚姻状况的技能人才的认知能力没有明显差异；

（5）价值取向方面，不同年龄、工作年限、婚姻状况、教育背景、技术等级的技能人才的价值取向没有显著差异；

（6）专业能力方面，不同工作年限、教育背景、技术等级的技能人才的专业能力有明显的差异，不同年龄、婚姻状况的技能人才的专业能力没有显著差异。

第六章

新时代技能人才职业适应能力作用机制研究

随着新时代的到来,制造业企业竞争日趋激烈,技能人才成为企业转型与行业变革的重要依托。为了取得一系列积极的工作结果,企业需要技能人才拥有稳定的职业生涯发展规划和积极的日常工作情感体验,进而不断尝试与突破,做出更多的主动创新行为。然而,技能人才的高离职率和员工普遍存在的低工作幸福感已经成为亟待解决的难题,企业当前面临的创新需求也并未得到满足,这严重阻碍了个体与组织的发展之路。因此,本章将采用实证研究的方法对不同层面技能人才职业适应能力的作用机制展开探索,即探讨职业适应能力对技能人才离职倾向、工作幸福感和创新绩效之间的关系与影响机理。这将进一步明确职业适应能力对技能人才的重要意义,同时为从职业适应能力角度优化组织管理提供了启示。

第一节　新时代技能人才职业适应能力与离职倾向的关系研究

党的十九大报告明确指出要建设知识型、技能型、创新型劳动者大军,弘扬劳模精神和工匠精神,营造劳动光荣的社会风尚和精益求精的敬业风气;明确指出技能人才是制造业大国所必需的人才基础。习近平总书记表示,“工业强国都是技师技工的大国,我们要有很强的技术工人队伍”,“作为一个制造业大国,我们的人才基础应该是技工”。工人强则制造业强,制造业强则国家强。技能人才是我国从制造大国向“智造”大国转型升级的重要依托。一支高素质的技能人才队伍,对于促进产业转型升级、培育经济新动能、实现经济高质量发展具有重要意义。对于企业来说,高技能人才更是企业的中坚力量之一。然而,前程无忧《2020 离职与调薪调研报告》显示,2020 年制造业员工离职率为17.8%,高居各行业之首。中智咨询调研数据披露,2020 年上半年,制造业整体主动离职率达到 7.9% ,高于全行业整体水平(7.5%),其中一线技能人员的离职率达到 11.4%,远高于制造业整体离职率。

技能人才的高流动率不仅会影响其自身技术技能的提升,而且会为企业对于高素质技能人才的培养埋下隐患,阻碍企业产业转型升级。一方面,技能人才的非理性流动会在一定程度上阻碍其自身人力资本的持续提升。一般情况下,一名工匠级人才的产生需要对一个专业或岗位数年甚至数十年的深耕,而技能人才频繁流动,自然会影响到专业技术水平的提升。另一方面,在技能人才高离职率的背景下,人才培养的成本和风险提高,会降低企业对于技术型员工培养的意愿。长此以往,可能会形成大量的低技能人员失业与企业内部高技能岗位空缺并存的局面,最终导致各企业尤其是中小企业内部缺乏技能人才,企业产品和技术研发受阻,产业转型升级之路漫长且艰难。因此,如何解决企业技能人才短缺的困境,探讨企业技能人才的离职倾向具有重要的现实意义。

以往对于技能人才离职管理的研究偏向于从组织的立场出发(Batt & Colvin, 2011),但在无边界职业生涯的时代,员工在不同组织间流动的概率提高,他们拥有更多的机会跨越组织边界,寻找其他职业机会(Enache, Sallan, Simo, & Fernandez, 2011)。员工作为离职行为的决策者,其自身的就业能力和竞争力对离职倾向的影响更大。技能人才职业适应能力是一个从员工与职位匹配协调的角度来分析员工职业能力的变量,是一种个体应对当前职业要求的社会心理建构资源(于海波和郑晓明,2013)。已有研究表明,职业适应能力能够正向预测员工工作绩效,降低离职倾向。学者们主要从职业建构理论和人岗匹配理论两个角度解释职业适应能力对员工工作态度和行为的影响,而忽视了从个体认知层面分析员工职业适应能力对其工作结果的作用机制(舒晓丽,2019;于海波和关晓宇,2015)。基于此,本节拟从个体内部的认知过程出发,从自我认知视角探讨技能人才职业适应能力到其离职倾向间的内在心理传导机制。自我效能感是有关自我认知的重要变量。它是指个体对于完成特定事项的自信心和胜任感,是个体特定行为的强大动机(Lazarus & Flokman, 1984; Bandura, 1986)。自我效能感越强,对行为的承诺水平越高。自我效能感分为一般自我效能感和针对特定任务领域的具体效能感。本书所采用的概念为一般自我效能感。

社会交互理论认为,人和环境之间相互作用,个体行为受到其自身内在因素和外在因素,即环境的影响。社会心理学家 Eisenberger(1986)等提出了组织支持理论,并在此基础上提出组织支持感的这一概念,认为当员工感受到来自组织的支持和关怀后会受到激励,进而增强组织归属感和组织承诺,带来积极的工作结果。组织支持感是指员工对组织如何看待他们的工作付出和关心其利益的一种感知。简单来说,是员工所感知到的来自组织的支持。

基于以上背景，本节拟从自我认知导向视角，结合组织支持理论来探讨技能人才职业适应能力对其离职倾向的影响机制。

一、文献综述与假设提出

（一）职业适应能力对离职倾向的影响

离职倾向是员工离开所在组织的意图和想法，是员工实际离职行为的重要预测因素。由于影响离职行为的偶然因素较多，且离职行为的测量难度较大，离职倾向通常被用作测量员工离职行为的替代变量（Mobley, 1982）。现有研究已经表明员工的职业适应能力能够降低离职倾向。Wang & Zhan 等（2011）以新入职员工为对象的实证研究表明，适应力强的员工能够与组织有更高的匹配度，从而降低离职意向。根据生涯建构理论，当面临组织内外部的环境变化时，职业适应能力强的员工具有更高的适应性和灵活性，能够掌控自身和外界环境。他们会及时地调整自我以顺应职业变化，达到与组织的动态平衡，不会轻易离职（Savickas & Porfeli, 2012）。而职业适应能力低的员工缺少应对变化和解决职业问题的心理资源，相对于自身做出改变，他们更倾向于寻找与原来相似的职业环境，通过离职来应对职业环境和工作需要的变化（Mitchell 等，2001）。

此外，工作嵌入理论认为，个体与所在组织的联系越紧密、嵌入感越强时，继续留在组织中的意愿越强（Mitchell 等，2001）。职业适应能力强的技能人才能够更好地适应工作环境，处理人际关系，与同事和领导建立广泛的关系（Savickas & Porfeli, 2011）。据此，可以提出以下假设：

H1：技能人才职业适应能力负向影响离职倾向。

（二）职业适应能力对自我效能感的影响

技能人才职业适应能力作为其适应新时代工作岗位要求和工作环境变化所必备的基本能力素质，能够对自我效能感产生影响。自我效能感不是指个人的技能或真实能力，而是其对于完成某项特定任务的所具备的能力的自信程度，属于个体对自我能力的认知情况（周文霞和郭桂萍，2006）。根据自我认知理论，个人情绪和生理状态会影响自我认知（Bandura, 1995）。个体在评估自身能力时，通常会依赖于当下的情绪和生理感受。他们往往会将工作中遇到的挑战和问题看作压力，将压力看作业绩不良的标志。而职业适应能力强的技能人才拥有更高水平的情绪复原能力，积极的情绪状态使他们倾向于采取积极的认知方式应对工作压力，具备更强的自我效能感。基于此，提出以下假设：

H2:技能人才职业适应能力正向影响自我效能感。

(三)自我效能感在职业适应能力对离职倾向影响的中介作用

通过对技能人才职业适应能力和离职倾向的相关文献进行梳理,得出结论为技能人才职业适应能力会负向影响员工的离职倾向。而根据社会认知理论,自我效能感是影响和激发个体动机与行为的核心概念。因此,技能人才职业适应能力通过自我效能感对其离职倾向产生影响。

自我效能感虽然不是个体行为的客观衡量,但它控制着人类的思想与行为方式,影响个体的任务选择、完成方式以及努力程度。尤其是在压力情境下,效能判断决定着个体将付出多大的努力,以及在遇到困难时将坚持多久,较强的自我效能感是个体进行自我调整和自我坚持的有效助推力。首先,高自我效能感能够激发个体的工作热情和投入度,他们通常会设置较高的工作目标并维持较高的承诺水平,进而带来高工作绩效,提高工作满意度(Bandura, 1986)。其次,高自我效能感意味着个体有信心解决工作中出现的新问题、应对新事物,如愿意探索新的工作方法与模式、更高效的问题解决方式等(陆昌勤等,2001),这会带来较高的工作卷入度,降低离职倾向。同时,自我效能感高的技能人才常常会选择富有挑战性的任务,并在接受任务的过程中持续提高自身的技能以应对困难(Bandura, 1977)。他们倾向于将成功归因于自身的能力和坚持,采取积极的认知和行动方式应对压力,拥有更强的工作满意度和幸福感(王叶飞,谢光荣,2016)。此外,自我效能感能够对技能人才的思维模式和坚韧性产生影响,提高其适应性,从而与组织更加匹配,降低离职倾向,这也验证了 Mitchell 等(2001)的工作嵌入理论对员工离职的解释。据此,提出下假设:

H3:自我效能感在技能人才职业适应能力与离职倾向的关系之间起中介作用。

(四)组织支持感的调节作用

组织支持感在中国情境下有两个核心的要点:一是员工对组织提供的工作方面支持的感受;二是员工对组织提供的生活方面支持的感受(凌文辁等,2001)。社会交互理论具体到组织情境中,个体内在因素和组织环境因素会相互作用,对员工在工作场所的行为表现产生影响(Oldham 等,1996)。因此,基于组织行为研究的交互视角,感知到更高水平组织支持的个体会认为他们的工作和付出得到了组织的认可与支持,工作能力得到肯定,从而会更有自信、更加愿意为工作付出额外的努力。

已有研究表明,组织支持感对于员工的心理和情感具有重要影响。组织支持感知高的个体倾向于认为自己对组织的发展负有责任,这种责任感会提高个体的组织承诺和工作投入（O'Driscoll & Randall,1999）。组织支持感不仅能够对员工的工作结果产生直接的积极影响，也能够减少员工的负面情绪和消极的工作行为。Allen 等（2003）的研究验证了组织支持感与消极意愿和行为（如离职倾向、消极怠工、缺勤等）之间的关系。他们指出，组织对员工的支持能够增加个体与组织的互惠行为，如提高出勤率；同时，还能够提高员工对组织的情感承诺，降低离职倾向、减少消极工作行为。国内的研究也表达了相似的观点。李超平（2007）的研究指出，有效的社会网络和组织支持感能够消解员工的消极情绪，提升员工的乐观水平。此外，Luthans 等（2007）学者直接验证了组织支持感和心理资本之间的关系，他们指出，组织支持感能够正向预测心理资本的自我效能感维度。基于此，结合 Speitzer（1995）的研究建议，把组织方面的因素（组织支持感）作为调节变量考虑，提出以下假设：

H4：组织支持感越高，技能人才职业适应能力对其离职倾向的影响就越强；反之，组织支持感越低，技能人才职业适应能力对其离职倾向的影响就越弱。

综上所述，假设技能人才职业适应能力会通过影响其自我效能感对技能人才离职倾向产生间接影响，组织支持感对技能人才职业适应能力与离职倾向的关系起调节作用，模型如图 6-1 所示。

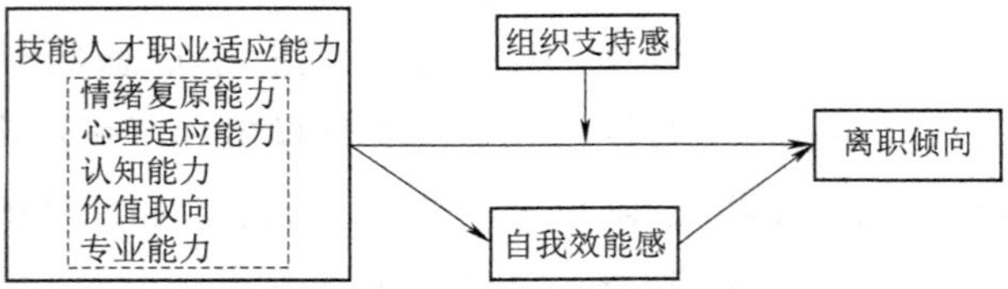

图 6-1　研究模型

二、研究设计

（一）研究对象

主要采用问卷调查的形式，问卷发放对象主要为各行业的技能人才。共收集有效问卷 383 份。为保证被调查的技能人才填写资料的准确性，在正式的问卷发放之前，研究人员向技能人才说明此次调查的目的，并告知其填写的问卷将全部保密，以保证技能人才会根据自身的真实情况填写问卷。问卷中除了员工基本信息以外，均使用 Likert 五点计分法对其他变量进行测度（1 = 极不同意；2 = 不太同意；3 = 不好确定；4 = 比较同意；5 = 非常同意）。

（二）变量及测量工具

自变量：技能人才职业适应能力。采用自主开发的职业适应能力量表。该量表共24个条目，如“我可以长时间集中精力完成自己的工作”“工作中，我始终坚持把国家和人民利益放在首位，真诚自愿付出”“我可以及时进行自我调整来应对长期重复、单调无味的工作”“我能够在恶劣或危险的工作环境中从容地完成工作任务”“我目前的技术能力可以很好地胜任我的工作”等。

因变量：离职倾向。采用樊景立于1998年建构的离职倾向量表，该量表在中国情境下得到了很好的实践，被证明具有良好的信度和效度，该量表共4个题项。

中介变量：自我效能感。一般自我效能感量表（General Self－Efficacy Scale，GSES），最初的德文版本由学者Schwarzer编制。此处采用Schwarzer和张建新等于1997年编制的一般自我效能感中文版进行测量。该量表共10个题项，如“如果我尽力去做的话，我总是能够解决问题的”“对我来说，坚持理想和达成目标是轻而易举的”等。

调节变量：组织支持感。采用Eisenberger等于2002年编制的单维度量表。该量表共8个题项，例如“公司非常重视我个人的目标和价值观”“如果有合适的机会，公司会让我充分发挥优势”等。该量表由最早的36题题项量表抽取而成，已有研究证实了该量表的信效度。

控制变量：为了排除人口统计学特征类变量对研究结论可靠性的干扰，本节将年龄、性别、工作年限及职称等级作为控制变量。

三、数据分析与假设检验

（一）共同方法偏差与信度检验

1. 共同方法偏差检验

为了检验同源误差问题，采用Harman单因子分析方法（Mackenzie，Lee，& Podsakoff，2003），将四个变量的所有条目一起做因子分析。首个因子解释变异量为19.126%，因子总方差解释量为57.026%。首个因子解释变异量未占到总变异量的一半，表明数据的同源误差在可接受范围之内，不会对分析结果产生较大影响。

2. 量表信度检验

本节使用统计软件对问卷的信度和效度进行了检验，以核查所得数据的可靠性。通过SPSS22.0计算了各个变量的α系数，结果见表6-1。分析结果，可以发现，

各变量的 α 系数均大于0.6,说明问卷的信度较好,符合统计学的相关标准。

表 6-1　变量信度分析

变量	α 系数	变量	α 系数
技能人才职业适应能力	0.915	离职倾向	0.775
自我效能感	0.908	组织支持感	0.917

（二）描述性统计及相关性分析

本文采用 SPSS22.0 对数据进行描述性统计分析以及相关分析,各变量的平均值、标准差及变量间的关系值见表 6-2。数据分析结果可知,技能人才职业适应能力与离职倾向显著负相关($r=-0.750, p<0.01$),自我效能感与离职倾向显著负相关($r=-0.698, p<0.01$),组织支持感与技能人才离职倾向显著负相关($r=-0.691, p<0.01$)。这为进一步验证假设成立提供了必要前提。

表 6-2　相关分析结果

拟合指标	M	SD	1	2	3	4	5	6	7
1 年龄	2.76	0.91	1						
2 性别	1.24	0.43	-.166**	1					
3 工作年限	3.93	0.96	.786**	-.238**	1				
4 职称等级	1.79	0.78	.354**	-.104*	.384**	1			
5 技能人才职业适应能力	4.538 2	0.34	.239**	-.290**	.227**	.036	1		
6 离职倾向	1.394 3	0.49	-.217**	-.186**	-.224**	-.088	-.750**	1	
7 自我效能感	4.347 0	0.50	.238**	-.233**	.207**	.135**	.829**	-.698**	1
8 组织支持感	4.097 6	0.40	.232**	-.277**	.187**	.116*	.783**	-.691**	.825**

注：*** 表示 $p<0.001$；** 表示 $p<0.01$；* 表示 $p<0.05$。

（三）假设检验

1. 员工自我效能感的中介作用检验

本节采用 SPSS22.0 软件对数据进行分析以验证假设模型中自我效能感的中介效应,将所有变量标准化后逐步引入模型,检验结果见表 6-3。模型 1 和模型 2 是以自我效能感为被解释变量,模型 2 将职业适应能力引入模型后,职业适应能力对自我效能感有显著正向预测作用($\beta=0.870, p<0.001$), R^2 值由 0.097 上升至 0.699($\Delta R^2=0.602, p<0.001$),即技能人才职业适应能力与自我效能感显著相关。模型 3、模型 4、模型 5 中的被解释变量是离职倾向。将技能人才职

业适应能力和自我效能感同时引入回归方程后，R^2值由模型 4 中的0.569增加到模型 5 中的 0.586（$\Delta R^2=0.017, p<0.001$），自我效能感的回归系数显著（$\beta=-0.144, p<0.001$），同时技能人才职业适应能力的回归系数依然显著（$\beta=-0.358, p<0.001$），表明自我效能感在技能人才职业适应能力与技能人才离职倾向之间起到部分中介作用，假设 H3 成立。

表 6-3　中介效应统计分析

变量	自我效能感		离职倾向		
	模型 1	模型 2	模型 3	模型 4	模型 5
年龄	0.246*	0.059	-0.088	0.016	0.025
性别	0.519***	0.035	0.229**	-0.079	-0.074
工作年限	-0.020	-0.067	-0.071	-0.045	-0.055
职称等级	0.071	0.160***	0.007	-0.043	-0.020
技能人才职业适应能力		0.870***		-0.483***	-0.358***
自我效能感					-0.144***
R^2	0.097	0.699	0.074	0.569	0.586
ΔR^2	0.097	0.602	0.074	0.495	0.017
F	10.184***	175.437***	7.548***	99.638***	88.660***

注：*** 表示 $p<0.001$；** 表示 $p<0.01$；* 表示 $p<0.05$。

为进一步检验自我效能感中介效应的稳健性，通过 Process 插件中的 Bootstrap 检验方法，设定抽样数为 5 000，检验结果见表 6-4。结果显示，自我效能感的中介效应显著（置信区间为［-0.217 4，-0.047 6］，不含 0），技能人才职业适应能力对离职倾向的直接效应显著（置信区间为［-0.426 0，-0.276 2］，不含 0）。间接效应（-0.130 1）和直接效应（-0.351 1）占总效应（-0.481 2）的比例分别为 0.27 和 0.73，表明自我效能感起部分中介作用，假设 H3 再次被验证。

表 6-4　自我效能感中介效应 Bootstrap 检验

	Effect	BootSE	BootLLCI	BootULCI	效应占比
间接效应	-0.130 1	0.042 4	-0.217 4	-0.047 6	0.27
直接效应	-0.351 1	0.038 1	-0.426 0	-0.276 2	0.73
总效应	-0.481 2	0.028 0	-0.230 1	-0.119 9	

2. 组织支持感的调节效应检验

本文运用层级回归模型来验证组织支持感的调节效应，将所有变量标准化后逐步代入模型，结果见表 6-5。由表 6-5 可知，模型 4 将组织支持感和技能人才职业适应能力与组织支持感的交互项同时引入回归方程后，R^2值由模型3中的0.597增加到模型5中的0.604（$\Delta R^2 = 0.007, p < 0.05$），技能人才职业适应能力与组织支持感交互项的回归系数显著（$\beta = -0.058, p < 0.05$），表明组织支持感在技能人才职业适应能力与技能人才离职倾向之间起到了调节作用，即不同强度的组织支持感下，技能人才职业适应能力对离职倾向的影响强度不同，假设H4成立。

表6-5　组织支持感调节效应检验

	离职倾向			
	模型1	模型2	模型3	模型4
年龄	-.088	.016	.035	.051
性别	.229**	-.079	-.103	-.129*
工作年限	-.071	-.045	-.065	-.064
职称等级	.007	-.043	-.021	-.035
技能人才职业适应能力		-.483***	-.349***	-.331***
组织支持感			-.174***	-.135***
技能人才职业适应能力*组织支持感				-.058*
R^2	.074	.569	.597	.604
ΔR^2	.074	.495	.028	.007
F	7.548	99.638	92.907	81.640

注：***表示$p < 0.001$；**表示$p < 0.01$；*表示$p < 0.05$。

绘制调节效应图如图6-2所示，在不同组织支持感水平下，技能人才职业适应能力和离职倾向都保持负相关，在低组织支持感水平下，技能人才职业适应能力越强，对离职倾向的负向影响越小。高组织支持感水平的技能人才职业适应能力与离职倾向的回归斜率更小，说明职业适应能力对离职倾向的影响会显著增强。

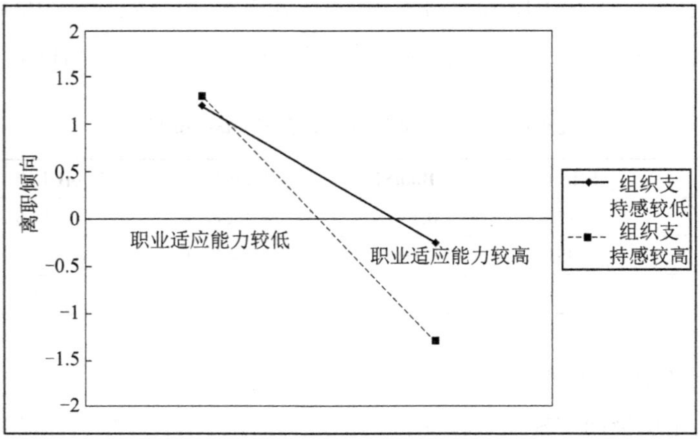

图6-2　组织支持感调节效应

四、意义

（一）理论意义

本节的探索丰富了技能人才职业适应能力的研究视角，以往的研究主要从职业建构理论和人岗匹配理论两个角度解释职业适应能力对员工工作态度和行为的影响，而忽视了从个体认知层面分析员工职业适应能力对其工作结果的作用机制。本节从技能人才的自我认知导向视角，提出调节个体的自我认知才是降低员工离职倾向的内源性方式，并用自我效能感来衡量个体自我认知。

以我国的技能人才为研究对象，技能人才作为我国发展关键时期必需的人才，是具有本土化特色的群体，但是国内较少有学者关注到技能人才的离职现象，所以本节的研究有助于扩大离职研究群体范围。

环境交互理论和组织支持理论指出，情境因素会对个体在组织中的行为产生影响。本节选取了组织支持感作为情境因素，衡量其对技能人才职业适应能力对离职倾向影响的调节作用。结果表明，技能人才职业适应能力首先会影响员工的自我效能感，进而会影响其离职倾向，对离职倾向产生负向作用。而组织支持感调节技能人才职业适应能力对离职倾向的影响，组织支持感越高，职业适应能力对离职倾向的负向影响越强；组织支持感越低，职业适应能力对离职倾向的负向影响越弱。

（二）实践意义

比尔·盖茨曾说："若我们公司最优秀的二十名员工离开了，微软就会变成一个普通的公司。"高成本培养出来的技能型人才一旦离开组织，他们带走的不仅是商业、技术秘密，还会带走大量的行业信息和科技成果。深入研究技能人才离职倾向的影响因素对我国企业发展具有重要的现实意义。

技能人才职业适应能力和自我效能感能够降低其离职倾向，因此管理者需要注重技能人才职业适应能力和自我效能感的提高。对于职业适应能力，首先，组织可以建立技能人才职业适应能力评价与开发体系，将其应用于技能人才的招聘与培训过程中，从而在源头上保障所选择人才的素质水平；其次，加强技能人才的培训工作，提高技能人才的职业适应能力和整体素质。对于技能人才的自我效能感，组织可以通过榜样示范效应、社会劝说，以及调动积极情绪和良性生理唤起等方式，来激发他们的自我效能感。

管理者应该积极给予技能人才提供帮助和支持，增强他们的组织支持感。

研究表明，高水平的组织支持感能够增强职业适应能力对离职倾向的负向影响。因此，组织在管理过程中要注重对员工的人文关怀，关注员工的生活和心理需求，加强员工的培训与开发，从精神和物质方面全方位提供相关支持，提升技能人才的归属感。

第二节　新时代技能人才职业适应能力与工作幸福感的关系研究

随着社会竞争的日益激烈，员工的工作压力持续增加，近两年频频出现的员工猝死、员工连续自杀等负面事件，引发了社会对工作幸福感的高度关注。在此背景下，工作幸福感开始体现在越来越多的企业文化中，他们强调要打造“幸福竞争力”，例如，阿里巴巴提出要做中国“最具幸福感的公司”。工作幸福感是指个体对于所从事工作的积极评价和情感体验，既包括物质方面的体验，如工作环境、晋升机会等特定方面的满意度；也包括心理方面的体验，如积极情感、工作自主性和潜能发挥等（孙健敏等，2016）。工作不只是人们谋生的方式，更是个人实现自身价值和获取幸福的重要途径。大量的研究表明，高水平的工作幸福感能够带来一系列积极的工作结果，是健康组织的一个重要标准（Wilson 等，2004）。在个人层面，工作幸福感能够激发员工的工作激情，提升工作重塑能力和生产率，提高工作绩效，降低缺勤率和离职率；在组织层面，工作幸福感在改善组织绩效方面具有重要作用（Bryson 等，2017）。然而，中国企业员工的工作幸福感普遍偏低。中国人力资源开发网所进行的“工作幸福指数调查”结果显示，我国职场人员的幸福指数仅有 2.57（最高值为 5），并且员工在工作中消极情绪体验较多，如害怕、愤怒、痛苦、气馁等。“中国从业人员幸福感报告”指出，我国企业员工的工作幸福感整体较弱（孙健敏等，2015）。

目前，我国经济已经由高速增长阶段转向高质量发展阶段，正处在转变发展方式、优化经济结构、转换增长动力的攻关期。在我国从制造大国向制造强国转变的时代背景下，技能人才的作用得到成倍的放大，这一群体是我国从制造大国向“智造”大国转型升级的重要依托。人才强则中国制造强。研究影响技能人才工作幸福感的因素能够在提高员工主动性、改善工作绩效等方面为企业的生存发展提供更有效的建议，通过提高技能人才的工作幸福感来提升企业竞争力从而增加中国制造的实力，助力我国成为制造强国。因此，探究和挖掘影响我国技能人才工作幸福感的因素具有重要的现实意义。

已有研究表明，职业适应能力会对个体的职业态度和职业行为产生较大的影响，能够正向预测个体的职业认同，提高工作满意度和工作幸福感。技能人才职业适应能力是技能人才为适应新时代工作岗位要求和工作环境变化所必备的基本能力素质，是技能人才的适应能力在工作领域的体现，是其应对和解决工作中所遇困难的现实能力（王益富，2014）。因此，提高技能人才职业适应能力可以作为增强其工作幸福感的一种可能途径。

社会认同理论基于个人和组织搭建的心理契约，从组织认同的角度入手剖析员工态度和行为层面的形成机理。社会认同理论认为，员工对组织的认同会使其愿意接受组织的规则和价值观，为组织的发展而努力，表现出积极的工作态度和行为（如：较强的工作满意度和组织承诺、组织公民行为以及较低的离职倾向）。工作投入是基于个体心理上对工作强烈的认同而表现出的一种持续、正向的情感状态。

鉴于以上背景，本节从社会认同理论出发，探讨技能人才职业适应能力如何提高其工作幸福感，并实证研究工作投入在技能人才职业适应能力与工作幸福感关系中的中介作用以及授权型领导的调节作用。由此弥补以往对技能人才工作幸福感影响因素的研究不足，丰富职业适应能力在幸福感领域的研究，从而一定程度上解释技能人才工作幸福感提升的内在机制，为今后的企业实践提出有针对性的管理建议。

一、文献综述与假设提出

（一）职业适应能力对工作幸福感的影响

在组织情境下，员工工作幸福感是指其对工作的满意度，以及与工作相关的积极或消极体验（Page & Vella-Brodrick，2009）。个体的工作幸福感能够对工作绩效产生重要的积极影响，因此，个体工作的幸福感对组织的生存发展具有重要作用（Zheng 等，2015）。

已有研究表明，职业适应能力作为一项重要的个人资源，对个体的工作结果，如工作满意度、工作成功、工作承诺等具有较强的影响力（Machin & Hoare，2008）。职业适应能力能够通过人—组织匹配增强技能人才的工作幸福感（于海波和关晓宇，2014）。根据生涯建构理论，职业适应能力强的技能人才倾向于适时地调整自己来适应不断变化的职业环境，实现与组织的动态匹配，从而获得更加积极的工作体验和满意度，工作幸福感水平更高。于海波和郑晓明（2013）的研究证实了员工的职业适应能力越强，工作绩效越高。而个体的积极工作感知和体验可以提高其工作幸福感。职业适应能力不仅能够对员工的工作结果产生直接的积极影响，也能够减少员工的负面情绪和消极的工作行为，如工作不安全感和离职倾向。根据员工绩效—幸福感模型，员工的工作幸福感与任务绩效、周边绩效正相关，与员工消极行为负相关（Pawar, 2013）。基于以上分析，提出以下假设：

假设 1：技能人才职业适应能力负向影响工作幸福感。

（二）工作投入对工作幸福感的影响

工作投入是指个体积极融入工作的状态，体现了对工作的强烈认同和精力专注，是工作场所中个体自我实现的重要路径（Shimazu & Schaufeli, 2008）。理论研究与实践结果表明，工作投入对个体心理幸福感具有重要影响，高工作投入能够使员工快乐而高效地工作（Warr, 2002）。

工作投入的员工对于所进行的任务具有更强的参与感，将自己作为工作事项的重要组成部分，全身心地融入其中（Halbesleben & Wheeler, 2008）。Csikszentimihal（1975）的沉浸理论（Flow Thoery）指出，当个体从事一项难度与能力相当的活动时，他们对活动全神贯注、注意力高度集中，任务进行高效顺畅，能够获得一种活动与自身意识融合、时间感消失的心理体验，达到忘我的境界。在这种状态下，个体的自主动机被激发、认知变得高效，能够收获较大的工作幸福感。Liorens 等（2007）的研究厘清了工作资源、自我效能感及工作投入之间的关系，指出工作投入对自我效能感和工作资源具有正向的影响作用。而自我效能感作为技能人才重要的心理资本，既是其工作行为动力的关键来源，也是迎难而上的坚定信念，能够调动起所必需的动机、资源和行为，是影响技能人才知觉和心理体验的重要因素（李永周等，2015）。据此，提出以下假设：

假设 2：技能人才的工作投入正向影响其工作幸福感。

（三）工作投入的中介作用

通过对技能人才职业适应能力和工作幸福感的相关文献进行梳理，得出结论为技能人才职业适应能力会正向影响员工的工作幸福感。而根据社会认同理论，个体对组织的认同感使其形成感性的归属感以及理性的责任感，激发其与组织融为一体的意愿，由此对他们的态度和行为产生影响（王彦斌，2004）。因此，技能人才职业适应能力通过工作投入对其工作幸福感产生影响。

工作投入表现为员工对自身工作和绩效的强烈责任感以及承诺意愿。已有研究表明,个人资源和工作资源能够独立或共同对工作投入产生影响。Britt 等(2007)认为员工工作投入的关键所在是其所拥有的身体、情绪和心理资源(Britt 等,2007)。技能人才的职业适应能力强意味着较强的情绪复原能力和心理适应力,二者作为重要的个人资源,是其工作投入的必要前提。新时代对于技能人才提出了新的工作要求,根据工作要求—资源模型,更高的工作要求下,工作资源和个人资源能够对工作投入产生更积极的作用。个人及工作资源通过工作投入对员工绩效产生正向影响,工作投入和优良绩效形成的资源又会作用于未来的工作投入,从而实现资源、工作投入和绩效的螺旋式上升(Bakker & Demerouti, 2008)。据此得出结论,技能人才职业适应能力能够正向预测工作投入。

个体的工作投入和优良绩效所形成的资源可以称为工作重塑(Bakker, 2011)。工作重塑是个体自发对工作要求和工作资源进行改变的行为。当个体感受到工作要求和工作资源不匹配时,他们通常会采用基于工作重塑的三种调整方式(包括增加工作资源、增加挑战性工作要求和减少妨碍性工作要求)来降低不平衡。由此,工作重塑所带来的是人与组织的互补性匹配、高工作投入及工作满意度。反之,工作投入使技能人才更加倾向于采用工作重塑策略,促使其个人成长、提高满意度。Wrzesniewski & Dutton (2001)的研究指出,工作重塑的结果对于提高相似性匹配和供给—需求匹配具有重要作用,能够显著增强员工的工作幸福感。基于此,提出以下假设:

假设 3:工作投入在技能人才职业适应能力与其工作幸福感的影响关系中起中介作用,技能人才职业适应能力会促进其工作投入,从而正向影响工作幸福感。

(四)授权型领导的调节作用

领导风格作为重要的情境因素之一,能够对员工的工作投入产生影响。学术界将授权型领导定义为通过与下属共享权力来提高员工工作绩效的一系列领导行为,强调的是组织中的职权授予,包括强调责任、自主决策、信息共享、鼓励提升技能和创新(Arnold 等,2000)。

授权型领导与技能人才工作投入的关系能够通过自我决定理论来解释。根据自我决定理论,外部动机能够通过基本心理需要(自主需求、关系需求、胜任需求)的满足内化为内部动机,从而对员工的工作行为和态度产生影响(Deci & Ryan, 2000)。而授权型领导的特征与技能人才自主需求和胜任需求的满足息息相关。例如,授权型领导给予员工更多的自主决策权力,鼓励其自我管理,提供支持性的组织氛围，能够满足技能人才的自主需求；对于员工权力的授予也能够使员工感受上级对自身能力、目标的认可，获得胜任感和掌控感，从而满足其胜任需求。此外，授权型领导通常通过授权行为向下属指明该项工作的意义，使其明晰自己的工作对实现组织战略的重要性，从而增强员工的内在动机（Raub & Robert, 2010）。Zhang 和 Bartol（2010）的实证研究也表明授权型领导会通过提高下属的心理授权水平进而提高个体的内在动机。基于此，技能人才感知到的授权型领导能够促进其内在推动力的产生，而内在动机能够带来一系列积极的工作结果，包括更高水平的工作投入。据此，提出以下假设：

假设 4：技能人才感知到的授权型领导水平越高，职业适应能力对其工作投入的影响就越强；反之，感知到的授权型领导水平越低，职业适应能力对其工作投入的影响就越弱。

综上所述，假设技能人才职业适应能力会通过影响其工作投入对技能人才工作幸福感产生间接影响，授权型领导对技能人才职业适应能力与工作幸福感的关系起调节作用，模型如图 6-3 所示。

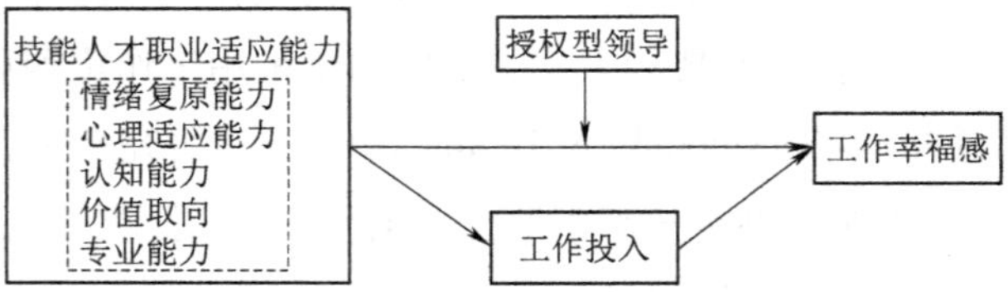

图 6-3　研究模型

二、研究设计

（一）研究对象

主要采用问卷调查的形式，问卷发放对象主要为各行业的技能人才。共收集有效问卷 370 份。为保证被调查的技能人才填写资料的准确性，在正式的问卷发放之前，研究人员向技能人才说明此次调查的目的，并告知其填写的问卷将全部保密，以保证技能人才会根据自身的真实情况填写问卷。问卷中除了员工基本信息以外，均使用 Likert 五点计分法对其他变量进行测度（1 = 极不同意；2 = 不太同意；3 = 不好确定；4 = 比较同意；5 = 非常同意）。

（二）变量及测量工具

自变量：技能人才职业适应能力。采用自主开发的职业适应能力量表。该量表共 24 个条目,如“我可以长时间集中精力完成自己的工作”“工作中,我始终坚持把国家和人民利益放在首位,真诚自愿付出”“我可以及时进行自我调整来应对长期重复、单调无味的工作”“我能够在恶劣或危险的工作环境中从容地完成工作任务”“我目前的技术能力可以很好地胜任我的工作”等。

因变量:工作幸福感。采用郑晓明等(2015)开发的工作幸福感量表,该量表共 18 个条目,如“我生活中的大多数方面与我的理想很接近”“总体来说,我对我从事的工作感到非常满意”“总的来说,我对自己是肯定的,并对自己充满信心”等。

中介变量:工作投入。选取 Schaufeli 等于 2002 年编制的 UWES-9 量表,用于工作投入的测量,共 9 个题项,包括活力、奉献、专注三个维度。工作投入的各维度之间一致性较高,为了不产生多元共线性的问题,Schaufeli 建议在多元分析的研究中,将工作投入测量进行总分。该量表在中国情境下得到了很好的实践,被证明具有良好的信度和效度,适合于国内开展关于工作投入的研究。因此,本节采用 UWES-9 量表对工作投入进行测量,并在中介作用检验过程中,将工作投入进行总分。

控制变量:为了排除人口统计学特征类变量对研究结论可靠性的干扰,将年龄、性别、工作年限及职称等级作为控制变量。

三、数据分析与假设检验

(一)共同方法偏差与信度检验

1. 共同方法偏差检验

为了检验同源误差问题,采用 Harman 单因子分析方法(Mackenzie, Lee, & Podsakoff, 2003),将四个变量的所有条目一起做因子分析。首个因子解释变异量为 22.889%,因子总方差解释量为 46.881%。首个因子解释变异量未占到总变异量的一半,表明数据的同源误差在可接受范围之内,不会对分析结果产生较大影响。

2. 量表信度检验

此处使用统计软件对问卷的信度和效度进行了检验,以核查所得数据的可靠性。通过 SPSS22.0 计算了各个变量的 α 值,结果见表 6-6。分析结果,可以发现,各变量的 α 值均大于 0.6,说明问卷的信度较好,符合统计学的相关标准。

表 6-6　变量信度分析

变量	α 值	变量	α 值
技能人才职业适应能力	0.872	工作幸福感	0.900
工作投入	0.882	授权型领导	0.888

（二）描述性统计及相关性分析

采用 SPSS22.0 对数据进行描述性统计分析以及相关分析，各变量的平均值、标准差及变量间的关系值见表 6-7。数据分析结果可知，技能人才职业适应能力与工作幸福感显著正相关（$r=0.251$，$p<0.01$），工作投入与工作幸福感显著正相关（$r=0.617$，$p<0.01$），授权型领导与技能人才工作幸福感显著正相关（$r=0.707$，$p<0.01$）。假设 1、假设 2 成立。

表 6-7　相关分析结果

拟合指标	M	SD	1	2	3	4	5	6	7
1 年龄	2.66	.921	1						
2 性别	1.29	.453	-.168**	1					
3 工作年限	3.78	.986	.746**	-.153**	1				
4 职称等级	1.63	.719	.000	-.054	-.050	1			
5 技能人才职业适应能力	4.382 3	.2840 2	.083	-.123*	.066	-.006	1		
6 工作幸福感	4.694 3	.400 04	-.070	.103*	-.033	.277**	.251**	1	
7 工作投入	4.412 0	.411 15	.034	-.194**	-.012	.113*	.406**	.617**	1
8 授权型领导	4.323 4	.433 18	.023	-.012	.025	.175**	.350**	.707**	.778**

注：*** 表示 $p<0.001$；** 表示 $p<0.01$；* 表示 $p<0.05$。

（三）假设检验

1. 员工自我效能感的中介作用检验

采用 SPSS22.0 软件对数据进行分析以验证假设模型中工作投入的中介效应，将所有变量标准化后逐步引入模型，检验结果见表 6-8。模型 1 和模型 2 是以工作投入为被解释变量，模型 2 将职业适应能力引入模型后，职业适应能力对工作投入有显著正向预测作用（$\beta=0.395$，$p<0.001$），R^2 值由 0.051 上升至 0.201（$\Delta R^2=0.150$，$p<0.001$），即技能人才职业适应能力与工作投入显著相关。模型 3、模型 4、模型 5 中的被解释变量是工作幸福感，模型 5 中将技能人才职业适应能力和工作投入同时引入回归方程后，R^2 值由模型 4 中的 0.171 增加到模型 5 中的 0.491

($\Delta R^2=0.320, p<0.001$),工作投入的回归系数显著($\beta=0.694, p<0.001$),同时技能人才职业适应能力的回归系数变得不显著,表明工作投入在技能人才职业适应能力与技能人才工作幸福感之间起到完全中介作用,假设3成立。

表6-8 中介效应统计分析

变量	自我效能感		离职倾向		
	模型1	模型2	模型3	模型4	模型5
年龄	.064	.040	-.120	-.139	-.167
性别	-.379***	-.291**	.245*	.312*	.514***
工作年限	-.078	-.078	.082	.082	.136
职称等级	.123	.129*	.393***	.398***	.308***
技能人才职业适应能力		.395***		.306***	.032
工作投入					.694***
R^2	.051**	.201***	.096***	.171***	.491***
ΔR^2	.051**	.150***	.096***	.075***	.320***
F	4.953	18.338	9.715	15.018	58.435

注:***表示$p<0.001$;**表示$p<0.01$;*表示$p<0.05$。

为进一步检验工作投入中介效应的稳健性,通过Process插件中的Bootstrap检验方法,设定抽样数为5 000,检验结果见表6-9。结果显示,工作投入的中介效应显著(置信区间为[0.269 0,0.441 9],不含0),技能人才职业适应能力对工作幸福感的直接效应不显著。表明工作投入起完全中介作用,假设3再次被验证。

表6-9 自我效能感中介效应Bootstrap检验

	Effect	BootSE	BootLLCI	BootULCI
间接效应	.352 7	.044 3	.269 0	.441 9
直接效应	.001 4	.063 3	-.123 0	.125 9
总效应	.352 7	.266 4	1.515 9	2.563 6

2. 授权型领导的调节效应检验

运用层级回归模型来验证授权型领导的调节效应,将所有变量标准化后逐步代入模型,结果见表6-10。模型4将授权型领导和技能人才职业适应能力与授权型领导的交互项同时引入回归方程后,R^2值由模型3中的0.546增加到模型4中的0.551($\Delta R^2=0.005, p<0.05$),技能人才职业适应能力与授权型领导交互项的回归系数显著($\beta=0.085, p<0.05$),表明授权型领导在技能人才职业

适应能力与技能人才工作幸福感之间起到了调节作用,即不同水平的授权型领导下,技能人才职业适应能力对工作幸福感的影响强度不同,假设4成立。

表6-10　授权型领导调节效应检验

	离职倾向			
	模型1	模型2	模型3	模型4
年龄	-.120	-.139	-.119**	-.118*
性别	.245*	.312**	.250**	.236**
工作年限	.082	.082	.056	.069
职称等级	.393***	.398***	.233***	.221
技能人才职业适应能力		.306***	.043	.121*
组织支持感			.672***	.692***
技能人才职业适应能力*组织支持感				.085*
R^2	.096	.171	.546	.551
ΔR^2	.096	.075	.375	.005
F	9.715	15.018	72.774	63.576

注:***表示 $p<0.001$;**表示 $p<0.01$;*表示 $p<0.05$。

四、意义

1. 理论意义

首先,本节的探索立足于社会认同理论及社会认同理论下的组织认同,深入剖析了技能人才职业适应能力对其工作幸福感的影响机制,分析了工作投入在其间发挥的特定影响作用,并解释了授权型领导发挥的边界作用,进一步拓展了社会认同理论在解释我国社会现象方面的应用。

其次,本节选择我国的技能人才为研究对象,技能人才作为我国发展关键时期必需的人才,是具有本土化特色的群体,但是国内较少有学者关注到这一群体的工作幸福感,所以本节的研究有助于扩大工作幸福感的研究群体范围。

环境交互理论和组织支持理论指出,情境因素会对个体在组织中的行为产生影响。领导风格作为重要的情境因素之一,能够对员工的工作幸福感产生影响。本节选取了授权型领导作为情境因素,衡量其对技能人才职业适应能力对工作幸福感影响的调节作用。结果表明,技能人才职业适应能力首先会影响员工的工作投入,进而会影响其工作幸福感。而授权型领导调节着技能人才职业适应能力对离职倾向的影响,技能人才感知到的授权型领导水平越高,职业适应能力对工作幸福感的正向影响越强;授权型领导水平越低,职业适应能力对工作幸福感的正向影响越弱。

2. 实践意义

从工作中获取快乐和成就感是个体实现人生幸福的重要途径。高技能人才是企业发展的中坚力量之一，他们在起到关键作用的同时，也肩负着更多的心理压力。因此，研究提升技能人才的工作幸福感不仅关注了其心理健康状况，而且对企业的稳定发展具有重要的现实意义。

技能人才职业适应能力提高能够提升其工作幸福感，因此管理者需要注重培养技能人才的职业适应能力。首先，组织可以建立技能人才职业适应能力评价与开发体系，将其应用于技能人才的招聘与培训过程中，从而在源头上保障所选择人才的素质水平；其次，组织需要完善高绩效工作系统中职业适应能力管理，优化技能人才的在岗培训模式，建立新时代技能人才的绩效管理体系，激发技能人才的主观能动性，从而提高其职业适应能力。

组织中的领导风格是员工工作结果的重要影响因素，应该充分发挥领导者授权的作用。在当前的社会环境下，员工重视工作中的自主权和相对宽松的工作氛围，领导者的授权行为对于员工的影响更加凸显。研究也表明，授权型领导能够增强技能人才职业适应能力对其工作幸福感的影响。因此，企业需要构建授权文化，鼓励管理者对技能人才的适当授权，从而激发其内在工作动机，提升幸福感。

组织需要关注技能人才内心，提升其幸福感。技能人才职业适应能力是激发其工作投入和幸福感的重要前因，但一味向技能人才索取的行为并不可取。企业应该响应“十三五规划”中所强调的“增强人民的幸福感和获得感”，为技能人才提供组织关怀和支持以提升其幸福感。企业需要秉承以人为本的管理理念，在管理行为中体现对于个体的尊重和重视。人力资源部门可以定期对技能人才进行访谈及心理测评，或设置心理咨询中心，及时了解员工的心理健康状况，并为他们提出针对性建议，从而保证他们能够在工作中最大限度地发挥力量，促进实现自我价值和提升工作幸福感。

第三节　新时代技能人才职业适应能力与创新绩效的关系研究

在全球经济快速发展的背景下，创新能力是一个组织长期生存的根本驱动力（Lee 等，2019）。21 世纪以来，全球科技创新速度不断加快，“互联网 +”、云计算、区块链等新兴技术不断发展，创新成为引领中国经济新常态的根本之策。“创新是引领发展的第一动力，是建设现代化经济体系的战略支撑”。党的十九大报告中进一步明确了创新在引领经济在社会发展中的重要地位。因此新形势下的企业只有不断增强科技创新能力，才能紧抓机遇，在激烈的市场竞争中占据一席之地。科技创新的基础来源于个体的创新。提升员工创新绩效是帮助企业赢得竞争优势的关键一步。韩紫蕾(2020)表明员工创新是企业创新的基础，在时间的催化下，一定数量的个体层面的创新会给组织带来质的变化，使得组织焕发新生。近年来如何激发员工创新越来越成为学术界尤其是组织心理学领域重点关注的问题。

职业适应力是个体在职业环境发生改变时进行自我调整，以适应职业环境转变的社会心理资源(Savickas，1997)。一方面，高职业适应力的员工可以更积极主动地适应职业环境，努力克服在既定工作实践中普遍存在的变化阻力，另一方面，他们往往具有强烈的探索与开拓意识，能够为解决困难迅速决策提供灵感，从而产生具有竞争力的创新成果。由此得出，职业适应力作为一种社会心理资源，是驱动员工提升创新绩效的重要影响因素。

同时为深入揭示职业适应力对创新绩效的作用机制，引入员工创造力作为联系两者的桥梁。张雪莉(2019)研究指出，具备创造力的员工往往希望达成更高的成就，他们更善于发现外部机会，且具有超前的学习意识可以完善自己的知识体系，会用更多的知识储备来辅助相关创新活动。加之，员工驱动的创新受制于特定文化情境。若忽视影响员工职业适应力与创新绩效的情境因素，可能会导致无法准确地识别多种因素的互动机制及边界条件。因此本节同时选取了反映员工个体产生新颖观点能力的变量——员工创造力和组织层面影响个体行为的情景变量——创新氛围，综合讨论职业适应能力对技能人才创新绩效的影响机制，构建出更加完善的“职业适应能力—员工创造力—创新绩效”这一完整的职业适应能力作用模型。本节的研究结论一方面有助于提高企业对技能人才职业适应能力的重视与培养，促进企业创新能力的提升，另一方面有利于技能人才充分了解提高创新绩效的影响因素，从而明确个人在职场中的发展方向，自主提高个人创新绩效。

一、文献综述与假设提出

(一)职业适应能力与创新绩效的关系

Savicka(1997)和 Porfeli(2012)将职业适应力定义为“个体应对工作任务及

职业环境改变时进行自我调整的社会心理资源”。近年来,人们面对的职场环境越来越复杂,企业员工需要以更加积极的态度构建自我职业生涯,并不断积累适应新环境的应对资源。

职业适应能力与绩效的关系十分密切。Urbanaviciute 等(2014)研究表明,职业适应力强的个体会更积极地进行生涯规划、职业探索。国内学者刘镜(2020)研究表明员工职业生涯规划正向促进其创新行为。随着组织与创新行为研究的不断深化,学者们发现组织职业生涯管理影响军工研发人员的创新行为(张健卫等,2018)。闫文昊等(2018)认为员工的职业适应力水平越高,其在职场中的工作表现也会更好。Guan 等(2014)表示,职业适应力能够帮助个体克服工作中的困难与挑战,从而展现出更好的工作结果。Ohme 和 Zacher(2015)的研究也表示员工适应力水平越高,工作绩效越高。根据 Savickas 和 Porfeli(2012)的观点,职业适应力可以帮助个体应付职业生涯中出现的复杂的不确定性问题,这些问题通常是因任务加重、职位转换、工作挫折、环境变化造成的。员工拥有较高的职业适应力意味着其会更加积极地应对这些变化,在这种情形下,他们往往能够感知到更多的组织信任和支持,会更倾向采取保持良好的工作关系,坦然面对逆境,同时,他们敢于尝试和突破,会投入大量的时间和精力去寻找解决问题的新方法,并采取行动促进创新想法转化为创新成果以获得更高的创新绩效水平。反之较低的职业适应力会因无力适应而无法表现出更多的创新行为。综上,提出假设 1。

H1:职业适应能力对技能人才创新绩效存在显著的正向影响。

(二)员工创造力与创新绩效的关系

员工创新绩效是个体产生并实现的能够有益于组织绩效的新颖的想法的成果。创新行为的发生是依靠员工创造力水平的提升促成的。创造力使得个体创新的需求高,工作的胜任感强,更喜欢挑战有难度的目标(Augsdorfer,2008)。学者 Yang 等(2008)表明害羞程度和中庸程度在创造力和创新行为之间关系的调节作用增强了两者之间的正向关系。王国猛等(2016)基于情绪社会建构理论,表明情绪创造力与员工创新行为之间是一种正向关系。

此外,根据 Guildford(1950)对个体创造力的解释,具备创造力的个体往往具有较强的自我效能感和成就动机,他们能对新的问题产生兴趣并全力投入其中,并且善于识别机会、主动获取知识、自发改善环境,并能及时采取行动促进创新想法转化为创新成果,进而获得更高的创新绩效水平。根据以上分析,对员工创造力和创新绩效的关系提出假设：

H2：员工创造力对创新绩效存在显著的正向影响。

（三）员工创造力的中介效应

之前的论述中已提出较高的职业适应能力水平会有效促进技能人才创新绩效的提升，而二者之间除了直接的相互作用外是否还会有其他变量在其中起到中介效应进行影响，值得进一步的讨论和研究。

Anderson 等（2014）基于创造力的过程和结果视角，认为创造力是员工在工作中提出新颖想法的处理方式的过程，并产生相应有用的成果。员工良好的职业适应能力是高创造力水平的必要条件。职业适应能力作为一种个人资源，情绪复原能力、心理适应能力、认知能力、价值取向以及专业能力水平高的技能人才，能够有效调整并适应工作带来的倦怠感，能快速从挫折中恢复并产生更多的积极情绪，这种积极的情绪使得技能人才更容易在工作中产生突破性的想法，进而对员工创造力的产出提供支持。具备创造力的个体所表现出的高自我效能感和成就动机往往使个体更加积极、更具自信，会促使个体以目标为导向争取更多创新资源的支持来达成更高水平的创新绩效。

综合以上分析，将职业适应能力划分为情绪复原能力、心理适应能力、认知能力、价值取向和专业能力 5 个维度，并且推断这 5 个维度也会分别在职业适应能力与技能人才创新绩效之间起中介作用。因此本文提出如下假设：

H3：员工创造力在职业适应能力影响技能人才创新绩效的过程中起中介作用；

H3a：员工创造力在认知能力与技能人才创新绩效的关系中起中介作用；

H3b：员工创造力在价值取向与技能人才创新绩效的关系中起中介作用；

H3c：员工创造力在情绪复原能力与技能人才创新绩效的关系中起中介作用；

H3d：员工创造力在心理适应能力与技能人才创新绩效的关系中起中介作用；

H3e：员工创造力在专业能力与技能人才创新绩效的关系中起中介作用。

（四）创新氛围的调节效应

创新氛围是组织成员对组织政策、实际运作手段、流程和制度等是否具有创新性的主观感觉，它会对组织成员的创新动机、价值观、态度和行为产生影响。关于创新氛围的调节作用，舒心（2018）研究表明创新氛围作为一种组织环境变量，对于不同的特质个体影响具有差异。情境力量理论（Situational Strength Theory）认为个体所在组织的情境力量（如创新氛围）对个体特定的行为/行为绩效/行为意图的适宜性提供了重要的外部提醒，他们营造的强情景/弱环境将对个体的特质、兴趣、价值观、认知和情感等心理因素向特定的行为、行为绩效、行为意图的转化过程产生显著的阻碍/促进作用。

在高水平的创新氛围下，当员工感知到企业、领导及同事等对创新的支持，他们会更积极地对自身的创新想法进行实践，而越多的尝试越有助于促进创新想法的完善进而产生更多的创新。同时，也有研究者认为由于低创新氛围为员工所提供的资源支持较少，员工采取创新行为会付出更高的成本，向他人寻求资源支持以实现自己的创新构想。因此当员工处于较低水平的创新氛围中时，职业适应能力对员工创新行为的促进会发挥更大的作用。

基于上述分析，认为职业适应能力可能是员工创造力的内在动力，具备创造力的员工在工作中会产生一些创新行为，而创新氛围作为一种环境因素可能会影响技能人才职业适应力效应的发挥。因此提出假设：

H4：创新氛围在职业适应能力影响创新绩效的过程中起调节作用。

综上所述，假设职业适应能力会通过影响员工创造力对技能人才创新绩效产生间接影响，创新氛围对职业适应能力与创新绩效的关系起调节作用，模型如图 6-4 所示。

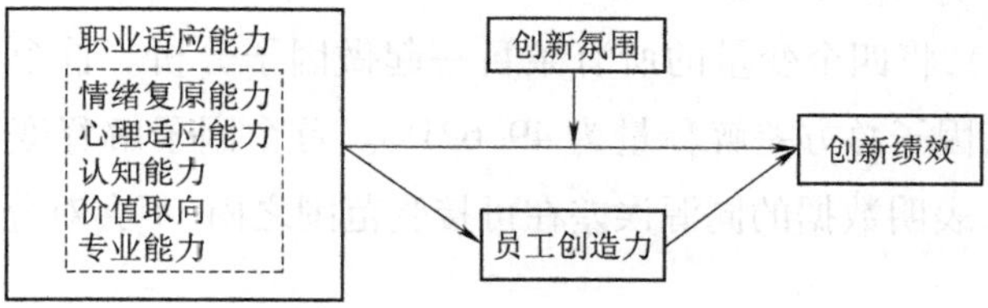

图 6-4 研究模型

二、研究设计

（一）研究对象

主要采用问卷调查的形式，问卷发放对象主要为一线工作的技能人才。共收集有效问卷 300 份。为保证被调查的技能人才填写资料的准确性，在正式的问卷发放之前，研究人员向技能人才说明此次调查的目的，并告知其填写的问卷将全部保密，以保证技能人才会根据自身的真实情况填写问卷。问卷中除了员工基本信息以外，均使用 Likert 五点计分法对其他变量进行测度（1 = 极不同意；2 = 不太同意；3 = 不好确定；4 = 比较同意；5 = 非常同意）。

（二）测量工具

职业适应能力：采用第四章所编制的职业适应能力量表，包括 24 个题项。

创新绩效：韩翼（2007）在参考了 Janssen 的员工创新绩效量表之后进一步修正的量表。该量表是在中国情境下编制出来的，且被证明能很好地反映出员工的创新绩效。

员工创造力：目前学术界认为较权威的员工创造力量表是 Tierney & Farmer（1999）依据创造力的各项特点所开发的，我国学者王紫薇（2008）基于此测量量表，并结合中国现实情况对量表题项进行微调，使其更适合在中国情境下测量。该量表共 7 个题项。

创新氛围：采用国内学者刘云，石金涛（2010）在 KEYS 量表基础上开发的量表，对创新氛围进行测量，共计 19 个题项。

控制变量：年龄、性别和工作年限作为控制变量。

三、数据分析与假设检验

（一）共同方法偏差与信度检验

为了检验同源误差问题，采用 Harman 单因子分析方法（Mackenzie，Lee，& Podsakoff，2003），将四个变量的所有条目一起做因子分析。首个因子解释变异量为 20.211%，因子总方差解释量为 49.621%。首个因子解释变异量未占到总变异量的一半，表明数据的同源误差在可接受范围之内，不会对分析结果产生较大影响。

本节使用统计软件对问卷的信度和效度进行了检验，以核查所得数据的可靠性。通过 SPSS22.0 计算了各个变量的 α 系数，结果见表 6-11。分析结果，可以发现，各变量的 α 值均大于 0.6，说明问卷的信度较好，符合统计学的相关标准。

表 6-11　变量信度分析

变量	α 系数	变量	α 系数
认知能力	0.683	专业能力	0.626
价值取向	0.767	创新氛围	0.904
情绪复原能力	0.665	员工创造力	0.862
心理适应能力	0.700	创新绩效	0.794

（二）描述性统计及相关性分析

采用 SPSS22.0 对数据进行描述性统计分析以及相关分析，分析结果见表 6-12。职业适应能力及其 5 个子维度与创新绩效均显著正相关（$p < 0.01$），员工创造力和创新绩效显著正相关（$r = 0.801, p < 0.01$），假设 H1、H2 得到验证和支持。

表 6-12　各变量的描述性统计结果

拟合指标	M	SD	1	2	3	4	5	6	7
认知能力	4.318 1	0.133	1						
价值取向	4.506 1	0.171	.630**	1					
情绪复原能力	4.065 8	0.339	.578**	.538**	1				
心理适应能力	4.094 2	0.239	.720**	.533**	.595**	1			
专业能力	4.440 0	0.246	.615**	.602**	.425**	.498**	1		
创新氛围	4.146 1	0.208	.653**	.552**	.532**	.721**	.450**	1	
员工创造力	4.074 3	0.334	.524**	.384**	.439**	.663**	.308**	.766**	1
创新绩效	4.232 1	0.176	.672**	.578**	.538**	.698**	.514**	.845**	.801**

注：*** 表示 $p < 0.001$；** 表示 $p < 0.01$；* 表示 $p < 0.05$。

（三）假设检验

1. 员工创造力的中介作用检验

采用 SPSS22.0 对数据进行分析以验证假设模型中员工创造力的中介效应，将所有变量标准化后逐步引入模型。主要进行以下三步操作：第一步，对认知能力、价值取向、情绪复原能力、心理适应能力和专业能力与员工创造力之间的关系进行回归分析；第二步，对自变量与员工创造力之间的关系进行回归分析；如果前两步的回归系数均达到显著水平，则进行第三步，将员工创造力放入，对自变量、中介变量和因变量同时进行回归分析。具体分析结果见表 6-13，结果表明：模型 2 显示认知能力（$\beta = 0.198, p < 0.01$）、价值取向（$\beta = 0.157, p < 0.01$）和心理适应能力（$\beta = 0.391, p < 0.001$）对创新绩效有显著影响；员工创造力的回归作用显著（$\beta = 0.577, p < 0.001$），H3 得到支持；加入中介变量后，认知能力、价值取向和心理适应能力的显著性和 β 均有所下降，但三者和员工创造力对创新绩效的影响仍然显著。因此可以得出员工创造力在上述三个变量对创新绩效的影响中起中介作用。假设 H3a、H3b、H3d 成立，而 H3c、H3e 不成立，H3 得到部分验证。

表 6-13 中介效应统计分析

变量		创新绩效		
		模型 1	模型 2	模型 3
控制变量	年龄	.025	−.056	−.027
	性别	−.105	−.055	−.032
	工作年限	−.025	−.049	−.038
自变量	认知能力		.198**	.138**
	价值取向		.157**	.141**
	情绪复原能力		.087	.053
	心理适应能力		.391***	.053
	专业能力		.077	.125**
中介变量	员工创造力			0.577***
F 值		1.120***	51.847***	107.049***
R^2		.011	.588	.769
调整 R^2		.001	.576	.761
$\triangle R^2$		.011	.576	.181

注：***表示 $p<0.001$；**表示 $p<0.051$；*表示 $p<0.05$。

2. 创新氛围的调节作用检验

运用层级回归模型来验证创新氛围的调节效应，将所有变量标准化后逐步代入模型。首先将三个控制变量纳入回归模型 M1；其次将职业适应能力纳入回归模型 M2；接着将调节变量创新氛围纳入回归模型 M3；最后将职业适应能力和创新氛围的交互项纳入回归模型 M4。分析结果见表 6-14，由表可知，模型 4 中职业适应能力与创新氛围交互项系数为 −0.078，显著性小于 0.05，调整后的 R^2 值由 0.746 上升为 0.751，说明创新氛围在职业适应能力与创新绩效之间起到了调节作用，即不同强度的创新氛围，会导致职业适应能力对创新绩效的影响强弱，假设 H4 成立。

表 6-14 调节效应统计分析

变量		创新绩效			
		模型 1	模型 2	模型 3	模型 4
控制变量	年龄	.025	−.016	−.024	−.022
	性别	−.105	−.082*	−.024	−.023
	工作年限	−.025	−.080	−.018	−.017

续上表

变量		创新绩效			
		模型 1	模型 2	模型 3	模型 4
自变量	职业适应能力		.743***	.275***	.252***
调节变量	创新氛围			.646***	.632***
交互项	职业适应能力×创新氛围				−0.078*
F 值		1.120	91.981***	177.080***	151.012***
R^2		.011	.555	.751	.756
调整 R^2		.001	.549	.746	.751
$\triangle R^2$		.011	.544	.196	.005

注：***表示 $p<0.001$；**表示 $p<0.01$；*表示 $p<0.05$。

绘制了调节效应图如图 6-5 所示，在不同创新氛围水平下，职业适应能力和创新绩效都保持正向影响，在低水平创新氛围下，技能人才职业适应能力越强，对创新绩效的正向影响越大。高创新氛围水平的职业适应能力与创新绩效的回归斜率更小，说明职业适应能力对创新绩效的影响会显著降低。

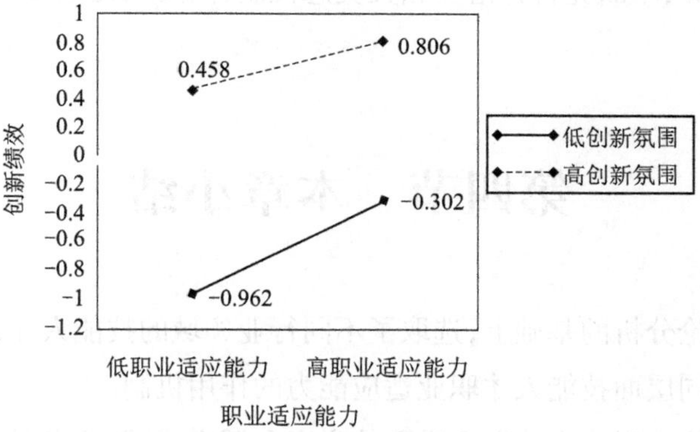

图 6-5　创新氛围对职业适应能力与创新绩效之间关系的调节作用

四、结论

(1)职业适应能力五个维度对创新绩效均有显著的正向影响，即技能人才的情绪复原能力、心理适应能力、认知能力、价值取向和专业能力正向影响其创新绩效。当技能人才有着较高职业适应力水平时，会激发技能人才的内在动力，他们往往喜欢挑战有难度的目标，更容易适应工作环境中的变化，在工作中较容易产生新颖的想法。因此管理者在相关人才任用选拔过程中应重视以上五种能力的考察和测评，采取有效的方式选出与岗位匹配的人才。在培训等环节更应具有针对性，注重技能人才职业适应能力的培养和锻炼。如通过组织职业生涯管理来帮助培养员工的职业适应能力。

(2)检验了员工创造力的中介效应。研究结果表明，员工创造力在认知能力、价值取向和心理适应能力对创新绩效的影响中起中介作用。这意味组织应高度重视员工创造力的培养与提升。组织应重点帮助员工积极应对不断变化的组织环境，鼓励员工不断学习新的知识和能力，从而刺激员工新观点和想法的产生，进而提升员工创造力。

(3)验证了创新氛围的调节作用。研究结果表明，创新氛围水平在职业适应能力和员工创造力对技能人才创新绩效的影响中起负向的调节作用。当创新氛围水平低时，职业适应能力和员工创造力对创新绩效的促进作用显著，创新氛围水平高时两者对创新绩效的正向作用受到抑制。其理论贡献在于探索了职业适应能力与员工创造力对技能人才创新绩效影响的边界条件。实际工作中，企业管理者可以考虑在企业内部建立有效的沟通渠道，及时倾听员工心声并给予员工清晰的指导；不断完善并落实相关奖惩机制；向员工提供必要的设备与信息资源。

第四节　本章小结

本章在理论分析的基础上，选取了不同行业领域的技能人才，用实证研究的方法探讨了不同层面技能人才职业适应能力的作用机制。

职业适应能力影响个体职业生涯的广度和深度，从职业发展方面看，职业适应能力能够影响员工的离职倾向；心理状态方面，提高员工个人职业适应能力能够带给他们更多的工作幸福感和积极的工作体验；在组织行为方面，拥有较强的职业适应能力的员工往往会以积极的态度面对工作中的困难，他们敢于尝试和突破，容易在工作中产生新想法和新思路，并且他们会产生更多的主动创新行为。因此重视员工职业适应能力的培养，对于提升员工和组织的契合度，实现二者的双赢具有重要的驱动作用。

第七章

新时代技能人才职业适应能力多层次影响因素研究

在新时代背景下，随着信息技术的不断发展，技能人才的工作内容、工作知识以及工作环境等方面都发生了巨大改变，企业对技能人才的综合素质提出了更高的要求，除了需要具备行业所需要的专业技术和能力，还需具备较好的情绪复原能力、心理适应能力、认知能力、正确的价值取向等职业适应能力。新时代技能人才职业适应能力作为基本的职业素质，对企业整体绩效的提高，以及技能人才“工匠精神”的传承与发展起到关键作用。同时，技能人才的职业适应能力受到组织层面、团队层面和个体层面等多方面因素的影响，是个体在工作情境中所展现出能力的综合体现。因此，本章将对影响技能人才职业适应能力的因素进行探索分析，构建出有关技能人才职业适应能力的影响路径模型，为提出有关技能人才职业适应能力提升方面的建议打下坚实的基础。

第一节　多层次影响因素模型构建

为了更全面地研究新时代技能人才职业适应能力，本章从组织、领导、个体三层次来构建新时代技能人才职业适应能力影响因素模型。组织层次上，高绩效工作系统是一种人力资源“束”，是战略人力资源管理领域的重要概念，也是一种能够体现“以人为本”的用人理念、符合新时代用人观的人力资源管理实践，它重视采用整合的视角来考虑选拔、培训、绩效考核、授权与动机的激发，有助于提升技能人才的专业技能与认知能力，能进一步促进职业适应能力的提高；领导层次上，领导是团队的“代表”，同时领导也是与技能人才发生直接接触联系的关键角色，其领导风格将对技能人才的工作行为与工作态度产生显著的影响，不同的领导风格会对团队氛围、对技能人才的心理发展以及职业发展产生不同的影响；个体层次上，技能人才价值观是指导其自身进行判断与决策的思维取向，对其行为及心理也产生着持续、稳定的影响，价值观一致性则是反映个体价值观与领导价值观之间契合程度的变量，其一致性程度将直接影响个体的价值取向,对工作态度、工作表现以及整体绩效产生影响,进而影响技能人才的职业适应能力。根据社会认同理论,人们从社会团体的隶属关系中获得了一部分自我概念。简言之,社会认同理论认为个人将自己的生活分类为不同的社会群体,然后选择自己合适的群体。社会认同是个人自我概念的一部分,来源于个体对社会群体(或群体)成员身份的了解,以及与该成员身份相关的价值和情感意义。因为相似度滋生吸引力,社会认同会产生喜爱、信任和其他积极的归因。社会认同有助于群体创造共性的认同,从而形成"群体内"和"群体外"。人们努力对自己的社会群体给予良好的尊重,从而影响他们的自我概念。社会认同理论将动机和认知活动合并到一个理论框架中,该框架允许检验个体过程中的群体间行为。因此,本章在组织层面选取高绩效工作系统,在领导层次选取以服务型领导为代表的积极领导和以辱虐型领导为代表的消极领导这两种有显著差异的领导风格,在个体层面选取价值观一致性作为技能人才的职业适应能力影响因素进行研究。

社会认同理论认为,当群体能满足个体的积极自尊、控制、归属及生活需求时,个体将对群体产生强烈的认同感。认同是个体根据与他人的关系或者根据某个群体来定义自己的程度,在对个体的行为与态度的解释分析中具有重要的价值。高认同感对个体的动机与认知产生积极作用,帮助个体形成与所在群体一致的目标,进而产生积极的工作态度、提升整体工作表现。基于组织、领导与个体的三层次分类,认同可分为组织认同、领导认同与角色认同三种,因此本章选取组织认同、领导认同、角色认同为中介变量,基于社会认同理论对其在相应关系中发挥的作用进行研究。另外,人格特质作为个体所独有的、稳定的心理特质,在不同的情境下对个体的行为所产生的影响也不容忽视。开放性人格是人格理论中的一个典型代表,具有开阔思维、强好奇心与良好的感知能力等特征,对于技能人才职业适应能力的提升将产生影响,因此本章选取人格特质中的开放性人格这一变量进行研究。

综上所述,本章将基于社会认同理论,从组织层次、领导层次、个体层次三方面来分别探讨高绩效工作系统、领导风格与价值观一致性对职业适应能力的影响,并在其影响关系中进一步分析组织认同、领导认同以及角色认同所起的中介作用,以及个人人格特质在过程中发挥的调节作用,所构建的模型图如图 7-1 所示。

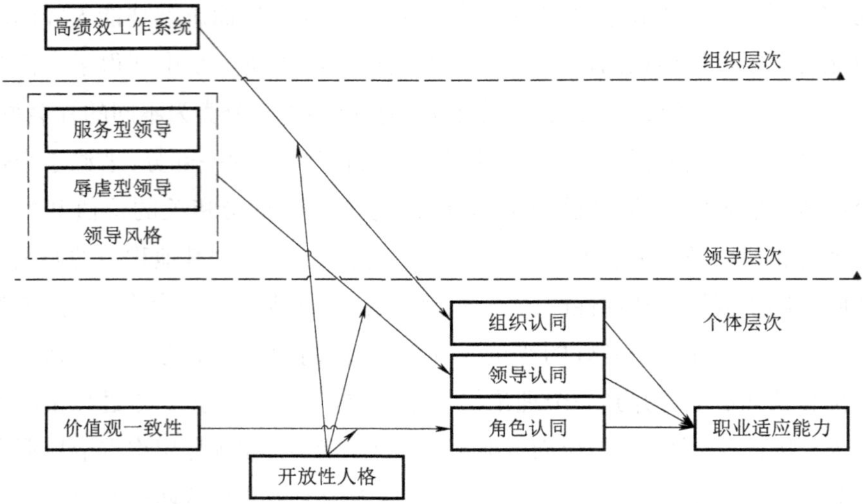

图 7-1　技能人才职业适应能力多层次影响因素模型

第二节　研究假设提出

一、高绩效工作系统与技能人才职业适应能力的关系研究

（一）高绩效工作系统与技能人才职业适应能力

高绩效工作系统（High Performance Work System，HPWS），也称为高承诺工作系统、高参与工作系统、最佳人力资源管理实践，是一种强调与组织战略相契合，对组织绩效有提升的内部协调一致的人力资源实践系统，它包括促进技能实践、促进动机实践和促进授权实践三个维度。它的出现可追溯到1954年德鲁克第一次提出的人力资源管理理论，组织通过建立规范的人力资源管理实践活动来适应不断变化的环境，这标志着组织人员的管理从传统的劳动人事管理转变为人力资源管理。随着全球化的深入与愈发激烈竞争的出现，组织人员的管理再次寻求转型。1982年，戴瓦纳提出了战略性人力资源管理的概念，这也标志着组织人员的管理由人力资源管理转变为战略性人力资源管理。为了进一步解释人力资源管理实践中各要素相互影响的关系以及对组织绩效、目标的作用，20世纪90年代，戴兰尼和胡斯里德以组织最佳人力资源实践为基础构建了企业的最佳人力资源管理实践，并通过实证分析证实了战略人力资源的最佳实践可以

明显提升企业绩效。学者们认为竞争者只能模仿简单的、机械性重复的人力资源管理实践活动,而不能复制那些经过实践与调整之后形成的与组织内部环境高度契合、互补的实践活动。也正是在这种背景下,高绩效工作系统正式成为战略性人力资源管理领域中的重要概念。阿佩尔鲍姆等(2000)提出了AMO模型,包括员工能力提升模型(Ability)、员工动机提升模型(Motivation)与员工参与机会模型(Opportunity),将高绩效工作系统内容划分为了促进技能的实践、促进动机的实践与促进授权的实践三方面。他们认为在高绩效工作系统与组织之间存在某种作用机制,能帮助组织内部员工的组织承诺、工作满意度等的提升,进而达到组织绩效的最大化,这一观点也得到了大量实证的支持。

本章中的职业适应能力是指技能人才必须达到所从事岗位最基本的个体特征要求,这种心理、生理的特征是在先天条件的基础上加上后天学习发展起来的,也是个体应对职业变化和职业发展过程中的一种重要资源。换句话说,职业适应能力就是个体与所从事的工作之间的协调程度,其水平高低将直接影响技能人才的工作表现与工作绩效。高职业适应能力的个体能够随着工作和环境的变化主动进行调节适应,他们能够更加快速地融入组织与工作、更好地克服职业发展或参与工作决策过程中所遇到的问题,拥有更加出色的表现;同时高职业适应能力的技能人才能更快速地与组织契合,实现更佳的人岗匹配,组织支持感增强;个体获得的支持感、胜任感增强也将进一步提升技能人才的工作动机,使其在工作中投入更多的努力。最终表现出更高水平的任务绩效、关系绩效、个体幸福感。

高绩效工作系统本质上是一个强调内部协调契合来促进绩效提升的人力资源管理系统,对技能人才进行基于绩效或专业技能提升的培训,能够满足技能人才对自身职业发展的心理需要,也为技能人才提高自身职业适应能力水平提供了机会。高绩效工作系统中基本的参与、授权、信息分享等人力资源实践活动能够帮助技能人才更深入地参与组织决策过程,同时更准确全面地了解组织内外不断变化的发展环境,使其能更快地融入团队与组织,心理适应能力增强。同时,高绩效工作系统提供给技能人才更全面、系统、专业的训练与培训计划,使技能人才的认知能力与专业技能水平进一步加强,从而使个体的职业适应能力水平提高。相比于其他的组织人员管理系统,高绩效工作系统更加强调组织内部的统一,注重绩效的提高,通过直接影响技能人才的技能与工作设计来提高工作积极性、主动性与生产力,这也将积极影响技能人才自身的职业适应能力水平。

因此,提出如下假设:

假设1:高绩效工作系统对技能人才的职业适应能力有显著正向影响。

(二)组织认同的中介作用

20世纪50年代,基于社会认同理论,学者提出了组织认同的概念。组织认同是指个体依据特定组织的成员身份进行自我的定义并对组织产生归属和共命运的感知过程,其中身份(Identity)和认同(Identification)是组织认同的核心概念,身份是个体产生认同的基础,个体对身份的认可便是认同的来源。早期研究认为组织认同是个体根据组织中的身份而形成的自我概念,这种身份的认同会促使技能人才形成与组织一致的价值观,产生情感归属。随着研究的深入,组织认同是一个感知/认知的构念,反映了组织融入到自我概念的程度。作为连接个体与组织关系的重要纽带之一,组织认同的形成受到个体与组织层面的影响,已有大量学者对其前因与结果变量进行探索。综合前人研究发现,此处将组织认同的前因变量概括为个体、组织与环境三个层面。其中个体层面包括工作年限与工作满意度、技能人才培训与激励性薪酬等因素;组织层面包括同事关系与组织支持感、技能人才的工作自主性与职业认同等;而环境层面则包括组织差异性与组织间的竞争。对于组织认同的结果变量的研究也表明组织认同与工作动机、组织忠诚、工作满意度、协作行为显著相关,组织认同将通过影响个体的认知和情感来进一步影响行为,从而改善组织绩效。

以往关于高绩效工作系统与技能人才工作行为及工作绩效的研究大都基于社会交换理论进行解释,本书则从社会认同角度分析,发现高绩效工作系统通过为技能人才提供更加专业系统的技能来提升其实践能力,提供更多的参与机会能够提升技能人才的工作满意度、工作自主性与组织支持感,这些变量也将影响技能人才的社会分类、社会比较与积极区分的心理过程。同时,技能人才对组织的制度与管理实践活动的感知会影响组织认同,其所感知到的高自尊感、胜任感与自主感将对组织认同产生积极影响。组织认同的提高又将进一步引起技能人才心理与行为上的显著变化,通过影响组织内的积极和消极因素来改善组织绩效。高组织认同的技能人才能将自我概念提升至群体水平,拥有更高的合作意图,表现出更好的团队凝聚力;良好的团队与工作气氛有利于技能人才的情绪复原,使其更积极地参与组织活动。同时,组织认同负向影响技能人才的离职意图,技能人才拥有更强的工作动机与工作满意度,能够在工作中进行更好的学习,自身专业能力的提高也将进一步提升职业适应能力。因此,综合高绩效工作系统、组织认同与技能人才职业适应能力三者之间的相互关系，提出如下假设：

假设2：组织认同在高绩效工作系统与技能人才职业适应能力关系中起中介作用。

（三）开放性人格的调节作用

人格特质是个体所独有的稳定的心理特质，近年来，研究者们对人格描述上形成了较为一致的认识，提出了人格结构五因素模型，也就是"大五人格"。"大五人格"将人格特质分为神经质（Neuroticism）、外倾性（Extroversion）、开放性（Openness To Experience）、宜人性（Agreeableness）及尽责性（Conscientiousness）。神经质特质通常表现为心理承受能力差，情绪起伏较大，容易产生负面情绪；外倾性特质通常表现为有较强的社交能力与主观能动性，渴望成为领导者或者支配者；开放性特质通常表现为对新鲜事物有强烈的好奇心，具备良好的创新力、观察力与感知能力；宜人性特质则是指平易近人、大方、信赖、顺从等特征；尽责性特质表现为富有责任感，追求上进、果断有条理等，主要与懒散的特质形成对比。大量研究已经证实，人格特质能够对工作绩效、工作满意度、幸福感以及工作行为进行有效的预测，通过对人格的研究可以更全面地理解个体行为之间的差异，对人们的行为做出更准确的预测。

针对技能人才职业适应能力这一变量，此处选取了人格特质中的开放性进行研究。开放性是唯一一个与心智能力相关的人格特质，这与此处所定义的技能人才职业适应能力是相关的，同时开放性特质高的个体具有宽宏大量、热爱创新、不保守的特质，他们拥有丰富的想象力，热爱追求新奇与多样性的事物，能体验到更深的情绪状态，并能对不同的情绪状态进行区分，同时思维开阔，愿意思考新的、非常规的观点，而与之相反的低开放性个体则表现出更多的封闭、保守与传统，追求遵循权威和常规所带来的稳定与安全感，不愿挑战已有秩序或权威，对周围环境不敏感。研究表明与开放性有关的人格特征都与创造力绩效呈正相关关系。高开放性的个体具备很强的抽象思维与探索性思考能力，对于专业性水平要求高的技能人才而言，开放性特质能够使他们在工作中以更开放的心态去利用外部知识信息，在实际解决问题中更快速地做出反应甚至提出更多解决方案，从而促进绩效水平的不断提高，而低开放性的个体则会表现得更为传统与保守。基于社会认同理论，个体对组织的认同源自于分类、比较与积极区分，高开放性的个体对外界事物的接收能力更强，更加敏感，他们能够更快地适应组织环境中的变化，对群体的区分程度更高，从而更清晰地进行比较，组织认同程度可能更高;而低开放性的个体更加保守,容易受到偏见的干扰从而导致对群体的认识产生偏差,降低组织认同程度。基于此,提出假设:

假设 3:开放性人格正向调节高绩效工作系统与组织认同之间的关系,即高绩效工作系统对技能人才组织认同的影响在开放性高的个体中相对较强,在开放性低个体中相对较弱。

进一步分析发现,开放性特质高的技能人才能够在高绩效工作系统中,通过更高的组织认同对自身的职业适应能力产生积极作用。一方面,高开放性的技能人才对高绩效工作系统提供的实践接受程度更高,更加愿意积极参与技能培训与组织决策,产生更高组织认同;另一方面,高开放性技能人才拥有的创造力与好奇心也将帮助其在工作中提出更多的想法,更好地观察到事物的发展变化,从而进一步提高职业适应能力。而低开放性的技能人才具有相对保守、不愿做出改变等特点将,更难在高绩效工作系统中提升组织认同,对技能人才职业适应能力的提升可能有消极影响。因此,提出假设:

假设 4:开放性人格正向调节了组织认同在高绩效工作系统与技能人才职业适应能力之间的中介作用。

二、 领导风格与技能人才职业适应能力的关系研究

(一)领导风格与技能人才职业适应能力

领导风格指的是领导者的行为模式,不同的领导风格对下属工作行为的影响一直都是组织行为学和管理心理学研究领域的热门话题。组织行为学者对领导理论的研究可分为积极型领导理论和消极型领导理论,而这两类中最典型的代表分别是服务型领导与辱虐型领导。

服务型领导的概念最早是由格林里夫在 1977 年提出的,他认为一个好的领导者应将服务他人、服务组织以及服务社会的信念置于个人利益之上,而检验服务型领导的方法就是评价得到他服务的人是否获得进步,是否更加自由民主。而在中国,这一概念早在 2000 多年前孟子所倡导的“民贵君轻”中就有所体现。服务型领导强调把“服务”放在第一位,强调以人为本。国内外研究者对其特征进行研究总结发现,服务型领导主要表现出为他人服务、信任、适当授权、尊重关心员工,对员工进行指导、甘于奉献、平易近人、承担社会责任等特征。同时大量研究也表明,服务型领导对员工的组织公民行为、工作满意度、工作绩效有正向影响,领导者通过把员工放在首位,帮助其更好地发展等利他特征行为增强员工

的组织归属感，领导与员工之间的相互信任，领导对员工的尊重将使员工获得更好的情感与价值体验，提高员工的认同感。在服务型领导模式下，技能人才将获得更大的自主权，自身职业发展的心理需要得到满足的同时也将拥有更好的培训发展机会；服务型领导具有平易近人、愿意对技能人才进行指导的特点，这使技能人才更加容易获得关于职业发展与职业适应能力提升的建议，使自身的认知能力与专业技能水平进一步提高。

辱虐型领导与服务型领导相反，在这种领导风格下，员工会感知到来自领导者持续性的语言和非语言上的、但不包括肢体接触的敌意行为，辱虐型领导的表现通常是对员工进行嘲讽、公开批评、发脾气、冷漠等敌对行为，被认为是一种典型的不公平人际对待。研究表明，辱虐型管理对员工的消极影响包括增加员工的沉默、离职意愿，降低其工作绩效。辱虐管理会给员工带来更大的心理压力，产生心理不安全感与情绪耗竭，对情绪复原能力与心理适应能力起消极作用；员工维持自尊的需求得不到满足，对组织的认同水平下降，将不利于积极产出，进而使员工的工作满意度与幸福感降低，产生更强烈的离职意愿。参与组织决策与时间活动的积极性降低，本身对技能人才自身技能水平的发展是一种限制，同时辱虐型领导所带来的压抑的工作氛围，对技能人才发展的关注度缺乏将更加不利于个体通过学习或训练来提升专业技能，不利于职业适应能力的提升。由此，提出假设：

假设 5a：服务型领导对技能人才职业适应能力具有正向影响。

假设 5b：辱虐型领导对技能人才职业适应能力具有负面影响。

（二）领导认同的中介作用

领导认同是社会认同具体在组织内部的领导与下属关系间的一种表现形式，指的是下属对领导的个性特征或角色行为所产生的认同。领导认同的实现过程与组织认同类似，都是个体通过与目标认知产生的心理联系来获得目标感与归属感，进而完成对自我概念的定义。领导认同的对象即为领导本人，因此下属对领导的认同将很大程度上受到领导者的特质、个性等影响，同时也将受到领导风格与行为的影响，领导认同连接起了下属个体与领导层次之间的关系。已有研究证实，领导认同对员工的创新行为、离职意向、工作满意度与绩效有显著影响，当员工领导认同感高时，会将领导所规定的标准与目标当作自身评价与目标的一部分，员工能更好地发挥主观能动性，产生更强的工作动机；而当员工对领导的认同感降低时，对组织的归属感也会降低，缺乏情感依附与动机来完成工作任务。

由此可见，领导认同是连接领导风格与下属行为的中间桥梁，具体来说，服务型领导将“服务”放在首位，自身的服务行为以及尊重下属，平易近人等领导特征更容易激发技能人才对领导的认可，技能人才的自尊感提升，对组织的归属感提升将带来更高的领导认可。同时高领导认同也将促使技能人才与领导、与组织产生更紧密的情感依附，促使技能人才将个人目标与团队目标相结合，进一步发挥其主观能动性，对其情绪复原能力与心理适应能力水平的提高有帮助；领导支持并鼓励技能人才在工作中积极参与各种活动，对团队或个人面临的问题主动寻求解决办法，也为其提供了更多的学习机会，专业技能水平提升，进一步使得技能人才的职业适应能力得到提高；相反，辱虐型领导会降低技能人才的自尊，造成个体心理安全感的缺失，导致对领导失去信任，对领导在行为与价值上的认同感下降，组织归属感降低，技能人才长期得不到正面的激励，个人的工作动机也将受到负面影响。同时，低领导认同与低程度心理需求的满足又会进一步导致技能人才离职意愿的增加，不利于对职业适应能力的培养与发展。由此，提出如下假设：

假设 6a：领导认同在服务型领导与技能人才职业适应能力关系中起中介作用。

假设 6b：领导认同在辱虐型领导与技能人才职业适应能力关系中起中介作用。

（三）开放性人格的调节作用

组织中不同的领导风格会产生不同的组织氛围，进而影响组织中领导与下属之间、组织成员之间的人际关系与情感联系。人格特质作为个体所独有的相对稳定的心理行为模式，是影响个体心理反应的重要变量，已有研究表明开放性人格会显著影响人际关系之间的信任倾向。本章针对不同的领导风格情境进行讨论，在服务型领导风格环境下，开放性特质强的技能人才拥有更好的观察能力与感知能力，更愿意做出改变，对领导的关心与指导接受程度更高，与领导以及团队形成更加紧密的信任关系，从而提高对领导的认同程度；而低开放性的技能人才面对领导的指导与服务可能产生相对封闭与保守的心理，更难做出改变，可能相对削弱对领导认同的促进作用。而在辱虐型领导风格环境下，相比传统保守的个体，开放性特质强的个体对领导行为的接受程度与开放程度更高，可能产生更少的消极情绪，高开放性个体相对其他个体对环境的容忍程度更高，能够以更加乐观积极的心态去应对挫折与挑战，面对不同的环境能表现出更好的适应能力，可能减轻辱虐型领导对自身领导认同的消极影响。因此，提出如下假设：

假设 7a：开放性人格在服务型领导与领导认同中起正向调节作用，即与低开放性人格相比，服务型领导对领导认同的正向影响在高开放性个体中相对较强。

假设 7b:开放性人格在辱虐型领导与领导认同中起负向调节作用,即与低开放性个体相比,辱虐型领导对领导认同的负向影响在高开放性个体中更弱。

通过进一步分析发现,在服务型领导风格下,高开放性技能人才能够更好地感知领导的服务与支持,提升成员之间、成员与领导之间的信任感,产生更高水平的领导认同;技能人才自身对新鲜事物的好奇心更加容易得到满足,有利于创新水平提高,进一步对自身的职业适应能力产生积极作用。而低开放性技能人才相对更加保守,可能更难全面得到服务型领导的指导,领导认同的提升程度相对较慢,专业能力与认知能力水平提升有限,可能负面影响自身职业适应能力水平的提升。而在辱虐型领导风格下,高开放性的技能人才相比其他人对领导者的管理风格接受程度可能更高,面对领导的辱虐管理产生的负面情绪可能更少,领导认同的下降程度相对较低,对新鲜事物保持着开放与好奇的态度也使得高开放性技能人才能相比低开放性技能人才能更加主动积极地去应对领导者的要求,一定程度上减弱辱虐管理对其职业适应能力的消极影响。因此,提出如下假设:

假设 8a:开放性人格正向调节了领导认同在服务型领导与技能人才职业适应能力之间的中介作用。

假设 8b:开放性人格负向调节了领导认同在辱虐型领导与技能人才职业适应能力之间的中介作用。

三、价值观一致性与技能人才职业适应能力的关系研究

(一)价值观一致性与技能人才职业适应能力

价值观是个体在思维感官上做出的认知、理解、判断或抉择,也就是人们认定事物、辨别是非的一种思维或取向,对个体的心理与行为有着持续性、根本性的影响。随着对组织文化研究的深入,组织价值观开始受到重视。查特曼在1989年最早提出了价值观匹配的概念,将其定义为个体价值观与组织整体以及各层级价值观的相似程度,通过确定匹配程度来进一步研究个体价值观和行为与组织价值观和规范之间相互影响的关系。目前,对价值观一致性的定义还未完全确定,从个体角度出发,有研究者将价值观一致性定义为员工个人期望的价值观与其在工作场所中感受到的价值观的匹配程度,也有研究者认为价值观一致性是指个体对领导价值观接受并且认同的程度;邵芳等(2008)认为价值观一致性是个体对领导处事方法及成功标准的认识与自身的标准相吻合的程度。总

的来看,价值观一致性是指个体价值观与领导价值观之间的契合程度。

关于价值观一致性在组织行为领域的作用已经进行了大量的研究。在工作态度层面上,价值观一致性会正向影响员工的工作满意度、组织承诺、工作幸福感,减弱离职意向;在工作行为方面,研究发现价值观一致性会通过内部人身份感知影响员工创新行为,通过组织支持感影响员工的建言行为;在工作绩效方面,研究发现价值观一致性可以较好地预测工作绩效。针对价值观一致性的积极作用,爱德华(2009)提出了一个整合了沟通、预测性、人际吸引与信任四个核心要素以及个体心理需要满足的理论模型,模型认为,价值观一致性通过促进领导与员工的有效沟通,使成员拥有相似的动机与目标,促进成员之间的相互合作与吸引以及对彼此行动的信任,从而对工作满意度与组织认同产生积极影响。

职业适应能力是工作岗位对个体的知识能力要求,包含心理适应能力、认知能力、价值取向等五个维度,技能人才与领导价值观的高度一致将促使个体对组织归属感的提高,与团队及成员的配合更加融洽,促进合作,有助于技能人才发挥自身的主观能动性,对于个体对所处环境的适应能力、协作配合能力、人际沟通能力水平的提升都有所帮助;价值观一致性也将促使个人目标与组织目标达成一致,技能人才形成与组织利益一致的价值取向,将有利于个人的职业适应能力进一步增强。同时,与组织价值观的一致将促进个体对组织认同感的增强,工作中自主感与胜任感的心理需要的满足将促使工作动机的提高,使个体能更好地把握住工作中的学习机会,提高专业技能与专业知识,进一步帮助其职业适应能力的提升与发展。因此提出如下假设:

假设 9:价值观一致性对技能人才职业适应能力有正向影响。

(二)角色认同的中介作用

角色认同理论(Role Identity)起源于认同理论,由麦考尔在 1978 年正式提出。与前文提到的组织认同理论及领导认同理论相似,角色认同理论认为,当个体在不同社会或不同层级中扮演角色时,人们通过对这些角色赋予意义与期望来进行自我概念的定义。理论认为角色认同是个体对所处社会位置的自我想象,即回答“我是谁”“我在哪”“我要怎么做”的问题过程。在组织中,角色认同能够反映出个体对组织身份及角色的感知与态度,个体将根据角色认同来进行判断与行动的决策。当个体的感知或认同与某种特殊角色相关联时,个体将根据这一角色的要求来调整行为,进一步提高角色认同。简单来说,个体的角色认同将激励个体完成角色任务,角色认同度越高,个体努力完成任务的主观意愿越强,表现的工作绩效越高。同时,环境也将发挥一定的作用,当环境对所设定的角色行为给予支持时,人们才愿意修正自身的角色认同以及行为。如果个体在角色认同中没有得到应有的承诺与保障,则会感受到威胁和行为的无意义,将可能拒绝完成相应的角色任务。以角色认同理论为基础,衍生出一系列针对特殊角色的构念,例如创造力角色认同、助人行为角色认同等。相关研究发现,创造力角色认同对员工创造力有显著影响,建言角色认同对员工的建言行为有正向影响作用。

基于社会认同理论,技能人才与领导的价值观一致性程度将直接影响技能人才在组织中的角色认同程度,价值观一致性高,个体对组织归属感将越强,个体对所处角色的定位及认同与接受程度也越高,会拥有更好的工作满意度与工作幸福感,而低价值观一致性会导致个体在角色认同中难以获得心理上的保证,心理不安全感增加,对角色所处地位进行判断以及对角色应该做出的行为进行决定更加模糊不清,角色认同降低;同时,角色认同的程度也将对技能人才职业适应能力产生影响,高角色认同感能促使技能人才根据角色要求调整自身的行为,更快地适应职业发展变化的要求,认知能力与心理适应能力增强,同时高角色认同对完成角色任务的激励作用将提高个体的内在动机,使个体更积极地完成工作任务,更主动地寻求、利用工作中拥有的学习或培训机会,使自身专业技能水平进一步提高,职业适应能力增强。因此,提出如下假设:

假设 10:角色认同在价值观一致性与技能人才职业适应能力关系中起中介作用。

(三)开放性人格的调节作用

价值观一致性程度对技能人才的工作态度、工作行为有积极影响,如工作满意度、工作幸福感、创新行为等,而个人能否准确感知组织价值观、如何对自身价值观与组织价值观匹配程度进行判断也会产生影响。高开放性的个体对环境的高敏感度,对新鲜事物及变化的高接受度都可能使其对价值观的匹配有更深入的感受,能够以更加开放与包容的心态看待组织发展,有利于角色认同的增强;而低开放性的个体更少感知到自己的情感和内心世界,同时也更少进行表达,在工作中表现出更多的是服从而不是接受。这样可能不利于技能人才对自身价值观与组织价值观进行比较与评价,使价值观的一致所带来的积极影响更难以被感知,导致角色认同提升的程度相对较低。因此,提出如下假设:

假设 11:开放性人格正向调节价值观一致性与角色认同之间的关系,即价值观一致性对技能人才角色认同的影响在开放性特质强的个体中相对较强，在低开放性个体中相对较弱。

结合前文对技能人才职业适应能力的概念界定及维度划分，基于社会认同理论，从组织层面、领导层面、个体层面三个方面构建了新时代技能人才职业适应能力的理论研究模型。根据多层次社会认同视角的理论分析，提出组织层面的高绩效工作系统、领导层面的辱虐型领导和服务型领导风格、个体层面的价值观一致性作为新时代技能人才职业适应性能力的前因变量，组织认同、领导认同和个体领导认同分别作为相应路径的中介变量，个体开放性特质在上述过程中均起到了调节作用。新时代技能人才职业适应能力作为技能人才适应新时代工作要求的基本能力素质，本章构建的多层次理论分析框架，将丰富现有的关于技能人才职业适应能力的理论研究，有助于从多层面提出有利于提高技能人才职业适应能力的政策建议。

第三节　新时代技能人才职业适应能力组织层面影响因素研究

一、研究目的与方法

（一）研究目的

本节主要是通过多层线性回归的方法，检验组织层面的高绩效工作系统对职业适应能力的影响，以及组织认同在两者关系中起到的中介作用、个性特征在第一阶段和整个中介过程中起到调节的中介作用，模型如图 7-2 所示。

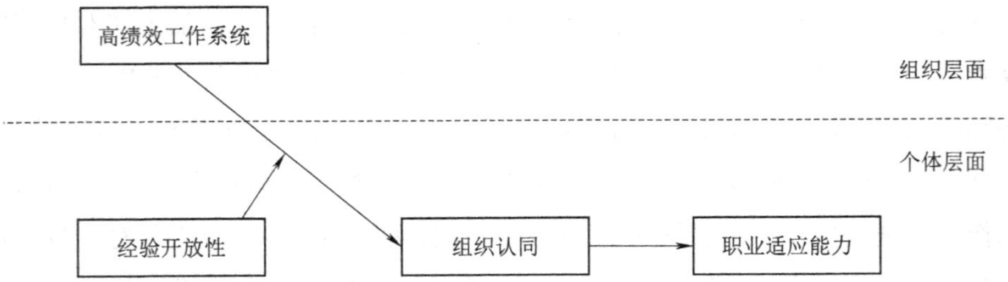

图 7-2　组织层面职业适应能力影响因素模型

（二）研究样本

研究样本来自于铁路行业、建筑业、制造业等行业的技能人才，主要对北京、上海、广州、武汉等地的技能人才进行了现场调研，研究人员就本次调研目的对各职工进行了详尽的解释。现场共发放了1 200份问卷，收回1 032份，剔除填写不完整、信息缺失的问卷后，有效问卷共976份，有效回收率为81.33%，调研样本的基本信息见表7-1。

表7-1 调研样本基本信息

项目	类别	人数	比例
年龄	25岁以下	12	1.23%
	26～35岁	860	88.11%
	36～45岁	100	10.25%
	46岁及以上	4	0.41%
学历	中专及以下	168	17.21%
	大专	616	63.12%
	本科及以上	192	19.67%
婚姻状况	已婚	720	73.77%
	未婚	248	25.41%
	其他	8	0.82%
工作年限	5年以下	248	25.41%
	6～10年	516	52.87%
	11年及以上	212	21.72%
技术职称	初级工	4	0.41%
	中级工	12	1.23%
	高级工	920	94.26%
	技师	36	3.69%
	高级技师	4	0.41%

（三）测量工具

高绩效工作系统：采用Kehoe和Wright(2013)所编制的量表进行测量，包括15个题项，如“在本职位工作优秀的技能人才有机会晋升到公司内薪酬或责任更高的职位”“在公司中，技能人才可以获得很好的奖励”“组织向技能人才提供了多种参与管理决策的渠道，如建议箱、反馈热线”等。使用Likert-5点记分制进行测量，“1 = 完全不同意”，“5 = 完全同意”。

组织认同:采用 Mael 和 Ashforth(1992)编制的组织认同量表进行测量,包括6个题项,如"当有人称赞我的组织时,我感觉就像是在称赞自己""我为我所在的单位而感到自豪""能成为这个组织中的一员我感到很荣幸"等。使用 Likert-5 点记分制进行测量,"1 = 完全不同意","5 = 完全同意"。

开放性人格:采用 Denissen 等(2008)编制的大五人格量表中的开放性人格维度进行测量,包括12个题项,如"我经常反思或深入思考"等。使用 Likert-5 点记分制进行测量,"1 = 完全不符合","5 = 完全符合"。

职业适应能力:采用第四章所编制的职业适应能力量表,包括24个题项。

控制变量:年龄、工作年限、婚姻状况、教育背景和技术等级作为控制变量。

(四)研究方法

考虑到高绩效工作系统属于组织层面变量(Level-2),组织认同、开放性人格、职业适应能力属于个体层面变量(Level-1),将采用多层线性建模(Hierarchical Linear Modeling,HLM)技术来检验假设之间的多层级关系。

1. 多层次研究方法

组织是一个多层次的复杂系统,例如,员工存在于部门中,部门存在于企业中,企业存在于产业中,产业存在于一定的文化之中。个人、团队、公司、产业及文化特性在多层次系统中相互影响与结合。传统研究多是倾向于单一的宏观观点或微观观点,宏观观点借鉴社会学研究,更多地关注集体共同或共享的心理状态或行为表现;微观观点借鉴心理学研究,关注个人的情感、认知、行为等差异。随着学者们研究的进一步深入,发现只采用某一种观点并不能全面、准确地反映组织中存在的问题。宏观观点不重视个人之间的差异,没有关注到个体的性格、情绪、外在行为表现,以及通过人际交互上升到更高层次的现象;相应地,微观观点没有关注到个人所处的情景,可能没有考虑到情景对个人的影响。

经过十多年的研究,多层次(Multilevel)研究方法发展趋于成熟,它将组织既是宏观也是微观的观点囊括其中,而且在研究方法上考虑到了两种情形:一种是团体、组织或其他情境因素如何由上而下地影响个人层次(Individual-level)的心理和行为,另一种是个人认知、情感、态度及行为如何由下而上聚合成团体或组织的共同感知。

2. 聚合的统计验证方法

由低层级产生高层级的聚合议题(或加总议题)(Aggregation Issues)是进行多层线性建模之前需要检验的重要问题。由于高绩效工作系统的测量数据是由个体评价的数据聚合而来,因此在进行假设检验之前使用组内一致性(r_{wg})和组内相关系数(ICC)来检查数据聚合的适合性。

(1)组织一致性

组织一致性是指参与者(如处于同一单位的某个成员)对某一概念有相同认知的程度。使用观察到的群体方差与期望的随机方差相比较对组织一致性进行衡量。单一问项量表的公式如下:

$$r_{wg(I)} = 1 - (s_x^2 / \sigma_{EU}^2)$$

式中,$r_{wg(I)}$是指群体中I个参与者对单一题项X回答的组内一致性;s_x^2是指观察到的X方差;σ_{EU}^2是所有回答者只随机测量误差下所期望的X方差。

多问项量表的公式如下:

$$r_{wg(J)} = \frac{J[1 - s_{xj}^2 / \sigma_{EU}^2]}{J\left[1 - \left(\frac{s_{xj}^2}{\sigma_{EU}^2}\right)\right] + \left(\frac{s_{xj}^2}{\sigma_{EU}^2}\right)}$$

式中,$r_{wg(J)}$是指在J个平行的题项上所有参与者回答的内部一致性;s_{xj}^2是指在J个题项上回答方差的平均数;σ_{EU}^2是指假设所有参与者只存在随机测量误差下所期望的方差。

以上公式可以用来计算每个群体的组内一致性。在文献研究中,基本法则是呈现众群体的r_{wg}平均数,如果r_{wg}值大于0.7,说明聚合有足够的同意度。

(2)组内相关系数

除了验证个人回答具有充分的组内一致性之外,还要检验在聚合个人到群体层次之前是否具有足够的组间差异。对于某个变量在个体层次上的回答,可以通过HLM分析将其分为组间方差与组内方差。因此,ICC(1)的计算公式为:

$$\text{ICC}(1) = \text{组间方差} / (\text{组间方差} + \text{组内方差})$$

在进行研究时,一般认为组织差异超过5%即为组间差异是显著存在的。

另一个需要考虑的组内相关系数是ICC(2),指将个体层面变量聚合到更高层次时的信度,其计算公式如下:

$$\text{ICC}(2) = \frac{k[\text{ICC}(1)]}{1 + (k-1)\text{ICC}(1)}$$

二、高绩效工作系统与技能人才职业适应能力关系检验

(一)聚合度检验

在分析中,高绩效工作系统r_{wg}的均值为0.87(>0.7),ICC(1)为0.11(>

0.05),ICC(2)为0.74(>0.7),均达到可接受的标准(张志学,2010),因此高绩效工作系统这一组织层面的变量由个体层面聚合而来是适合的。

(二)共同方法偏差与信效度检验

1.共同方法偏差

为了检验问卷调查中所有的填答题项是否存在共同方法偏差,采用SPSS软件利用Harman单因素方法进行共同方法检验。Harman单因素检验表明,未经旋转的探索性因素分析共析出4个主因子,第一个因素的贡献率为23.43%,方差的总贡献率为69.22%,第一个因素的变异程度没有超过总变异程度的50%(33.85%),因此本研究不存在严重的共同方法偏差影响。

2.信度检验

由表7-2可知,各变量的α系数均在0.7以上,Bartlett球形检验统计量在0.001水平上均显著,表明高绩效工作系统、组织认同、开放性和职业适应能力四个量表均具有较好的信度。

表7-2 各变量的信度、KMO和Bartlett检验

变量	α系数	KMO度量	Bartlett的球形度检验		
			χ^2	df	Sig.
高绩效工作系统	0.82	0.88	1 110.73	91	.000
组织认同	0.91	0.87	846.22	10	.000
开放性	0.81	0.79	545.63	45	.000
职业适应能力	0.92	0.94	4 583.93	276	.000

3.效度检验

采用验证性因子分析(Confirmatory Factor Analysis,CFA)来检验各变量之间的区别效度,测试了单因子、双因子、三因子和四因子模型,结果见表7-3。四因子模型数据拟合效果最佳(χ^2/df =1.53;TLI=0.92;CFI=0.93;RMSEA=0.05;SRMR=0.06),且四因子模型明显优于三因子、二因子和一因子模型,表明高绩效工作系统、组织认同、开放性和职业适应能力四个变量具有显著的区别效度。

表7-3 验证性因子分析

模型	χ^2	df	χ^2/df	TLI	CFI	RMSEA	SRMR
单因子模型(HPWS+OI+OE+OA)	586.32	210	2.79	0.73	0.74	0.09	0.08

续上表

模型	χ^2	df	χ^2/df	TLI	CFI	RMSEA	SRMR
双因子模型(HPWS,OI + OE + OA)	544.38	208	2.62	0.79	0.81	0.08	0.07
三因子模型(HPWS,OI + OE,OA)	513.52	206	2.49	0.80	0.83	0.08	0.07
四因子模型(HPWS,OI,OE,OA)	438.86	286	1.53	0.92	0.93	0.05	0.06

注:HPWS = 高绩效工作系统,OI = 组织认同,OE = 开放性人格,OA = 职业适应能力;"+"表示合并为一个因子。

(三)描述统计与相关分析

表7-4 给出了主要变量的平均值、标准偏差和各变量之间的相关性。高绩效工作系统与组织认同($r = 0.49, p < 0.01$)、职业适应能力($r = 0.55, p < 0.01$)正相关,组织认同与职业适应能力($r = 0.41, p < 0.01$)正相关,此表为假设提供了初始支持。

表7-4 变量的均值、方差和相关系数

变量	M	SD	1	2	3	4	5	6	7	8
1. 年龄	2.10	0.35								
2. 工作年限	2.96	0.68	0.44**							
3. 婚姻状况	1.27	0.46	−0.19**	−0.14*						
4. 教育背景	3.03	0.61	−0.30**	0.35**	0.18**					
5. 技术等级	3.03	0.29	0.14**	0.07	−0.18**	0.09				
6. 高绩效工作系统	3.88	0.66	−0.11	−0.13*	−0.01	0.05	0.01			
7. 组织认同	4.40	0.81	0.01	0.08	−0.06	0.03	0.18**	0.49**		
8. 开放性	3.39	0.72	−0.03	0.04	0.12	−0.01	−0.16	0.25**	0.27**	
9. 职业适应能力	4.25	0.52	−0.04	0.06	0.01	0.1	0.09	0.55**	0.41**	0.29**

注:$^{*}p < 0.05$,$^{**}p < 0.01$,$^{***}p < 0.001$。

(四)假设检验

1. 零模型检验

首先,以组织认同和职业适应能力为因变量,分别建立零模型,检验组内和组间的差异。

以组织认同为因变量(模型1):

Level − 1:组织认同 $= \beta_0 + \gamma$

Level − 2:$\beta_0 = \gamma_{00} + \mu_0$

组织认同的组间方差 $\tau_{00}=0.07$，组内方差 $\sigma^2=0.93$，组间方差占总方差的6.89%，说明组织认同的总体变异中6.89%是来自组织层面的差异造成的。

以职业适应能力为因变量（模型2）：

Level-1：职业适应能力 $=\beta_0+\gamma$

Level-2：$\beta_0=\gamma_{00}+\mu_0$

职业适应能力的组间方差 $\tau_{00}=0.14$，组内方差 $\sigma^2=0.87$，组间方差占总方差的13.67%，说明组织认同的总体变异中13.67%是来自组织层面的差异造成的。组织认同和职业适应能力组间方差的比率都超过6%，因此，接下来可以进行多层线性回归分析。

2. 主效应检验

为了检验假设1，将高绩效工作系统加入Level-2，控制变量（年龄、工作年限、婚姻状况、教育背景和技术等级）加入Level-1，并进行以下模型的估计（模型3）：

Level-1：职业适应能力 $=\beta_0+\beta_1\times$年龄$+\beta_2\times$工作年限$+\beta_3\times$婚姻状况$+\beta_4\times$教育背景$+\beta_5\times$技术等级$+\gamma$

Level-2：$\beta_0=\gamma_{00}+\gamma_{01}\times$高绩效工作系统$+\mu_0$

$\beta_1=\gamma_{10}+\mu_1$

$\beta_2=\gamma_{20}+\mu_2$

$\beta_3=\gamma_{30}+\mu_3$

$\beta_4=\gamma_{40}+\mu_4$

$\beta_5=\gamma_{50}+\mu_5$

γ_{01} 表示在控制了Level-1的控制变量后，高绩效工作系统与个体职业适应能力之间关系的估计数。模型的检验结果见表7-5，可以看出，$\gamma_{01}=0.30$，$p<0.001$，因此假设1得到支持。

表7-5　主效应的固定效应系数、标准误差和 p 值

变量	Coefficient	Standard error	p-value
截距（γ_{00}）	-0.01	0.07	0.98
高绩效工作系统（γ_{01}）	0.30	0.06	<0.001
年龄（γ_{10}）	-0.02	0.04	0.63
工作年限（γ_{20}）	0.04	0.09	0.66

续上表

变量	Coefficient	Standard error	p-value
婚姻状况（γ_{30}）	-0.02	0.05	0.71
教育背景（γ_{40}）	0.03	0.04	0.45
技术等级（γ_{50}）	0.02	0.04	0.52

3. 组织认同中介效应检验

由于本章的研究是跨层次模型，因而采用 Monte - Carlo 评估调解法（Monte-Carlo Method for Assessing Mediation，MCMAM）对估计参数进行重新抽样和置信区间估计来评估组织认同的中介效应。通过建立模型 4 和模型 5，得到中介效应的估计参数 a 和 b。

模型 4：

Level-1：组织认同 $= \beta_0 + \beta_1 \times$ 年龄 $+ \beta_2 \times$ 工作年限 $+ \beta_3 \times$ 婚姻状况 $+ \beta_4 \times$ 教育背景 $+ \beta_5 \times$ 技术等级 $+ \gamma$

Level-2：$\beta_0 = \gamma_{00} + \gamma_{01} \times$ 高绩效工作系统 $+ \mu_0$

$$\beta_1 = \gamma_{10} + \mu_1$$

$$\beta_2 = \gamma_{20} + \mu_2$$

$$\beta_3 = \gamma_{30} + \mu_3$$

$$\beta_4 = \gamma_{40} + \mu_4$$

$$\beta_5 = \gamma_{50} + \mu_5$$

模型 5：

Level - 1：职业适应能力 $= \beta_0 + \beta_1 \times$ 年龄 $+ \beta_2 \times$ 工作年限 $+ \beta_3 \times$ 婚姻状况 $+ \beta_4 \times$ 教育背景 $+ \beta_5 \times$ 技术等级 $+ \beta_6 \times$ 组织认同 $+ \gamma$

Level - 2：$\beta_0 = \gamma_{00} + \gamma_{01} \times$ 高绩效工作系统 $+ \mu_0$

$$\beta_1 = \gamma_{10} + \mu_1$$

$$\beta_2 = \gamma_{20} + \mu_2$$

$$\beta_3 = \gamma_{30} + \mu_3$$

$$\beta_4 = \gamma_{40} + \mu_4$$

$$\beta_5 = \gamma_{50} + \mu_5$$

$$\beta_6 = \gamma_{60} + \mu_6$$

由表 7-6 得到估计参数 $a = 0.30$，S. E.（a）$= 0.06$（即模型 4 中的 γ_{01}），$b =$

0.60,S.E.(b)=0.07(即模型5中的γ_{60})。基于20 000次重复Monte-Carlo模拟,利用R语言软件得到组织认同间接影响的置信区间(即,估计参数ab的置信区间)。高绩效工作系统通过组织认同对职业适应能力间接影响的95%置信区间为[0.117,0.275],区间不包含0,说明组织认同在高绩效工作系统和职业适应能力之间的中介作用显著成立。因此,假设2得到支持。

表7-6 中介效应的固定效应系数、标准误差和p值

变量	模型4			模型5		
	Coefficient	S.E.	*p*-value	Coefficient	S.E.	*p*-value
截距(γ_{00})	0.01	0.06	0.93	−0.01	0.08	0.96
高绩效工作系统(γ_{01})	0.30	0.06	<0.001	0.27	0.05	<0.001
年龄(γ_{10})	0.01	0.05	0.96	−0.04	0.04	0.39
工作年限(γ_{20})	0.01	0.08	0.98	0.02	0.08	0.79
婚姻状况(γ_{30})	−0.08	0.05	0.12	0.03	0.03	0.38
教育背景(γ_{40})	0.01	0.05	0.85	0.02	0.04	0.32
技术等级(γ_{50})	0.01	0.03	0.72	0.03	0.05	0.53
组织认同(γ_{60})				0.60	0.07	<0.001

4. 开放性人格的调节效应检验

为了检验个体层面的开放性人格对组织层面高绩效工作系统和个体层面组织认同的调节作用,将建立以Level-1层的斜率作为Level-2层预测变量的模型(模型6):

模型6:

Level-1:组织认同 $= \beta_0 + \beta_1 \times$ 年龄 $+ \beta_2 \times$ 工作年限 $+ \beta_3 \times$ 婚姻状况 $+ \beta_4 \times$ 教育背景 $+ \beta_5 \times$ 技术等级 $+ \beta_6 \times$ 开放性人格 $+ \gamma$

Level-2:$\beta_0 = \gamma_{00} + \gamma_{01} \times$ 高绩效工作系统 $+ \mu_0$

$\beta_1 = \gamma_{10} + \mu_1$

$\beta_2 = \gamma_{20} + \mu_2$

$\beta_3 = \gamma_{30} + \mu_3$

$\beta_4 = \gamma_{40} + \mu_4$

$\beta_5 = \gamma_{50} + \mu_5$

$\beta_6 = \gamma_{60} + \gamma_{61} \times$ 高绩效工作系统 $+ \mu_6$

由表 7-7 可知,高绩效工作系统与开放性人格的交互项系数显著(γ_{61} = 0.23,$p<0.001$),说明个体层面的开放性人格在组织层面高绩效工作系统和组织认同之间的调节作用显著成立。进一步,按照 Preacher 等(2007)的建议,绘制了开放性人格在高低级别(高于和低于平均值的 1 个标准差)时的调节效应图,如图 7-3 所示,当技能人才的开放性人格较高而不是较低时,高绩效工作系统与组织认同的正向关系更强。因此,假设 3 得到支持。

表 7-7 第一阶段调节效应的固定效应系数、标准误差和 p 值

变量	Coefficient	Standard error	*p*-value
截距(γ_{00})	0.01	0.06	0.92
高绩效工作系统(γ_{01})	0.28	0.06	<0.001
年龄(γ_{10})	-0.01	0.07	0.88
工作年限(γ_{20})	0.02	0.08	0.85
婚姻状况(γ_{30})	-0.11	0.06	0.11
教育背景(γ_{40})	0.02	0.05	0.21
技术等级(γ_{50})	0.01	0.04	0.42
开放性人格(γ_{60})	0.26	0.06	<0.001
HPWS × 开放性人格(γ_{61})	0.23	0.04	<0.001

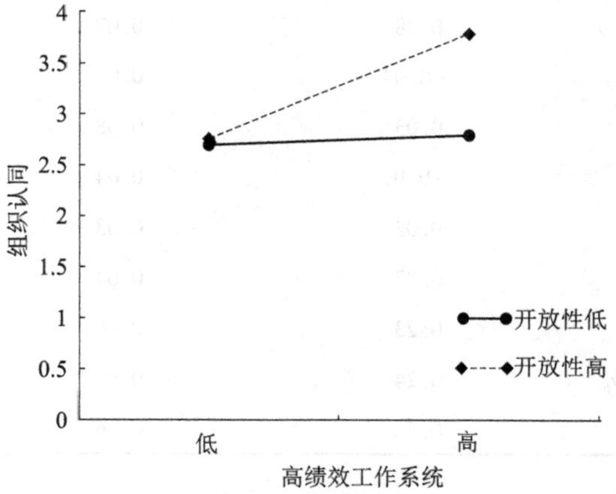

图 7-3 开放性人格在高绩效工作系统和组织认同关系中的调节效应

5. 有调节的中介效应检验

同样,由于多层次模型的特征,此处同样采用参数自助抽样法对有调节的中介模型中的估计参数(a 和 b)进行重新抽样和置信区间估计。a 即为模型 6 中的估计参数 γ_{61};通过建立模型 7 得到有调节的中介效应的估计参数 b。

模型 7：

Level-1：职业适应能力 = $\beta_0 + \beta_1 \times$ 年龄 $+ \beta_2 \times$ 工作年限 $+ \beta_3 \times$ 婚姻状况 $+ \beta_4 \times$ 教育背景 $+ \beta_5 \times$ 技术等级 $+ \beta_6 \times$ 开放性人格 $+ \beta_7 \times$ 组织认同 $+ \gamma$

Level-2：$\beta_0 = \gamma_{00} + \gamma_{01} \times$ 高绩效工作系统 $+ \mu_0$

$\beta_1 = \gamma_{10} + \mu_1$

$\beta_2 = \gamma_{20} + \mu_2$

$\beta_3 = \gamma_{30} + \mu_3$

$\beta_4 = \gamma_{40} + \mu_4$

$\beta_5 = \gamma_{50} + \mu_5$

$\beta_6 = \gamma_{60} + \gamma_{61} \times$ 高绩效工作系统 $+ \mu_6$

$\beta_7 = \gamma_{70} + \mu_7$

由表 7-8 可知，估计参数 $b = 0.56$，S. E. $(b) = 0.06$（即模型 7 中的 γ_{70}）。高绩效工作系统和开放性人格的交互项通过组织认同对职业适应能力间接影响的 95% 置信区间为[0.061，0.204]（不包含 0）。因此，假设 4 得到支持。

表 7-8　有调节的中介效应的固定效应系数、标准误差和 p 值

变量	Coefficient	Standard error	p-value
截距（γ_{00}）	-0.01	0.08	0.95
高绩效工作系统（γ_{01}）	0.28	0.07	0.002
年龄（γ_{10}）	-0.04	0.06	0.46
工作年限（γ_{20}）	0.03	0.08	0.69
婚姻状况（γ_{30}）	-0.02	0.04	0.71
教育背景（γ_{40}）	0.02	0.03	0.42
技术等级（γ_{50}）	0.02	0.04	0.53
开放性人格（γ_{60}）	0.23	0.06	<0.001
HPWS * 开放性人格（γ_{61}）	0.24	0.05	<0.001
组织认同（γ_{70}）	0.56	0.06	<0.001

三、高绩效工作系统与技能人才职业适应能力之间的关系

根据前文的理论分析，本节引入组织层面的高绩效工作系统，探究其对职业适应能力的影响；并基于认同理论将组织认同作为技能人才高绩效工作系统与职业适应能力之间的中介机制，开放性人格作为其中的调节机制，进而构建了一

个有调节的中介作用模型进行研究。以来自铁路行业、建筑业、制造业等行业的976名技能人才为样本进行实证检验，通过多层次线性模型的分析发现：

（1）高绩效工作系统对职业适应能力的影响。高绩效工作系统对职业适应能力具有显著的正向影响，组织采取严格的招聘与甄选、持续的技能人才培训、开放的信息共享渠道、广泛的技能人才参与和团队授权等人力资源实践，那么下属会更愿意参与到组织活动中去，在与组织的互动过程中不断提高自身的职业适应能力。

（2）组织认同的中介作用。组织认同在高绩效工作系统影响职业适应能力关系中起中介作用，即高绩效工作系统是通过增强下属对组织的认同感从而提高下属的职业适应能力。

（3）开放性人格的调节作用。开放性人格在高绩效工作系统影响组织认同关系中起调节作用，并且在高绩效工作系统通过组织认同影响职业适应能力过程中也起到调节作用。也就是说，具有高度开放性人格的技能人才，更容易在感受到组织所做出的一系列有益于技能人才发展的人力资源实践，从而对组织产生更强烈的认同感，这将有助于个体职业适应能力的提升。

第四节　新时代技能人才职业适应能力领导层面影响因素研究

一、研究目的与方法

（一）研究目的

本节主要是通过结构方程模型，检验领导层面的服务型领导和辱虐型领导对职业适应能力的影响，以及领导认同在两者关系中起到的中介作用、开放性在第一阶段和整个中介过程中所起到的有调节的中介作用，模型如图7-4所示。

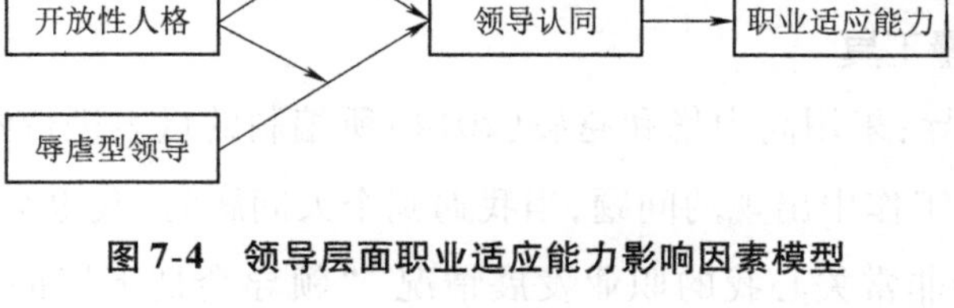

图7-4　领导层面职业适应能力影响因素模型

（二）研究样本

研究样本来自于铁路行业、建筑业、制造业等行业的技能人才。对廊坊、成都、无锡、济南等地区公司的一线职工进行了现场调研。研究人员就本次调研目的对各职工进行了详尽的解释。现场共发放了 1 500 份问卷，收回 1 352 份，剔除填写不完整、信息缺失的问卷后，有效问卷共 1 163 份，有效回收率为 77.53% 。调研样本的基本信息见表 7-9。

表 7-9　调研样本基本信息

项目	类别	人数	比例
年龄	25 岁以下	273	23.47%
	26 ~ 35 岁	574	49.36%
	36 ~ 45 岁	283	24.33%
	46 岁及以上	33	2.84%
学历	中专及以下	273	23.49%
	大专	721	62.05%
	本科及以上	168	14.43%
婚姻状况	已婚	673	57.87%
	未婚	412	35.43%
	其他	78	6.70%
工作年限	5 年以下	432	37.15%
	6 ~ 10 年	512	44.02%
	11 年及以上	219	18.83%
技术职称	初级工	353	30.35%
	中级工	362	31.13%
	高级工	209	17.97%
	技师	145	12.47%
	高级技师	94	8.08%

（三）测量工具

服务型领导：采用高中华和赵晨（2014）所编制的量表进行测量，包括 7 个题项，如“除了工作中出现的问题，当我遇到个人问题时，我也会向我的领导寻求帮助”“领导非常关心我的职业发展情况”“领导会把下属的利益放在个人利益之前”等。使用 Likert-5 点记分制进行测量,“1 = 完全不符合”,“5 = 完全符合”。

辱虐型领导:采用 Tepper(2000)所编制的量表进行测量,包括 5 个题项,如“领导会在别人面前对我进行负面评论”“领导说我的想法或观点很愚蠢”等。使用 Likert-5 点记分制进行测量,“1 = 完全不符合”,“5 = 完全符合”。

领导认同:采用 Shamir 等(1998)所编制的量表进行测量,包括 7 个题项,如“我完全相信领导的判断和决定”“我完全信任我领导所做出的决策”“在领导的手下工作我感到很自豪”等。使用 Likert – 5 点记分制进行测量,“1 = 完全不符合”,“5 = 完全符合”。

开放性人格:采用 Denissen 等(2008)编制的大五人格量表中的开放性人格维度进行测量,包括 12 个题项,如“我经常反思或深入思考”等。使用 Likert-5 点记分制进行测量,“1 = 完全不符合”,“5 = 完全符合”。

职业适应能力:采用第四章所编制的职业适应能力量表,包括 24 个题项。

控制变量:年龄、工作年限、婚姻状况、教育背景和技术等级作为控制变量。

(四)研究方法

研究过程中通常会包括多个变量,常用的线性回归方程一般一次只能表达一个因变量和几个自变量之间的关系。而结构方程模型以其包含了多个回归方程、可以同时解释出多个因变量与自变量之间的复杂关系并且可以将测量误差的影响考虑在内等优势,得到了学者们的广泛关注和使用。因此,采用结构方程模型检验积极和消极领导风格对职业适应能力的影响机制。

结构方程使用不同的契合指数来代表拟合协方差矩阵与样本协方差矩阵的接近程度,拟合协方差矩阵与样本协方差矩阵越接近说明研究模型与所收集到的数据拟合程度越高。常用的契合指数(fit index)一般包括 Chi-square、RESEA、TLI、CFI 和 Standardized RMR。

整体拟合的最基本的测量指标为 χ^2 (Chi-square),计算公式为:

$$\chi^2 = (N-1)F$$

N 为样本大小,F 为拟合函数的最小值。相对于每个 χ^2 和自由度值(df),都可以找到对应的 p 值。χ^2 的值越小,p 值越大,表示拟合协方差矩阵与样本协方差矩阵的差距越不显著;相反,χ^2 的值越大,p 值越小,则表示拟合协方差矩阵与样本协方差矩阵的差距越明显,这时,最初假设的模型将被拒绝。由于 χ^2 的值对样本数量相当敏感,样本越大,χ^2 值越容易变成显著,从而使假设模型越容易被拒绝。因此，学者们后来用χ^2/df(Relative Chi-square)对模型进行估计，χ^2/df具有线性关系，从而避免了单一指标的非线性。通常认为χ^2/df的值小于3是理想的拟合度标准。

Root Mean Square Error of Approximation：

$$\text{Estimated RMSEA} = \sqrt{\frac{\chi^2}{(N-1)(\text{df}-1)}}$$

总体来讲，RMSEA越小代表拟合程度越高。当RMSEA≤0.05时，说明模型的拟合程度较好；当0.05＜RMSEA≤0.08时，说明模型的拟合程度可以接受；当0.05＜RMSEA≤0.08时，说明模型的拟合程度一般；当RMSEA＞0.10时，说明数据的拟合程度较差。

TLI和CFI是常用的拟合指数，都是用来比较基线(baseline)模型的χ^2和假设理论模型的χ^2。

Tucker-Lewis Non-normed fit index(TLI)：

$$\text{TLI} = \rho_2 = \frac{\dfrac{\chi_b^2}{\text{df}_b} - \dfrac{\chi^2}{\text{df}}}{\dfrac{\chi_b^2}{\text{df}_b} - 1}$$

Comparative fit index(CFI)：

$$\text{CFI} = 1 - \frac{max\ (\chi^2 - \text{df}, 0)}{max\ (\chi_b^2 - \text{df}_b, 0)}$$

TLI和CFI公式中χ_b^2指底线模型中的χ^2，df_b指底线模型中的自由度。TLI和CFI得到的值越大代表拟合程度越好。一般认为取值大于0.9代表假设理论模型与设局的拟合程度非常好。

Root Mean Square Residual(RMR)：

$$\text{RMR} = \sqrt{\sum_{g=1}^{G}\left\{\sum_{i=1}^{P_g}\sum_{j=1}^{j\leq i}\left(s_{ij}^{(g)} - \sigma_{ij}^{(g)}\right)\right\} \Big/ \sum_{g=1}^{G} p^{(g)}}$$

RMR为拟合残差方差的平方根，即一种平均残差方差。RMR虽然受到单位的影响，但如果两个模型使用同一数据做测量，那么即可使用这个指标比较其优劣。其中，RMR值较小的一方为拟合度较好的模型。也正是由于RMR易受单位的影响，故将其标准化后变成了Standardized RMR(SRMR)。

二、领导风格与技能人才职业适应能力关系检验

(一)共同方法偏差与信效度检验

1. 共同方法偏差检验

为了检验问卷中所有的填答题项是否存在共同方法偏差,采用 SPSS 软件利用 Harman 单因素方法进行共同方法检验。Harman 单因素检验表明,未经旋转的探索性因素分析共析出 5 个主因子,第一个因素的贡献率为 26.73%,方差的总贡献率为 67.93%,第一个因素的变异程度没有超过总变异程度的一半(39.35%),因此问卷数据不存在严重的共同方法偏差影响。

2. 信度检验

由表 7-10 可知,各变量的 α 系数均在 0.7 以上,Bartlett 球形检验统计量在 0.001 水平上均显著,表明服务型领导、辱虐型领导、领导认同、开放性和职业适应能力五个量表均具有较好的信度。

表 7-10 各变量的信度、KMO 和 Bartlett 检验

变量	α 系数	KMO 度量	Bartlett 的球形度检验		
			χ^2	df	Sig.
服务型领导	0.82	0.87	654.69	21	.000
辱虐型领导	0.88	0.87	636.03	10	.000
领导认同	0.93	0.92	1 284.95	21	.000
开放性	0.81	0.79	551.76	45	.000
职业适应能力	0.92	0.94	4 553.61	276	.000

3. 效度检验

采用验证性因子分析(Confirmatory Factor Analysis,CFA)来检验各变量之间的区别效度,通过测试单因子、双因子、三因子、四因子和五因子模型,得到结果见表 7-11。结果表明五因子模型数据拟合效果最佳($\chi^2/df=1.52$;TLI $=0.94$;CFI $=0.94$;RMSEA $=0.05$;SRMR $=0.05$),且五因子模型明显优于四因子、三因子、二因子和一因子模型,表明服务型领导、辱虐型领导、领导认同、开放性人格和职业适应能力五个变量具有显著的区别效度。

表 7-11　验证性因子分析

模型	χ^2	df	χ^2/df	TLI	CFI	RMSEA	SRMR
单因子模型(SL,AL,LI,OE,OA)	915.35	299	3.06	0.74	0.76	0.09	0.08
双因子模型(SL,AL,LI,OE,OA)	851.09	298	2.86	0.76	0.79	0.09	0.08
三因子模型(SL+AL,LI+OE,OA)	772.21	296	2.61	0.80	082	0.08	0.08
四因子模型(SL+AL,LI,OE,OA)	726.55	293	2.48	0.82	0.83	0.08	0.07
五因子模型(SL,AL,LI,OE,OA)	438.47	289	1.52	0.94	0.94	0.05	0.05

注:SL=服务型领导,AL=辱虐型领导,LI=领导认同,EO=开放性人格,OA=职业适应能力;"+"表示合并为一个因子。

(二)描述统计与相关分析

表 7-12 给出了主要变量的平均值、标准偏差和各变量之间的相关性。服务型领导与领导认同($r=0.47,p<0.01$)、职业适应能力($r=0.37,p<0.01$)正相关,辱虐型领导与领导认同($r=-0.55,p<0.01$)、职业适应能力($r=-0.41$, $p<0.01$)负相关,此表为假设提供了初始支持。

表 7-12　变量的均值、方差和相关系数

变量	*M*	SD	1	2	3	4	5	6	7	8	9
1. 年龄	2.10	0.35									
2. 工作年限	2.96	0.68	0.43**								
3. 婚姻状况	1.27	0.46	-0.19**	-0.15*							
4. 教育背景	3.02	0.60	-0.30**	-0.35**	0.19**						
5. 技术等级	3.02	0.27	0.11	0.04	-0.17**	0.10					
6. 服务型领导	3.77	0.88	-0.20**	-0.07	-0.02	0.06	0.05				
7. 辱虐型领导	2.02	0.98	0.05	-0.03	0.09	-0.04	-0.14*	-0.46**			
8. 开放性	3.38	0.72	-0.03	0.02	0.12	0.01	-0.03	0.20**	0.12**		
9. 领导认同	4.17	0.88	-0.16*	-0.01	-0.03	0.04	0.13	0.47**	-0.55**	0.28**	
10. 职业适应能力	3.60	0.48	-0.04	0.06	0.01	0.11	0.11	0.37**	-0.41**	0.29**	0.44**

注:* $p<0.05$, ** $p<0.01$, *** $p<0.001$。

(三)假设检验

1. 直接效应检验

直接效应模型如图 7-5 所示。直接效应模型拟合指标分别为$\chi^2=252.647$, $df=116$, $\chi^2/df=2.18$, TLI=0.90, CFI=0.93, RMSEA=0.07, SRMR=0.06,各

项指标均达到拟合的标准，表明该模型拟合较好，可以继续进行路径分析。根据图 7-5 路径系数结果可以看出，服务型领导对职业适应能力具有显著正向影响（$\beta=0.42, p<0.001$），辱虐型领导对职业适应能力具有显著负向影响（$\beta=-0.12, p<0.01$）。因此，假设 5a 和假设 5b 均得到验证。

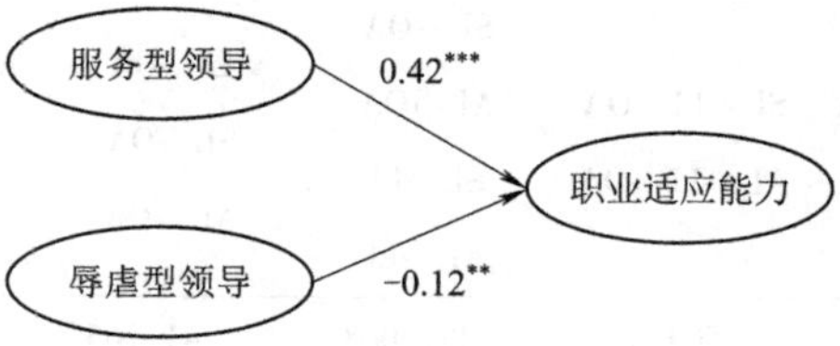

图 7-5 直接效应路径分析模型

注：*** 表示 $p<0.001$；** 表示 $p<0.01$；* 表示 $p<0.05$。

2. 领导认同的中介效应检验

为了检验领导认同的中介效应，接下来将利用结构方程模型构建部分中介模型（模型 1）、完全中介模型（模型 2）、无中介模型（模型 3）通过比较各模型的拟合指数来确定哪个模型更加适合。由表 7-13 可知，部分中介模型的各项拟合指标明显优于完全中介模型（$\Delta\chi^2(1)=18.79, p<0.001$）和无中介模型（$\Delta\chi^2(1)=11.39, p<0.001$），说明部分中介模型的拟合效果最优。为了进一步分析路径系数，在模型 1 基础上，继续构建了 3 个嵌套模型进行对比（模型 4、模型 5 和模型 6）。由表 7-13 可知，模型 4（$\Delta\chi^2(1)=255.49, p<0.001$）、模型 5（$\Delta\chi^2(1)=110.42, p<0.001$）、模型 6（$\Delta\chi^2(1)=146.00, p<0.001$）与基本模型（模型 1）的差异均显著，表明基本模型（即部分中介模型）为最优拟合模型，所以嵌套模型 4 到模型 6 均被拒绝。

根据模型对比分析的结果可以得出，模型 1 所表达的变量之间的关系最为合适，即领导认同在服务型领导和职业适应能力关系中起到部分中介作用，并且领导认同在辱虐型领导与职业适应能力关系之间也起到部分中介作用，模型的路径系数如图 7-6 所示。服务型领导与职业适应能力显著正相关（$\beta=0.33, p<0.001$），服务型领导与领导认同显著正相关（$\beta=0.34, p<0.001$），领导认同与职业适应能力显著正相关（$\beta=0.20, p<0.01$），表明服务型领导对职业适应能力的影响部分是通过作用于领导认同产生的。辱虐型领导与职业适应能力显著负相关（$\beta=-0.11, p<0.05$），辱虐型领导与领导认同显著负相关（$\beta=-0.18, p<0.01$），领导认同与职业适应能力显著正相关（$\beta=0.20, p<0.01$），表明辱虐

型领导对职业适应能力的影响部分是通过作用于领导认同产生的。因此，假设 6a 和假设 6b 得到支持。

表 7-13　各结构方程模型拟合指数比较

拟合指标	模型 1	模型 2	模型 3	模型 4	模型 5	模型 6
	SL→LI→OA AL→LI→OA SL→OA AL→OA	SL→LI→OA AL→LI→OA	SL→OA AL→OA SL→LI AL→LI	LI→OA SL→OA AL→OA	AL→LI→OA SL→OA AL→OA	SL→LI→OA SL→OA AL→OA
χ^2	485.68	504.47	497.068	741.165	596.099	631.675
df	246	248	247	248	247	247
χ^2/ df	1.97	2.03	2.02	2.99	2.42	2.56
$\Delta\chi^2$	—	18.79***	11.39***	255.49***	110.42***	146.00***
CFI	0.93	0.93	0.93	0.86	0.88	0.89
TLI	0.92	0.91	0.92	0.83	0.86	0.87
RMSEA	0.06	0.07	0.06	0.09	0.08	0.08
SRMR	0.06	0.07	0.07	0.09	0.08	0.08

注：SL = 服务型领导，AL = 辱虐型领导，LI = 领导认同，OA = 职业适应能力。*** 表示 $p < 0.001$；** 表示 $p < 0.01$；* 表示 $p < 0.05$。

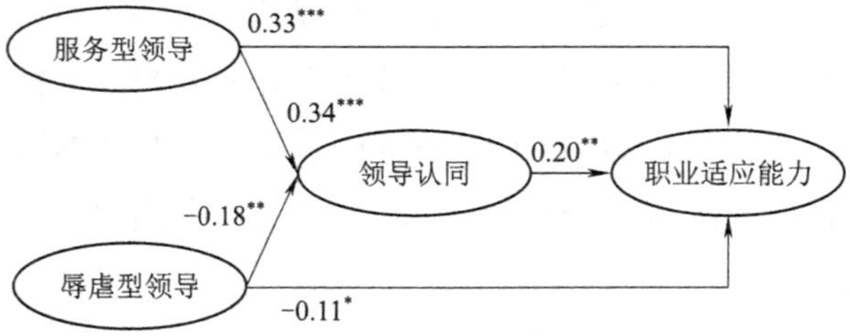

图 7-6　领导认同的中介效应路径分析结果

注：*** 表示 $p < 0.001$；** 表示 $p < 0.01$；* 表示 $p < 0.05$。

3. 开放性的调节效应检验

为了检验开放性的调节作用，建立如图 7-7 所示的调节效应模型，该模型拟合指数分别为 $\chi^2 = 611.37$，df = 217，χ^2/df = 2.82，TLI = 0.90，CFI = 0.92，RMSEA = 0.07，SRMR = 0.060，各项指标均达到标准，说明调节效应模型可以接受。由图 7-6 可知，服务型领导与开放性的交互项系数显著（$\beta = 0.32$，$p < 0.001$），即开放性能够调节服务型领导与领导认同的关系。辱虐型领导与开放

性的交互项系数显著($\beta = -0.49, p < 0.001$),表明开放性能够调节辱虐型领导与领导认同的关系。

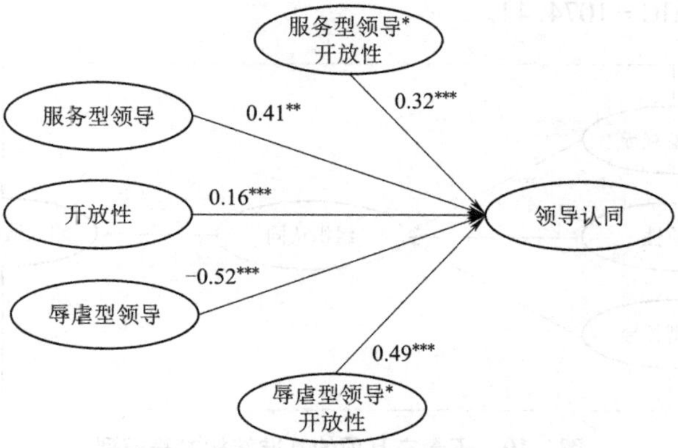

图 7-7 调节效应路径分析结果

注:*** 表示 $p < 0.001$;** 表示 $p < 0.01$;* 表示 $p < 0.05$。

进一步按照 West 等(1996)的建议,绘制了开放性在高低级别(高于和低于平均值的 1 个标准差)时的调节效应图,如图 7-8 所示,当个体的开放性较高时,服务型领导与领导认同的正向关系更强;如图 7-9 所示,当个体的开放性较高时,辱虐型领导与领导认同的负向关系更弱。因此,假设 7a 和假设 7b 得到支持。

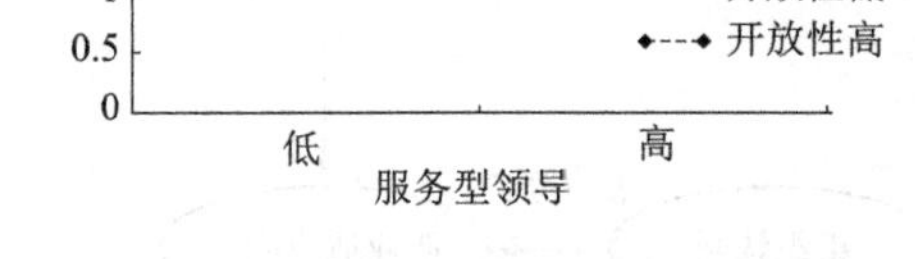

图 7-8 开放性在服务型领导和领导认同中的调节效应

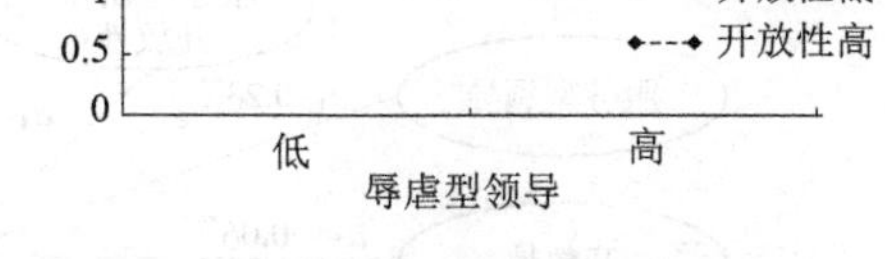

图 7-9 开放性在辱虐型领导和领导认同中的调节效应

4. 被调节的中介效应检验

为了检验有调节的中介效应模型,首先构建不含交互项的基准结构方程模型(图 7-10)和含有交互项的有调节的中介结构方程模型(图 7-11),比较两个模型的拟合程度,接着使用 Hayes(2013)提出的系数乘积法进行有调节的中介效应检验。

如图7-10所示，对于不含交互项的基准结构方程模型，模型的拟合指数为 $\chi^2=874.44$，$df=334$，$\chi^2/df=2.62$，TLI = 0.88，CFI = 0.89，RMSEA = 0.08，SRMR = 0.08，AIC = 1074.44。

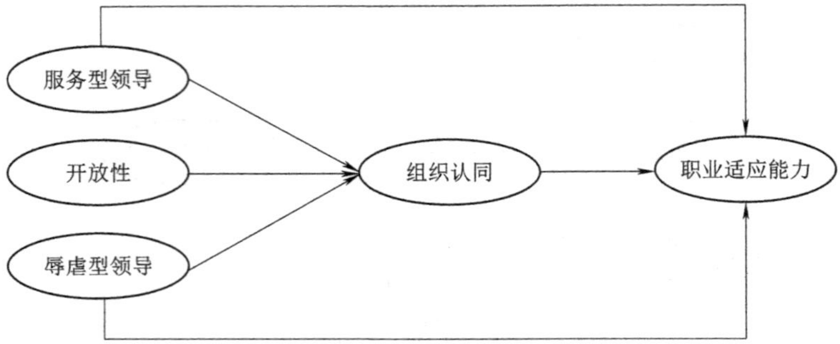

图7-10 不含交互项的基准结构方程模型

如图7-11所示，对于含交互项的有调节的中介结构方程模型，模型的拟合指数为 $\chi^2=564.61$，$df=290$，$\chi^2/df=1.95$，TLI = 0.91，CFI = 0.92，RMSEA = 0.06，SRMR = 0.06，AIC = 738.61，$\Delta\chi^2(1)=309.83$，$p<0.001$，AIC明显变小，表明该模型明显优于不含交互项的基准结构方程模型，因此有调节的中介模型是可接受的。对模型中评估参数 a_4b_1 和 a_5b_1 进行95%偏差校正bootstrap置信区间估计，a_4b_1 的置信区间为[0.039，0.164]，a_5b_1 的置信区间为[−0.282，−0.023]，均不包括0。根据系数乘积法可知，服务型领导经过领导认同对职业适应能力的中介效应受到开放性的调节作用，辱虐型领导经过领导认同对职业适应能力的中介效应受到开放性的调节作用，假设8a和假设8b得到支持。

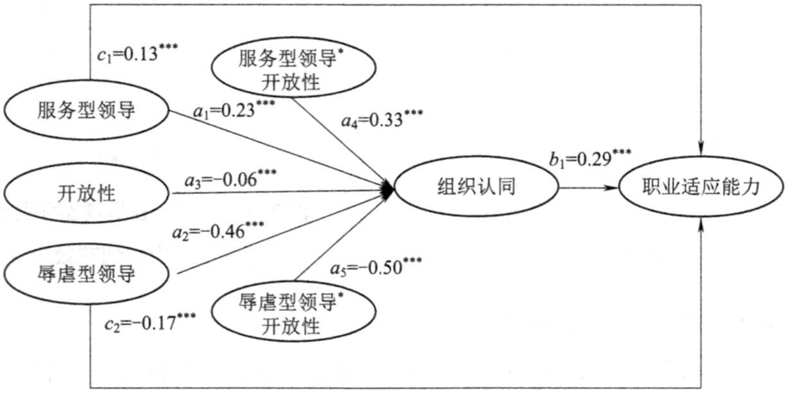

图7-11 被调节的中介结构方程模型

注：*** 表示 $p<0.001$；** 表示 $p<0.01$；* 表示 $p<0.05$。

三、领导风格与技能人才职业适应能力之间的关系

根据前文的理论分析,引入积极领导风格和消极领导风格,即服务型领导和辱虐型领导,探究领导风格对职业适应能力的影响;并基于认同理论,将领导认同作为技能人才领导风格与职业适应能力之间中介机制,开放性人格中作为其中的调节机制,构建了一个有调节的中介作用模型进行研究。以来自建筑业、制造行业的1 163名技能人才为样本进行实证检验,通过结构方程模型的分析发现:

(1)领导风格对职业适应能力的影响。服务型领导对职业适应能力具有显著的正向影响,领导若是表现出关心下属,密切关注个人工作情况和需求,更多地以信任的方式为下属服务,那么下属更会表现出更好的职业适应能力。另一方面,辱虐型领导对职业适应能力具有显著的负向影响,如果领导向下属表现出语言或非语言敌意的破坏性行为,那么下属职业适应能力的提升就会受到影响。

(2)领导认同的中介作用。领导认同在服务型领导影响职业适应能力关系中起中介作用,即服务型领导是通过增强下属对领导的认同感从而提高下属的职业适应能力。另一方面,领导认同在辱虐型领导影响职业适应能力关系中起中介作用,即辱虐型领导是通过减弱下属对领导的认同感从而降低下属的职业适应能力。

(3)开放性人格的调节作用。开放性人格在服务型领导影响领导认同关系中起调节作用,并且在服务型领导通过领导认同影响职业适应能力过程中也起到调节作用。也就是说,具有高度开放性人格的技能人才,更容易在感受到领导的服务型风格时,对领导产生更强烈的认同感,这将有助于个体职业适应能力的提升。另一方面,开放性人格在辱虐型领导影响领导认同关系中起调节作用,并且在辱虐型领导通过领导认同影响职业适应能力过程中也起到调节作用。也就是说,具有较低开放性人格的技能人才,在感受到领导的辱虐型风格时,更容易减少对领导的认同感,使得自身的职业适应能力有所降低。

第五节 新时代技能人才职业适应能力个体层面影响因素

一、研究目的与方法

（一）研究目的

本节假设领导—员工价值一致性会通过影响角色认同对职业适应能力产生间接影响，开放性人格对领导—员工价值一致性与角色认同的关系起调节作用，模型如图 7-12 所示。

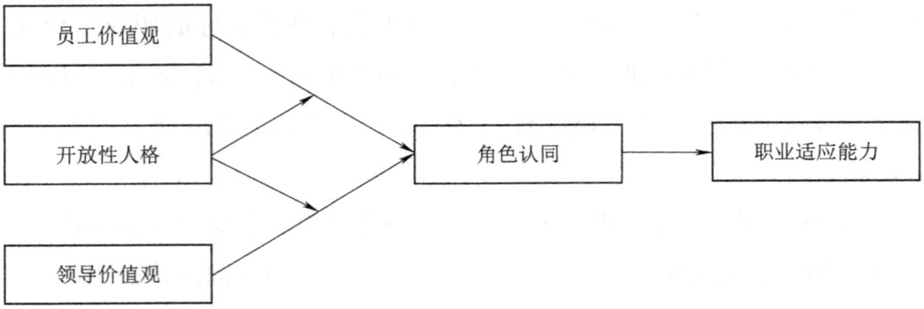

图 7-12 个体层面职业适应能力影响因素模型

（二）研究样本

研究对象选取了北京、天津、辽宁、山东、山西等地区来自建筑业、制造业等行业的 798 名技能人才及其领导。由技能人才填写包括人口统计学特征、价值观、开放性人格、角色认同和职业适应能力等在内的问卷，由技能人才的直接上级填写包括人口统计学特征和领导价值观在内的问卷。一共回收了有效问卷 705 份，有效回收率达 88.35%。调研样本的基本信息见表 7-14。

表 7-14 调研样本基本信息

项目	类别	人数	比例
年龄	25 岁以下	38	5.36%
	26～35 岁	422	59.88%
	36～45 岁	171	24.25%
	46 岁及以上	74	10.51%

续上表

项目	类别	人数	比例
学历	中专及以下	488	69.22%
	大专	142	20.11%
	本科及以上	75	10.67%
婚姻状况	已婚	584	82.77%
	未婚	117	16.56%
	其他	5	0.67%
工作年限	5 年以下	158	22.37%
	6~10 年	377	53.46%
	11 年及以上	170	24.17%
技术职称	初级工	10	1.41%
	中级工	213	30.23%
	高级工	411	58.26%
	技师	40	5.69%
	高级技师	31	4.41%

（三）测量工具

领导—员工价值一致性：参考洪克森（2012）开发的量表。此量表包含态度倾向、内在需求和职业道德三个维度，共 14 题。在测量领导价值一致性时，典型题目包括“领导在工作中能充分发挥自己的专长”和“领导工作时不必处理太多繁杂琐碎的事务”等；测量价值一致性时，典型题目包括“我在工作中能充分发挥自己的专长”和“我工作时不必处理太多繁杂琐碎的事务”。信度分析结果表明，态度倾向（$\alpha=0.93$）、内在需求（$\alpha=0.93$）和职业道德（$\alpha=0.95$）的测量均具有信度；聚合效度评估结果表明，态度倾向、内在需求和职业道德均具有收敛效度。

角色认同：采用 Welbourne 等（2017）开发的角色认同量表，该量表具有较高的信度和效度。出于研究需要，采用了其中的 6 题来测量角色认同这一变量。典型题目包括“我会阅读和我工作相关的书籍和期刊”“我有花时间认真地考虑我的事业”和“我会参与一些能与我所在的领域中其他人交流的一些项目或活动”等。

开放性人格：采用 Denissen 等（2008）编制的大五人格量表中的开放性人格维度进行测量，包括 12 个题项，如“我经常反思或深入思考”。使用 Likert-5 点记分制进行测量，“1=完全不符合”，“5=完全符合”。

职业适应能力：采用在第四章中所开发的职业适应能力量表，包括 24 个题项。

控制变量:年龄、工作年限、婚姻状况、教育背景和技术等级作为控制变量。

(四)研究方法

采用二次多项式回归与响应面分析相结合的技术对前文各个假设进行检验。

首先,采用二次多项式回归的方法探究领导—员工价值一致性对职业适应能力的影响,多项式回归模型 $Z = b_0 + b_1X + b_2Y + b_3X^2 + b_4XY + b_5Y^2 + e$ 所表示的二次多项式在代数意义上具备完整性,能够既直接又全面地测量两个变量本身及其之间的各种关系。然而,上述公式产生的二次项或乘积项回归系数有时会难以直观得到解释,借助响应面分析能够很好地对其进行解释。

运用响应面分析技术来进一步解释领导—员工价值一致性对职业适应能力的影响,即根据完整的二次多项式回归方程得到的回归系数($b_0, b_1, b_2, b_3, b_4, b_5$),利用响应面分析的技术计算出相应的拐点坐标、第一主轴和第二主轴表达式,以及响应面底面 $X=Y$ 和 $X=-Y$ 这两条直线的斜率和曲率,据此绘制出各种形状的三维图形,反映三个变量之间的关系,从而深入直观地展现领导—员工价值一致性对职业适应能力的影响。这类影响主要通过对响应面底面 $X=Y$ 和 $X=-Y$ 这两条直线的斜率和曲率的分析来研究。其中,响应面沿着 $X=Y$ 的斜率为(b_1+b_2),曲率为($b_3+b_4+b_5$);响应面沿着 $X=-Y$ 的斜率为(b_1-b_2),曲率为($b_3-b_4+b_5$)。曲率小于零且显著,说明不一致性线为一条倒 U 形曲线。曲线两端不一致,中间一致,越接近中间(越一致)职业适应能力越高。反之,曲率大于零且显著,说明不一致性线为一条 U 形曲线。曲线两端不一致,中间一致,越接近中间(越一致)职业适应能力越低。斜率大于零且显著,说明不一致性线的右端要高于左端;反之,斜率小于零且显著,说明不一致性线的左端要高于右端。

其次,继续采用二次多项式回归与响应面分析相结合的技术检验领导—员工价值一致性匹配对角色认同这一中介变量的影响。再采用二次多项式中介效应的检验方法来检验领导—员工价值一致性匹配通过角色认同的路径对职业适应能力的影响。最后,进一步探讨开放性人格对领导—员工价值一致性与角色认同关系的调节作用。

二、领导—员工价值一致性匹配与技能人才职业适应能力关系检验

(一)共同方法偏差与信效度检验

1. 共同方法偏差检验

为了检验问卷中所有的填答题项是否存在共同方法偏差,采用 SPSS 软件利用 Harman 单因素方法进行共同方法检验。Harman 单因素检验表明,未经旋转

的探索性因素分析共析出 5 个主因子，第一个因素的贡献率为 22.42%，方差的总贡献率为 71.21%，第一个因素的变异程度没有超过总变异程度的一半（31.48%），因此问卷数据不存在严重的共同方法偏差影响。

2. 信度检验

信度是内部一致性与稳定性的评价，在测量中用以评价测量结果的一致性、稳定性和可靠性（梁建等，2008）。参考 Churchill（1979）的标准，α 系数大于 0.7 说明量表信度较好。由表 7-15 可知，领导价值一致性、价值一致性、角色认同、开放性人格和职业适应能力的 α 系数分别为0.82、0.89、0.80、0.81 和 0.94，均大于 0.7。这说明各指标可靠性非常好，量表信度均符合要求。

表 7-15 各变量的信度、KMO 和 Bartlett 检验

变量	α 系数	KMO 度量	Bartlett 的球形度检验		
			χ^2	df	Sig.
价值观	0.82	0.81	654.69	18	.000
领导价值观	0.89	0.88	636.03	18	.000
角色认同	0.80	0.80	1 284.95	21	.000
开放性人格	0.81	0.79	551.76	45	.000
职业适应能力	0.94	0.92	4 553.61	276	.000

3. 效度检验

在信度检验的基础上，为进一步检验聚合效度和区分效度，进行 CFA 检验。通过 CFA 构建多因子竞争模型，由表 7-16 可知，相比于其他模型，五因子模型的拟合度指标最优（χ^2/df = 2.08，TLI = 0.91，CFI = 0.90，SRMR = 0.05，RMSEA = 0.07），表明领导价值一致性、价值一致性、角色认同、开放性人格和职业适应能力具有较好的区别效度。

表 7-16 验证性因子分析结果

模型	χ^2/df	TLI	CFI	SRMR	RMSEA
单因子模型（EV + LV + RI + EO + OA）	2.79	0.68	0.70	0.07	0.09
二因子模型（EV + LV、RI + EO + OA）	2.59	0.72	0.73	0.07	0.08
三因子模型（EV + LV、RI + EO、OA）	2.43	0.75	0.76	0.07	0.08
四因子模型（EV + LV、RI、EO、OA）	2.19	0.79	0.80	0.06	0.07
五因子模型（EV、LV、RI、PC、OA）	2.08	0.91	0.90	0.05	0.07

注：EV = 价值观，LV = 领导价值观，RI = 角色认同，EO = 开放性人格，OA = 职业适应能力；“ + ”表示合并为一个因子。

（二）描述统计与相关分析

描述性统计与相关分析的结果见表 7-17：价值观与角色认同显著正相关（$r=0.52$，$p<0.01$），领导价值观与角色认同显著正相关（$r=0.47$，$p<0.01$），角色认同与职业适应能力显著正相关（$r=0.57$，$p<0.01$），这些变量之间的相关性均符合理论预期。

表 7-17　各变量描述性统计及相关性

变量	*M*	SD	1	2	3	4	5	6	7	8	9
1. 年龄	2.15	0.39									
2. 工作年限	2.48	0.71	0.59**								
3. 技术等级	3.03	0.20	0.11	0.02							
4. 婚姻状况	1.26	0.47	-0.20**	-0.10	-0.04						
5. 教育背景	3.08	0.55	-0.27**	-0.25**	-0.02	-0.02					
6. 价值观	4.23	0.55	0.01	-0.13**	0.12	-0.03	-0.01				
7. 领导价值观	4.28	0.63	-0.04	-0.19**	0.06	-0.03	0.05	0.62**			
8. 角色认同	4.31	0.59	-0.04	-0.20**	0.07	-0.09	0.11	0.52**	0.47**		
9 开放性	3.90	0.35	-0.05	-0.17**	0.05	-0.58	0.11	0.55**	0.43**	0.49**	
10. 职业适应能力	4.48	0.47	0.02	-0.19**	0.05	-0.14*	0.04	0.70**	0.75**	0.57**	0.56**

注：*** 表示 $p<0.001$；** 表示 $p<0.01$；* 表示 $p<0.05$。

（三）假设检验

1. 领导—员工价值一致性匹配与职业适应能力的实证检验

在二次响应面回归分析之前，要先明确多少被试在两个预测变量之间存在差异以及差异的方向如何，即确定匹配一致、不一致以及两种不一致的方向分别占的比例与理论假设的是否相同，进而保证检验匹配情况对结果变量的影响不会受到质疑（Shanock et al.，2010）。参考 Fleenor 等（1996）学者做法，首先将两个预测变量转换为标准分数，然后以一个预测变量高于或低于另一个预测变量半个标准差为划分依据。根据表 7-18 中的领导—员工价值一致性匹配描述性统计结果，价值观和领导价值观之间一致的比例占 52.12%，出现不一致的情况有 47.88%。匹配不一致的比例将近 50%，表明适合进行响应面分析。

表 7-18 领导—员工价值一致性匹配的描述性统计结果

	n	%	均值(价值观)	均值(领导价值观)
员工价值一致性大于领导价值一致性	58	24.58%	0.48	-0.59
一致	123	52.12%	0.09	0.01
员工价值一致性小于领导价值一致性	55	23.30%	-0.71	0.40

在进行实证分析之前,先在构造交互项之前对解释变量进行中心化处理,以确保模型估计的有效性和一致性。此外,对回归模型的进入变量进行了 VIF 诊断,结果表明,VIF 值均为 1 左右,表示多重共线性问题得到控制。此部分多项式回归模型为 $OA = b_0 + b_1(EV) + b_2(LV) + b_3(EV^2) + b_4(EV \times LV) + b_5(LV^2) + e$。其中,OA 代表职业适应能力,EV 代表技能人才价值一致性,LV 代表领导价值一致性。关于领导—员工价值一致性匹配对职业适应能力的多项式回归与响应面分析的结果见表 7-19。

表 7-19 多项式回归与响应面分析结果

	职业适应能力		
	模型 1	模型 2	模型 3
控制变量			
年龄	0.16	0.08	0.09
工作年限	-0.28**	-0.09	-0.10*
婚姻状况	0.04	-0.03	-0.03
教育背景	-0.14*	-0.11**	-0.12**
技术等级	0.03	0.02	0.04
自变量			
EV		0.36***	0.26
LV		0.53***	2.21***
EV^2			0.56
EV × LV			-0.87
LV^2			-1.18**
R^2	0.08**	0.69***	0.73***
ΔR^2		0.68***	0.72***
响应面分析			
拐点坐标		(0.39,0.80)	
第一主轴		$Y=0.89-0.23X$	

续上表

	职业适应能力		
	模型 1	模型 2	模型 3
第二主轴		$Y=-0.84+4.25X$	
斜率(EV = LV)			2.46***
曲率(EV = LV)			-1.48
斜率(EV = -LV)			-1.95**
曲率(EV = -LV)			0.25

注：*** 表示 $p<0.001$；** 表示 $p<0.01$；* 表示 $p<0.05$。

根据表 7-19，模型 3 的 ΔR^2 为 0.72，与模型 2 相比有显著的增加，表明包含二次项的回归方程有更好的解释能力，因此用二次多项式响应面分析的方法更具备合理性。为检验领导—员工价值一致性高时职业适应能力也高的假设，需要分析响应面沿着 LV = EV 的斜率和曲率是否显著，即斜率大于零且显著时，表明职业适应能力随着技能人才价值观和领导价值观一致性的提升而递增；斜率小于零且显著而曲率不显著时，表明职业适应能力随着技能人才价值观和领导价值观一致性的提升而递减。根据表 7-19，响应面沿着 LV = EV 的斜率大于零且显著（斜率 $q_{slope}=2.46, p<0.01$；曲率 $q_{curvature}=-1.48, p>0.05$），假设 9 得到支持。基于表 7-19 中模型 3 的数据，可绘制出响应面，如图 7-13 所示。

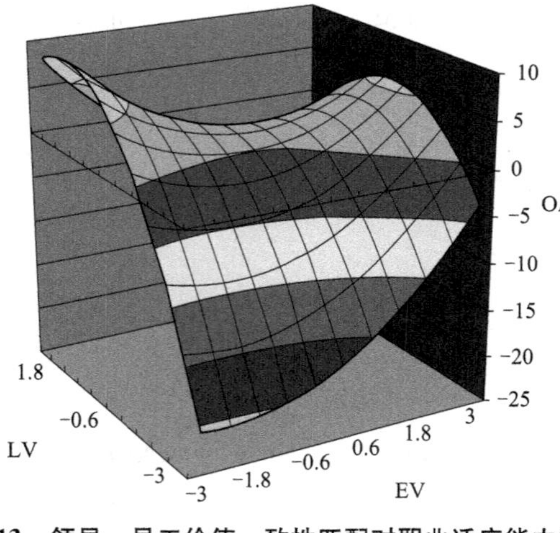

图 7-13　领导—员工价值一致性匹配对职业适应能力的影响

2. 领导—员工价值一致性匹配与角色认同的实证检验

为检验领导—员工价值一致性匹配通过角色认同路径对职业适应能力产生

影响,需要先对领导—员工价值一致性匹配与角色认同的关系进行分析。在进行实证分析之前,先在构造交互项之前对解释变量进行中心化处理,以确保模型估计的有效性和一致性。此外,对回归模型的进入变量进行了VIF诊断,结果表明,VIF值均为1左右,表示多重共线性问题得到控制。此部分多项式回归模型为 $RI = b_0 + b_1(EV) + b_2(LV) + b_3(EV^2) + b_4(EV \times LV) + b_5(LV^2) + e$,其中,RI代表角色认同。关于领导—员工价值一致性匹配对角色认同的多项式回归与响应面分析的结果见表7-20。

表7-20 多项式回归与响应面分析结果

	角色认同		
	模型1	模型2	模型3
控制变量			
年龄	0.11	0.05	0.07
工作年限	-0.25**	-0.13	-0.14*
婚姻状况	0.06	0.01	0.02
教育背景	-0.09	-0.07	-0.07
技术等级	0.08	0.08	0.08
自变量			
EV		0.36***	1.79**
LV		0.24**	0.47
EV^2			-0.63
EV × LV			-1.54
LV^2			0.66
R^2	0.07*	0.34***	0.36**
ΔR^2		0.32***	0.33*
响应面分析			
拐点坐标		(0.77,0.54)	
第一主轴		$Y=2.17-2.14X$	
第二主轴		$Y=0.18+0.47X$	
斜率(EV = LV)			2.25**
曲率(EV = LV)			-1.51
斜率(EV = -LV)			1.32*
曲率(EV = -LV)			1.58

注:***表示 $p<0.001$;**表示 $p<0.01$;*表示 $p<0.05$。

根据表7-20，模型3的ΔR^2为0.363，与模型2相比有显著的增加，表明包含平方项的回归方程有更好的解释能力，因此用多项式回归与响应面分析相结合的方法更具备合理性。参考前人研究成果，本节通过模型3中的非标准化系数、回归系数协方差和标准误对响应面沿着$Y=X$和$Y=-X$的斜率和曲率进行显著性的检验。为检验领导—员工价值一致性高时角色认同也高，需要分析响应面沿着LV = EV的斜率和曲率是否是显著的，即斜率大于零且显著而曲率不显著时，表明角色认同随着技能人才价值观和领导价值观一致性的提升而递增；斜率小于零且显著而曲率不显著时，表明角色认同随着技能人才价值观和领导价值观一致性的提升而递减。根据表7-20，响应面沿着LV = EV的斜率大于零且显著（$q_{slope}=2.25$，$p<0.01$；$q_{curvature}=-1.51$，$p>0.05$），即领导—员工价值一致性高时角色认同也高得到支持。基于表7-20中模型3的数据，可绘制出响应面，如图7-14所示。

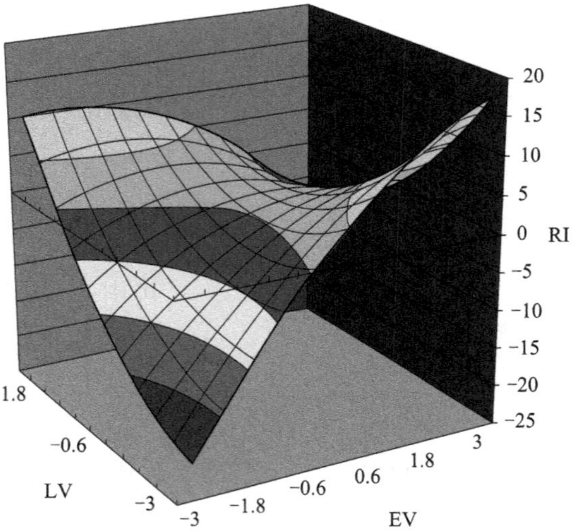

图7-14 领导—员工价值一致性匹配对角色认同的影响

3. 角色认同的中介作用分析

从前文分析可以发现，领导—员工价值一致性和角色认同存在一定的相关关系，接下来对角色认同的中介作用进行检验。首先将结果变量职业适应能力(OA)对价值观(EV)、领导价值观(LV)、技能人才价值观和领导价值观的交互(EV × LV)、技能人才价值观的平方(EV^2)、领导价值观的平方(LV^2)进行二次多项式回归，然后将中介变量角色认同(RI)也放入方程进行回归，结果分别见表7-21中的模型1和模型2所示。

由表7-21可知,在加入角色认同后,模型2的 R^2 要比模型1的 R^2 显著增加($\Delta R^2 = 0.73, p < 0.05$)。在控制了来自领导—员工价值一致性的影响以后,角色认同影响职业适应能力的系数显著且大于零(系数 = -1.28, $p < 0.05$),与此同时,员工价值观和领导价值观的一次项系数都明显变小了。

表7-21 领导—员工价值一致性与角色认同对职业适应能力的影响

	模型1	模型2
年龄	0.089	-0.00
工作年限	-0.10	0.08
婚姻状况	-0.03	-0.08*
教育背景	-0.12	-0.03
技术等级	0.04	-0.11*
EV	0.26	0.03**
LV	2.21	-0.01
EV^2	0.56	2.14
EV × LV	-0.87	0.65
LV^2	-1.19	-0.64
RI		-1.28*
R^2	0.73***	0.75*
ΔR^2		0.73*

注:*** 表示 $p < 0.001$;** 表示 $p < 0.01$;* 表示 $p < 0.05$。

为进一步检验角色认同的中介效应,将技能人才价值观(EV)、领导价值观(LV)、技能人才价值观和领导价值观的交互(EV × LV)、技能人才价值观的平方(EV^2)、领导价值观的平方(LV^2)变成一个BLOCK变量来进行验证,从而得出BLOCK变量的唯一系数来表示领导—员工价值一致性对角色认同的影响。紧接着,采用bootstrap方法检验领导—员工价值一致性通过角色认同对职业适应能力的间接效应,见表7-22。

表7-22 领导—员工价值一致性对职业适应能力的直接和间接效应

变量	角色认同		职业适应能力	
	系数	标准误	系数	标准误
BLOCK的系数(领导—员工价值一致性的直接效应)	-0.07**	0.01	-0.11***	0.01
角色认同			0.57**	0.08
领导—员工价值一致性通过角色认同的间接效应			-0.09***	0.01
95%置信区间的间接效应			[-0.11, -0.07]	

注:*** 表示 $p < 0.001$;** 表示 $p < 0.01$;* 表示 $p < 0.05$。

根据表7-22可知，角色认同对职业适应能力回归的系数显著为正（系数 = 0.57，S.E. = 0.08，$p < 0.01$），表明角色认同正向影响职业适应能力。此外，领导—员工价值一致性所组成的BLOCK对角色认同的直接效应显著为负（系数 = −0.07，S.E. = 0.01，$p < 0.01$），领导—员工价值一致性匹配对职业适应能力的直接效应显著为负（系数 = −0.11，S.E. = 0.01，$p < 0.001$），领导—员工价值一致性匹配通过角色认同对职业适应能力的间接效应显著为负（系数 = −0.09，S.E. = 0.01，$p < 0.001$，95% CI = [−0.11，−0.07]）。从上表所反应的直接效应和间接效应可以看出，角色认同部分中介了领导—员工价值一致性匹配对职业适应能力的影响，假设10得到了支持。

4. 开放性人格的调节作用分析

将开放性人格与领导价值观、技能人才价值观的交互项以及开放性人格、领导价值观、技能人才价值观三者交互项分别纳入方程。开放性人格调节效应检验见表7-23，模型2的统计量 F-statistic 显著（$F = 19.48$，$p < 0.001$），说明开放性人格的调节效应显著。

表7-23　开放性人格调节效应检验

	模型1	模型2
年龄	0.07	0.07
工作年限	−0.14*	−0.12
婚姻状况	0.02	0.02
教育背景	−0.07	−0.06
技术等级	0.08	0.06
EV	1.79**	1.64*
LV	0.47	0.63
EV^2	−0.63	−0.72
EV × LV	−1.54	−1.32
LV^2	0.66	0.33
EO		0.27**
EV × EO		−1.21
LV × EO		0.10
EV^2 × EO		1.15
LV^2 × EO		−0.01
EV × LV × EO		−0.02

续上表

	模型 1	模型 2
F - statistic	12.43***	9.29***
R^2	0.33***	0.37**

注：*** 表示 $p<0.001$；** 表示 $p<0.01$；* 表示 $p<0.05$。

进一步分别计算在高低不同水平的开放性下，响应面在一致性（EV = LV）线下斜率 q_{slope} 和曲率 $q_{curvature}$ 的变化结果见表 7-24。首先，高开放性下，响应面斜率显著（模型 2，q_{slope} = 0.20，95% CI[0.03，0.41]），在低开放性下，响应面斜率不显著（模型 1，q_{slope} = 0.26，95% CI[-0.05，0.33]）。这说明技能人才价值观和领导价值观组合的非对称效应（即在一致组合中，价值一致性对角色认同的影响具有显著差异）在高开放性下存在，在低开放性下不存在。其次，在低开放性下，响应面曲率不显著（模型 1，$q_{curvature}$ = 0.36，95% CI[-0.98，0.21]），这说明在低开放性下，技能人才价值观和领导价值观的一致性组合和不一致性组合对于职业适应能力的显著提升没有明显差异。最后，在高开放性下，响应面曲率显著（模型 2，$q_{curvature}$ = 0.08，95% CI[0.15，0.49]），这说明在高开放性下，技能人才价值观和领导价值观的一致性组合相对于二者的不一致组合更有利于激发角色认同。综上，开放性人格对领导—员工价值一致性与角色认同间关系起到调节作用，高开放性人格下领导—员工价值一致性对角色认同的影响更为显著，假设 11 得到支持。

表 7-24　高低不同水平开放性人格下响应面斜率和曲率检验结果

角色认同	开放性人格	响应面斜率		响应面曲率	
		q_{slope}	95% CI	$q_{curvature}$	95% CI
模型 1	低	0.20	[-0.03，0.41]	-0.36	[-0.98，0.21]
模型 2	高	0.26	[0.05，0.33]	0.08	[0.15，0.49]

三、领导—员工价值一致性匹配与新时代技能人才职业适应能力之间的关系

根据前文的理论分析，引入领导价值观和技能人才价值观，探究领导—员工价值观一致性对新时代技能人才职业适应能力的影响；并基于认同理论，探讨了角色认同在技能人才领导—员工价值观一致性与职业适应能力之间的中介作

用,开放性人格在其中的调节作用。以来自建筑业、制造业的 798 名技能人才为样本进行实证检验,通过二次多项式回归与响应面分析发现:

(1)领导—员工价值一致性匹配对结果变量职业适应能力的影响。结果表明,如果技能人才价值观和领导价值观的匹配程度高,技能人才的职业适应能力也高。

(2)领导—员工价值一致性匹配对中介变量角色认同的影响。结果表明,如果技能人才价值观和领导价值观的匹配程度高,技能人才的角色认同也高。

(3)角色认同在领导—员工价值一致性匹配影响职业适应能力的中介效应。结果表明,技能人才角色认同部分中介了领导—员工价值一致性匹配对其职业适应能力的影响。

(4)开放性人格对领导—员工价值观一致性与角色认同间关系的调节作用。结果表明,开放性人格在领导—员工价值一致性与角色认同间关系起到调节作用。

第六节　本章小结

本章在理论分析的基础上,选取了铁路行业、钢结构制造业、建筑业等不同领域的技能人才,用实证研究的方法探究了不同层面技能人才职业适应能力的驱动因素,并在认同理论的基础上,探明了不同层面驱动因素发挥作用的中间作用机制。

通过多层次线性模型的分析,发现组织层面的高绩效工作系统对新时代技能人才的职业适应能力具有正向影响,组织认同在高级工作系统影响其职业适应能力过程中发挥中介作用,开放性人格起到有调节的中介作用。结构方程模型的研究结果表明,领导层面的服务型领导对技能人才的职业适应能力具有正向影响,而辱虐型领导对职业适应能力具有负向影响,领导认同在两种领导风格影响技能人才职业适应能力过程中均发挥中介作用,开放性人格起到有调节的中介作用。采用响应面分析研究发现,领导与技能人才的价值观一致性越高,技能人才的职业适应能力也就越高,技能人才的角色认同在其中起到中介作用,开放性人格在领导—员工价值观一致与角色认同之间起调节作用。

第八章

新时代技能人才职业适应能力提升策略与路径

对于新时代技能人才职业适应能力的干预提升，是对本书中实证研究的延伸，也是理论研究与实践应用的有效结合。为了有效提升新时代技能人才职业适应能力，可以从组织、领导及技能人才个体三个方面出发，提出针对技能人才职业适应能力的组织制度设计、领导管理策略和自我干预提升方法等建议。在技能人才职业生涯发展过程中，组织创造良好的职业适应提升环境与手段、领导者掌握影响下属职业适应能力的影响因素及提升方式、技能人才本身学会职业适应能力提升的自我调节方法，对技能人才职业生涯发展的影响意义深远。同时，结合企业管理实践与现有科技手段，提出提升技能人才职业适应能力的方法与设备，管理与实践相结合，共同提高新时代技能人才职业适应能力。

第一节　新时代技能人才职业适应能力提升策略

一、组织层面新时代技能人才职业适应能力提升策略

（一）建立新时代技能人才职业适应能力动态评价体系

技能人才是企业自主创新、快速发展的宝贵人力资源，对技能人才职业适应能力进行探索并用指标进行量化，是提升企业技能人才管理质量、优化技能人才队伍质量的有效手段。新时代职业适应能力是一个多维度概念，包括情绪复原、心理适应、认知、价值取向、专业能力等多个方面。结合企业技能人才岗位特征，基于科学性、系统性、实用性及定性与定量相结合的原则，建立技能人才职业适应能力评价与开发体系，将其应用于技能人才的招聘与培训过程中，从而在源头上保障所选人才的素质水平。本书构建的技能人才职业适应能力评价与开发体系对企业，尤其是铁路行业、制造业的技能人才招聘、培训、日常管理等工作的开展具有重要指导意义，对选择胜任者具有重要作用，同时可对在岗技能人才进行适当的心理干预，提升其职业适应能力以便提高产品质量、改善工作绩效。

此外，企业还可以建立个性化咨询与集中式培训相结合的职业适应能力评价体系。入职前的人才储备和入职培训为技能人才快速适应岗位工作奠定良好基础，技能人才职业适应能力五维模型则为提高技能人才职业适应能力提供了科学的评价机制。为保障其适应变化的环境，企业还应实时动态更新评价标准与手段，为技能人才提供合理的测评依据。

基于技能人才职业适应能力测评结果与工作表现，企业首先应结合技能人才自身能力和素质，采用个性化咨询方式为其提供针对性的职业生涯管理支持。其次，对于企业技能人才群体普遍面临的问题，应定期进行回访和疏导，给予技能人才组织支持。对企业而言，技能人才是产品质量和企业发展的人力资源保障，其职业适应能力显著影响这一群体的产出成果。因此，企业可采用学徒制，一方面以学徒形式培训技能储备人才，在其进入关键岗位前就对其操作能力进行培训；另一方面，与职业院校开展校企联合，搭建校企合作三级管理平台，制订校企人才培养标准体系，构建校企合作协调工作体系，校企双方根据不同类型的企业需求探索订单培养形式，如“定向委托”班、“专门化方向”班，为企业培训技能人才，提前培养满足企业需求的技能人才。

（二）完善高绩效工作系统中职业适应能力管理

1. 注重技能人才的招聘选拔，优化技能人才的在岗培训模式

在人才招聘过程中，对其职业适应能力进行评估，是多数企业人力资源管理实践的首要环节。该评估的意义在于初次筛选并淘汰该岗位工作的人员从而提高招聘效率与质量，对技能人才自身职业发展与企业绩效乃至长远发展均意义重大。

对于多数技能人才所属企业来说，加强企业职工培训工作，发挥企业的主体作用，加强技能人才的培训工作，才能提高技能人才的职业适应能力和整体素质。企业在技能人才培训方面，一方面要紧跟国家政策部署、勇于创新和突破，如搭建校企合作平台、技能培训前移至职业教育阶段，尽力打造真实的操作环境，加深校企合作的深度及广度；另一方面，凭借企业自身的技能人才队伍搭建内部培训师资，优化培训模式，做好以技术为导向、以技能为主线的培训工作，避免照本宣科、华而不实、流于形式的在职培训，以此为基础不断培训新的技能人才，提升企业技能人才职业适应能力。

2. 建立新时代技能人才的绩效管理体系，激发技能人才的主观能动性

国内外有关技能人才工作任务的考核，以工时定额为主，目前国内许多小型

制造企业及部分重型装备制造企业,由于产品种类繁多、生产工艺复杂或者技术储备、标准化程度低等原因,仍采用以经验为主的工时定额方法。这种绩效考核方式,不利于激发技能人才参与技术改进、成本控制及质量提升的热情,很多企业也没有认识到企业转型升级过程中技能人才的重要性。新时代背景下,在我国制造业创新驱动、注重增长质量的时代要求下,建立科学合理的针对技能人才的绩效管理体系,提升技能人才自主提升的积极性,具有非常重要的意义。

首先,企业应建立规范的技能人才绩效考核标准,建立标准的过程要公开透明并确保技能人才充分参与,针对技能人才绩效考核标准的划分,通过企业高层、人力资源管理部门及技能人才的共同参与,制定出合理公平的绩效考核制度。其次,企业对技能人才绩效考核,要做到定额管理理论和绩效管理理论有机结合,除了技能人才完成计件工作的时长外,还要考虑他们额外为改善作业流程付出的时间,可从技能人才绩效、态度及自我提升三方面综合评价绩效。最后,企业应对考核结果进行公示,同时构建技能人才的绩效目标与目标修正措施,从绩效计划、绩效辅导、绩效沟通、绩效反馈和绩效应用五个环节实施绩效考核。在完善的绩效管理体系下,使技能人才更加明确其职业定位,增加工作热情,提升职业满意度。

此外,行为科学家赫茨伯格的“双因素理论”指出,保健因素如工作环境、福利待遇等可以消除人们的不满,但不会带来满意感,而激励因素如挑战性的工作、职业成长和职业发展的机会则能带来满意感。也就是说,人们在保健因素和激励因素都存在且发挥作用时,会提高其工作满意度。因此,物质激励仍是必不可少的激励手段。一方面,企业可增加技能人才创新启动资金,支持技能人才在工作之余探索技能方面的创新,从而提升他们的工作热情,提升工作敬业度。另一方面,制订合理科学的物质奖励办法,鼓励技能人才工作创新,对产生明显经济效益、优化作业流程、缩短作业时间、提升产品质量的创新进行物质激励,从而促进技能人才的创新激情,推动技能人才队伍高素质发展。

3. 完善信息沟通平台,改善组织管理方式,提升技能人才职业归属感

新时代技能人才注重个人价值的实现,当他们感知到工作具有价值和意义时,会产生较强的组织认同,进而提高职业适应能力。由于高绩效工作系统为技能人才提供了系统科学的培训、个性化的职业发展规划、较高的工作自主性,技能人才感知到高水平的程序公正,进而产生被组织重视和尊重的感知,从而提升职业归属感。企业应当通过搭建完善的信息沟通平台,改善组织管理方式,向技

能人才传递组织关于技能提升、激励机制、职位晋升等方面的相关信息，降低技能人才工作中的不确定性，提高其自我提升的动机，增加组织认同感。

企业在管理中要始终坚持以人为本的管理理念，重视技能人才的工作自主性，主动了解技能人才的职业诉求，鼓励技能人才建言献策，为促进技能人才职业发展营造健康和谐的职场环境。此外，目前技能人才管理中，普遍存在着激励手段匮乏、人员跳槽频繁、管理成本上升等现象，这些现象出现的原因除了绩效考核不合理、薪酬制度不健全、激励制度不完善外，深层次原因是组织忽视了技能人才心理和行为及职场环境对他们的影响。因此，企业在管理过程中，需要给予技能人才一定的工作自主权，鼓励技能人才优化作业流程，建立健全技能人才绩效考核评价体系，改变以往计件的单一绩效考核方式，对改善作业流程、提升工作效率的建议进行奖励，激发技能人才的创新热情，建立规范化的支持技能人才创新发展的制度环境。在这种大环境下，使技能人才体会到职业成就感，感知到社会尊重和认可，从而提升其职业归属感。

4. 拓宽技能人才的职业发展路径，提升技能人才职业适应能力

赫茨伯格“双因素”理论认为能够使个体产生满意度的多是工作本身或工作内容，这些因素使技能人才感到个人自我需求的实现，如挑战性工作、增加的工作责任、成就及职业成长和发展机会。在拓宽技能人才晋升通道方面，建立贴合企业实际的职业技能鉴定模式，充分利用中央和地方政策，构建基于企业生产现场和岗位要求、突出工作业绩的技能人才鉴定模式。企业可在技能人才培养、选拔、评价、流动、激励等方面创新机制，加大技能人才队伍建设力度，带动技术自主创新，支撑企业快速发展。

目前技能人才主要以单通道发展为主，当前应为技能人才设立一条新的职业发展通道，在产业工人传统职业晋升通道的基础上，进一步拓宽技能人才晋级通道，完善技能人才单通道、双通道及多通道晋升机制。具体来说，企业可从以下方面开展工作。

(1)以职业资格为导向，畅通人才发展渠道。企业可推行内部职业资格鉴定制，在国家职业鉴定考核的基础上，围绕解决问题能力、工作效率和质量、技艺传承成果等方面进行动态评价，根据评价结果对技能人才进行相应等级的聘任，并与薪酬激励有机结合，激发技能人才持续提升技能的积极性。

(2)以培训实训为重点，提升人才技能水平。企业可依托现有培训场地和资源，探索集中学习、自主学习、线下学习等多种模式，构建职业终身培训体系，

让技能人才自主学习有平台、上岗之前有缓冲、能力提升有回报。

(3)以技能竞赛为引领,完善人才选拔体系。把职业技能竞赛作为提升技能、选拔人才的重要途径,构建省部级、公司级、工厂级三个层次,内部、外部两个方面的竞赛组织体系,以赛促训、以赛促练、以赛促生产,通过竞赛选拔人才。同时,设立技能大赛专项奖金,对在技能竞赛中获得名次的人才给予一定的物质奖励,并召开专题会议进行表彰;对于表现突出的高技能人才给予命名成果、授予讲师资格、创建技能大师工作室、优先推荐申报上级荣誉等奖励。

(4)以鉴定平台为依托,推进人才自主评价。建立职业技能鉴定质量管理体系,完善职业技能鉴定站的组织机构和各项规章制度,规范鉴定流程,确保鉴定质量。通过以上方式,拓展技能人才职业发展路径,充分发挥技能人才潜能,提升其职业适应能力。

(三)强化新时代技能人才组织认同,引导职业适应能力提升

1.提升新时代技能人才的组织认同

组织认同是影响技能人才工作行为和结果的重要因素。企业在管理中要注重技能人才组织认同动态变化,掌握组织者影响技能人才认同感的因素,采取有效措施减少影响技能人才组织认同感的消极因素,提升其组织认同感。研究发现,影响技能人才组织认同感的组织因素主要有企业对技能人才的支持、组织公平、组织文化、组织沟通、感知到的组织形象等,企业在管理实践中可以采取组织层面的措施提升他们的组织认同。

企业要给技能人才提供充分的支持,组织支持是技能人才发展、企业进步的重要条件。赫茨伯格“双因素”理论认为使员工感到不满的多是工作环境和工作关系方面的因素,如公司政策、组织管理措施、组织监督方式、职场人际关系、物质工作条件、福利待遇等,当这些因素低于员工可接受程度时,就会使员工产生不满情绪,组织认同感降低。企业应该充分理解技能人才需求,并采取针对性的措施提高员工组织认同。一方面,企业要为技能人才提供良好的工作环境,相比于科技型企业,制造业、运输业等技能人才工作环境相对较差,这与技能人才工作内容有密切关系。因此,企业要在现有基础上尽可能改善技能人才的工作环境,包括作业场所、休息场所等环境,满足技能人才的基本工作需求。另一方面,技能人才薪酬感知会正向影响其组织认同,企业要为技能人才提供与岗位价值相匹配的福利待遇,从而提升其组织认同。技能人才频繁跳槽的一个重要原因是随着工龄增长所增加的工资远低于同龄新员工待遇,这使得技能人才选择

采用跳槽方式获得更高的待遇。企业在现有福利待遇基础上，应为激发技能人才工作热情、创新行为等制订一系列激励措施。企业要注意外在薪酬要与社会需求和行业发展趋势接轨，及时了解全行业同岗位薪酬水平及技能人才的期望，设计出与岗位相匹配的薪酬体系。

2. 重视技能人才工作价值观的引导和树立

与老一辈技能人才相比，新时代技能人才的工作价值观存在代际差异。新时代技能人才多数是"80 后""90 后"，这类群体更倾向于在制度规范、管理透明、充满人文关怀并能让技能人才实现个人价值的企业中工作。新时代技能人才多数在大专学历以上，拥有相对完善的教育经历、相对公开的人际环境、相对强烈的成就渴望，简单的入职培训很难让他们理解并内化企业核心价值观，塑造与企业价值观相一致的工作价值观。因此，企业在引导技能人才塑造健康工作价值观的过程中，要紧密结合新时代技能人才的典型特征，在入职培训、在岗培训和日常管理中让其全面了解企业文化，增强其工作效能感，使其掌握解决工作问题的技能、具备较强的心理素质，以积极健康的状态进行工作从而形成健康的工作价值观，以提升其组织认同感。

同时，技能人才在进入技能岗位需要适应过程，他们可能会面临工作环境、工作方式等方面的不适应，此时如果缺乏组织正确及时的引导，可能会让技能人才降低工作热情、组织认同感。对于企业人力资源部门来说，要及时做好技能人才的心理疏导、职业指导工作，通过技能培训、心理教育、团队建设等提升技能人才的职业适应能力，减少在工作中产生的挫败感、焦虑感、工作不安全感等负面情绪，使其能够积极主动地应对和解决工作中遇到的问题和挫折，形成正确的工作价值观。对于与企业价值观相悖、负面情绪较多的技能人才来说，人力资源管理部门应重点关注这类技能人才，通过企业的各种活动、教育培训引导其形成正确的工作价值观。

二、领导层面新时代技能人才职业适应能力提升策略

（一）基于领导理论的新时代技能人才职业适应能力提升策略

研究结果表明，辱虐管理负向影响技能人才的组织认同，服务型领导正向影响技能人才的组织认同，进而对其职业适应能力产生作用。这对企业管理者具有一定的借鉴意义。总的来说，领导者要准确理解企业核心价值观、企业文化、职业发展目标等，并践行到管理实践中，领导者的组织认同会间接影响技能人才

对组织的认同程度。同时,领导者要合理使用领导方式。不同的领导方式对技能人才心理和行为产生的影响是存在差异的。领导者要尽量改变减少甚是避免辱虐管理,多使用服务型领导风格,并在管理过程中,应注意采取措施增强下属对自己的认同。

辱虐管理对技能人才的消极影响要远多于积极影响,辱虐管理会对技能人才的心理和行为产生负面影响,进而影响其工作行为和结果。领导者对技能人才的绩效、晋升、职业发展具有一定的影响,正是由于领导的这种作用,加之中国组织情境的中庸思想和权力距离的影响,技能人才对领导者的辱虐管理很少产生正面反抗、激烈冲突,而是在工作过程中将这种负面影响自我消化或表现出来,如降低对领导的认同感、减少组织公民行为、工作投入,或者是向同事传递负面情绪,以此来降低辱虐管理带来的负面影响。这些变化领导者是很难发现的,正是由于这些变化的不可预见性,可能加剧领导—员工间的冲突矛盾,甚至影响组织凝聚力和组织绩效。如果领导向下属表现出语言或非语言敌意的破坏性行为,那么下属职业适应能力的提升就会受到影响。

服务型领导是对技能人才、其他管理者、组织等均具有积极影响的领导风格,可以满足这些利益相关者的需求。首先,领导者应主动了解并学习使用服务型领导行为。工作过程中,领导者要提高自身素养,形成“服务组织”的意识,服务于技能人才的成长和发展。一方面,服务型领导所具有的服务、远见、授权等特征,不是每个领导者都具备的,领导者可以主动学习并了解这种领导风格的本质和内涵,并将其运用于组织管理。另一方面,领导者要学习先进的管理方式和理念,提升领导能力。领导者要以能力服人,合理使用职位带来的权力,而不是以权力服人,只有领导者本身具有较高的领导水平,才能更好地管理技能人才。最后,领导者若是表现出关心下属,密切关注个人工作情况和需求,更多的以信任的方式为下属服务,那么下属会表现出更好的职业适应能力。

总的来说,当下社会信息透明度高,行业之间的交流越来越公开透明。技能人才越来越关注自身的职业发展、职业前途,当技能人才在组织中感受不到支持、对领导者管理方式不满意时,很有可能选择离职行为来避免自身职业发展的停滞。因此,管理者要全面了解技能人才的心理和行为,合理使用领导方式,对技能人才进行差异化管理,如充分了解技能人才的职业倾向和特长,为技能人才合理安排工作岗位,使其人岗匹配、充分发挥技能人才的潜能。同时,领导者要注意合理使用领导方式,服务型领导程度过高会降低领导在技能人才印象中的权威性，产生组织松散、执行力降低的现象。因此，领导者要注意恩威并施，以营造良好的管理效果。

（二）基于价值观一致性的新时代技能人才职业适应能力提升策略

对领导—员工价值一致性匹配通过角色认同对职业适应力的影响进行研究发现，首先技能人才价值观和领导价值观的匹配程度越高，其职业适应力也越高。其次，技能人才价值观和领导价值观的匹配程度越高，其角色认同也越高。最后，角色认同部分中介了领导—员工价值一致性匹配对职业适应能力的影响。

价值观是影响个体动机的深层次因素，领导—员工价值一致性对技能人才心理和行为具有深层次的激励作用。一方面，对于领导者自身来说，领导者要注重并优化价值观管理，善于运用企业规章制度规范技能人才的工作行为，在日常工作中逐渐与企业价值观相融合，形成与企业理念、核心价值观相一致的工作价值观，言传身教，对技能人才价值观产生积极影响，提升领导—员工价值观一致性。另一方面，在管理实践中，领导者要重视价值观作用，与技能人才充分交流，了解技能人才的价值观取向，向其及时传达企业愿景、解释技能人才岗位的长远意义，让其及时了解岗位及部门的发展目标，避免技能人才因对企业及岗位的不了解产生错误的工作价值观，提升技能人才价值观与领导价值观、组织价值观的一致性，更好地留住人才。

（三）基于领导认同的新时代技能人才职业适应能力提升策略

领导者要对技能人才的管理工作树立正确的认知。领导与技能人才是对等的，建立良好的上下级关系，需要领导者和技能人才双方共同努力。由于领导者是权力拥有者，对技能人才的工作资源、绩效考核、职位升迁等有一定的决定权，领导者往往属于领导—员工工作互动的消极方。技能人才将领导者视为组织代理人，领导者对自己的支持和帮助代表了组织，进而提升组织认同程度。这表明领导者的态度和行为对技能人才的组织认同影响较大。领导者在管理工作中提升技能人才职业适应能力主要可以从以下方面进行：一是领导者改变自身的认知，重视日常工作中的言行举止，成为技能人才学习的榜样；二是领导者注重技能人才心理和行为的改变，激发技能人才对领导者的认同，进而激发其积极态度和行为；三是领导者在管理过程中有效识别与其价值观一致的技能人才，提高管理有效性。

首先，领导者自身认知是领导者态度和行为的重要内在驱动，只有在认知上对自身职责与义务定位清晰，才会在工作中表现出合适的领导方式、产生良好的管理效果。领导者要学会换位思考，了解并掌握技能人才态度、行为变化的原因和趋势，运用合适的领导方式管理组织中的技能人才。

其次，领导者要注意增强与技能人才的人际互动。领导—成员交换分为两个方面，一是经济层面的交换，即正常的工作交流，这种交换只涉及薪酬、激励等物质层面的交换，对领导—员工关系的促进及技能人才对领导认同感的提升产生的作用较弱；二是人际关系的交换，这是除了工作以外的情感、关系、人际等交流，会促进领导—员工交换质量，领导者可以通过反馈、个性化关怀等方式，提高技能人才对领导者的认同感，降低权力距离，技能人才感知到来自领导的支持，会增强自身的认同感，提升职业适应能力。

最后，领导者要注重识别与其价值观相匹配的技能人才，并进行价值观交流和内化，这有利于增加领导—员工关系交换质量，降低两者间的权力距离，有利于技能人才将领导与组织密切联系起来，增强对组织的认同感，从而激发技能人才提升自身素质（如职业适应能力）、提高工作绩效，使他们能更好地为组织目标服务。

三、个体层面新时代技能人才职业适应能力提升策略

（一）树立正确的价值观，努力提升职业适应能力

现代社会对技能人才用工的一个重要特点是从学历导向走向资格导向。据统计，《华盛顿邮报》一天登载的900多个招工广告中，79%要求有技术资格证书，而对本科学历有要求的只有6%，对硕士学历有要求的工作岗位仅占2%。在德国每年有70%的初中毕业生放弃读高中继而读大学的道路，直接进入职业学校。德国的职业教育为学生的个性发展提供了相当多的可能，在德国受过良好培训的手工业者和技术工人，与教师、工程师一样受到社会的尊敬。虽然国家出台了一系列规则制度提升新时代技能人才的职场地位、拓宽技能人才的职业发展路径、改善技能人才的福利待遇，但是中国传统文化根深蒂固的刻板印象仍将技能人才与“工人”挂钩，认为人才就是学历，学历越高，人才会越拔尖。长期以来，我国的教育观念陷入了这样一个“怪圈”。这些固有的职业偏见也深深影响着高校毕业生的职业选择。对于已经选择该行业的技能人才来说，首先要从内心正确看待不同职业岗位之间的差异，充分认识个人岗位的意义。职业不分贵贱，在岗位上创造价值就是对个人的最好证明。

已有研究表明，个人的职业适应能力是职业成功的重要影响因素。对于技

能人才来说，只有树立正确的价值观，才有可能提升自身的职业适应能力，进而取得职业成功，改变他人对自己的职业偏见。具体来说，在日常工作中，积极主动了解本行业的最新行业讯息、典型案例资料，通过自学、专业培训等方式补充专业知识和技能，也可通过向行业专家、技能大师请教等形式学习，从而保证自身工作能力与岗位的匹配，处理本职工作得心应手。

（二）营造良好的职场人际环境，增加角色认同

伴随着企业发展的需要，现代企业的人员构成及社会网络呈现多元化趋势，职场人际环境也随之变得愈加复杂。良好的职场人际环境对技能人才的工作行为和结果至关重要，提高个人职业生涯韧性，锻炼政治技能可以让技能人才更快地适应工作环境、处理好人际关系，在遇到工作挫折和困境时可以寻求他人帮助、共同克服，有效降低职业压力和职场排斥。角色认同是个体基于职场环境，对岗位所处的社会地位的认同程度。个体不仅通过角色扮演表达自身对职业的认同，还会从他人或社会寻求对自身角色的认同及支持。对于技能人才来说，一方面，个体要认识到岗位的工作意义并给予积极评价，认识到角色对自身的重要程度，产生个体与岗位荣辱与共的积极情感并努力做好角色扮演。另一方面，技能人才的角色认同还来自他人，如家人、朋友及社会群众，只有加强自身素养的培养，提高责任意识、协调好与同事间的人际关系、处理好家庭与组织之间的关系，才能够安心做好本职工作，增加自身的角色认同。

对于技能人才来说，营造良好的职场人际环境，增加角色认同，均是从个体角度出发提升职业适应能力的重要举措。首先，工作沟通能力是技能人才职业发展必备的重要能力，现有技能人才工作模式多以团队协作为主，与他人良好的沟通不仅是顺利完成岗位工作的必要条件，更是提升工作绩效的重要方式。其次，角色认同是影响技能人才工作绩效的重要心理因素，只有技能人才从心理上对本职工作产生热爱，才能够产生一系列有利于提升工作绩效的行为。最后，技能人才要保持良好的心态，关心同事、领导及下级，主动与不同的人交流沟通，建立良好的职场人际环境，从外在和内在两方面寻求角色认同的支持，最终促进职业适应能力的提升。

（三）积极应对工作压力与挫折，培养良好的职业心态

心理适应能力对新时代技能人才的职业发展至关重要，尤其是在面对工作压力与挫折时，良好的心理适应能力是应对这些负面情绪的重要保障。技能人才压力主要包括工作压力、人际压力、家庭压力、个体因素及社会因素，为了更好

地工作与生活，他们必须学会如何调整和应对压力与挫折，否则会长时间处于职业应激状态而无法承受，职业心态也会恶化甚至崩溃，最终选择离职或工作绩效降低，这显然对技能人才的职业发展是不利的。

为了拥有良好的职业心态，技能人才可以从以下方面进行自我调整。一方面，培养良好心态，在困难、挫折和各种突发事件面前保持冷静和自信，正确定位自己，把奋斗目标定在个人能力所及范围之内。另一方面，积极自我调整，保持心理健康。情绪影响人的健康及工作效率，在工作或生活中感受到压力或消极甚至负面情绪时，要及时分析压力或不良情绪产生的原因并主动进行调节，可通过与人倾诉、宣泄等方式释放负面情绪。简单来说，缓解压力和减少不安的最有效方法，是去了解、掌握状况，并且设法提升自身的能力。通过读书、“读”人、“读”事，通过自学、参加培训等途径，提升自己的职业能力和职业竞争力，从而拥有良好的职业心态。总的来说，新时代技能人才应主动适应职业要求，保持健康心理状态，调适各种心理问题，从而保持良好的职业心态。

第二节　新时代技能人才职业适应能力提升路径

新时代技能人才职业适应能力包含情绪复原能力、心理适应能力、认知能力、价值取向、专业能力。前文论述了通过组织、领导、个体三个方面进行职业适应能力提升的管理方式建议，这些建议还需与职业适应能力提升方法、设备、仪器等相结合，让技能人才不仅在认知上增加影响职业适应能力的积极因素、减少影响职业适应能力的消极因素，还能有切实有效的方法、设备等帮助其提升职业适应能力。因此可以从新时代技能人才职业适应能力的具体维度出发，提出相应的提升路径。

一、新时代技能人才情绪复原能力提升路径

情绪问题几乎伴随着每个技能人才的工作与生活。工作环境、工作类型、工作时间等对技能人才的情绪影响较大，并产生多种情绪问题。不同岗位的技能人才所面临的情绪问题有所差异，需结合具体技能人才的岗位进行相应培训。情绪复原力是妥善管理自身情绪，对由于工作内容或工作环境引起的不满、恐

惧、厌恶、悲伤、焦虑等情绪体验能够自我认识、自我协调、主动摆脱不安情绪的能力，主要包括紧张应对、倦怠应对、挫折应对、焦虑应对、郁闷应对。情绪管理主要是针对负面情绪进行复原的过程。情绪复原力提升方式主要分为个体调节和个体疏导。

个体调节是指不需要通过器材且有针对性地对出现的情绪状态进行个人调节的方式。技能人才情绪复原力个体调节方式主要包括呼吸调节法和涂鸦墙舒缓法。个体疏导主要是采用有疏导功能的器材，对出现的情绪状态有针对性地进行个人压力缓解。个体疏导方式较为多样化，包括音乐放松、减压舱放松、运动减压、宣泄减压、道具减压及体感游戏减压。

（一）个体调节

1. 呼吸调节法

呼吸调节法是指通过呼吸调节缓解紧张情绪的方法。呼气要自然而然地、慢慢地把肺底的空气呼出来。此时，肩膀、胸，直至膈肌等都感到轻松舒适。在呼吸时还要想象着将紧张徐徐地驱除出来，注意放松的节拍和速度。采用鼻子呼吸，腹部吸气。双肩自然下垂，慢慢闭上双眼，然后慢慢地深深地吸气，吸气到足够多时，憋气两秒钟，再把吸进去的气缓缓地呼出。

2. 涂鸦墙舒缓法

研究表明，用手绘的方式打造出有故事的空间是行之有效的减压方法。涂鸦墙是技能人才宣泄情绪、逆境中释放压力、创作中张扬个性的绝佳方式。设置“涂鸦墙”，让技能人才自由地“挥洒”。在无所拘束的“挥洒”过程中，技能人才的心理压力能够得到痛快淋漓的释放，技能人才的浮躁和焦虑情绪能够得到有效的舒缓。

（二）个体疏导

1. 音乐放松

音乐放松作为一种非药物性干预措施，不断被心理学、医学和护理学界进行广泛研究，其有效性得到证实。一方面，音乐放松有利于身体分泌健康的活性物质；另一方面，它能提高大脑皮层的兴奋性，有助于消除紧张、焦虑、忧郁等不良心理状态，提高应激能力。技能人才可以通过现有手机音乐软件、音乐播放器等搜索冥想放松音乐，在休息时进行自我音乐放松。音乐放松中，通过冥想音乐调整自己的心态，化解压力、提高睡眠品质，调整情绪，从而拥有健康的心态。

通过音乐放松设备，根据技能人才出现的情绪状态，结合其知识结构、身体状况、音乐爱好、工作性质等，分别为出现不同情绪状态的技能人才选择不同类型的乐曲（见表 8-1）。例如，当职工的情绪郁闷忧伤时，建议其听的乐曲应是节奏先缓慢、音调低沉，使忧伤情绪得到宣泄；后明朗欢快，充满希望，使情绪兴奋，增强生活的信心和勇气。

表 8-1　技能人才不同情绪状态选取的音乐类型

情绪状态	曲目风格	代表音乐
郁闷	选择优美动听的音乐旋律，使精神心理趋于常态	《春天来了》《喜洋洋》《雨打芭蕉》《沉思曲》
焦虑	选用轻缓低吟的音乐，旋律优美柔和而抒情	《田园交响曲》《蓝色多瑙河》《蓝色狂想曲》《塞上曲》《苏武牧羊》《花之圆舞曲》
紧张	选择节奏有起伏变化的音乐，具有抑制狂躁、愤怒，减轻情绪亢奋的功效	《平沙落雁》《白桦树》《三套车》《亚麻色头发的少女》《太阳雨》《天鹅湖》
挫折	选择强弱有明显变化的音乐，具有激昂情绪、振奋勇气的功效	《国际歌》《娱乐升平》《解放军进行曲》《金蛇狂舞曲》《兰花花》《茉莉花》《涛声依旧》《望月》《珊瑚颂》《晚风》
倦怠	宜用曲调低吟、缓慢而轻悠的乐曲，给人一种有规律的舒服节奏感，以达到宁心、放松的目的	《平湖秋月》《烛影摇红》《军港之夜》《催眠曲》

2. 运动减压

运动之所以能缓解压力，让人保持平和的心态，与腓肽效应有关。腓肽是身体的一种激素，被称为“快乐因子”。当运动达到一定量时，身体产生的腓肽效应能愉悦神经。此外，适当的运动锻炼，还有利于消除技能人才的工作疲劳。

在实践中，办公室白领、学生等人群都通过运动来放松减压。对技能人才来说，适当的运动锻炼，同样有利于愉悦神经、消除工作疲劳，从而达到缓解压力的目的。

3. 宣泄减压

宣泄减压是让个体把过去在某个情景或某个时候受到的心理创伤、不幸遭遇和所感受到的情绪发泄出来，以达到缓解和消除个体消极情绪的目的。适用于出现紧张、倦怠、挫折、焦虑、郁闷等情绪状态的技能人才。

宣泄疏导是指利用智能呐喊宣泄仪、智能击打仪等，让技能人才通过呐喊、击打等的方式，将所承受的压力和负面的情绪发泄出来，以达到缓解和消除消极情绪的目的。

4. 道具减压

道具减压特别适用于神经衰弱、脑力劳动疲劳等症状的人群。培训时根据工种、情绪类型选择不同的减压道具,减压道具一般分为三类:情绪发泄类(发泄球、人脸玩具等);缓解疲劳类(握力环、按摩球等);潜能开发类(巴克球、七巧板等)。

情绪发泄类:主要缓解郁闷情绪,可根据个人握力、手掌的大小以及个人的喜好选择道具;通过捏、打、摔等发力动作进行情绪的宣泄。

缓解疲劳类:主要缓解倦怠、焦虑情绪,可根据个人躯体疲劳的部位选择顺手的道具。针对疲劳的部位按个人的感觉,利用按摩锤进行不同力度地敲、拍打,通过对按摩球等道具,对身体上的特别紧张的部位点进行适度的揉压,来松解肌肉的僵硬和紧张感。

潜能开发类:主要缓解紧张、挫折情绪,充分利用自己的好奇心和求知欲,选择自己感兴趣的道具,静下心通过自己动手和动脑来探索小道具里的机关。

5. 体感运动减压

体感运动具有健身性和悦心性。健身性:提升有氧能力,正面地影响身体组成。悦心性:技能人才作为压力易感人群,在参与体感运动的过程中能充分调动并激发自己进行肢体运动的主观能动性。极具趣味的体感运动对技能人才是一种有效的情绪疏导手段,也是劳逸结合、改善工作生活方式、提高工作满意度的重要途径。

二、新时代技能人才心理适应能力提升路径

心理适应能力是指在面对环境压力时,自觉主动地应用心理学原理,通过疏导、支持、解释、启发、教育等手段,解决工作生活中的心理问题或心理障碍,使得个体具有更好的生存能力。新时代技能人才心理适应能力提升方法主要包括提升认知水平、保持积极阳光心态、增进人际交往能力和掌握沟通技巧四种。

(一)提升自我认同水平

个体的成长是一个不断适应新环境的过程,在这个过程中,适应的关键是内部认知水平的提高。对于技能人才来说,一方面,要正确认识自我。当技能人才真正了解自己时,也就认识了自己的需要、价值观、态度、动机和情感,认识到自己内心的冲突,并根据真实自我自觉调控行为,才能同周围环境达成一致。一个

人适应环境的次数越多，他的环境适应能力就越强；另一方面，要改变工作态度。有时候技能人才的部分工作内容可能会造成心情低落，有时会感觉工作单一、枯燥，可通过改善自我对工作的态度，从积极方面考虑来提高自身适应枯燥工作的能力。

（二）保持积极阳光心态

社会心理学家提出了十条积极心理平衡要诀，对心理适应能力提升有极大的帮助。这十条要诀包括：对自己不过分苛求；不强求别人；疏导愤怒情绪；偶尔也可以屈服；暂时逃避；找人倾诉烦恼；为别人做些事；在同一个时间只做一件事；不要处处与人竞争；对人表示善意。技能人才可在日常生活中学习掌握这十条要诀，帮助其保持积极阳光的心态，更好地适应环境与工作。

（三）增进人际交往能力

人际交往能力也是技能人才必备生存能力的重要组成部分。因此，技能人才在人际交往中需要注意以下几点：放宽心态、放开胆子；微笑对人；不可当面抨击别人；礼貌用语不可少；适当幽默；节假日祝福对方。

（四）掌握沟通技巧

技能人才在工作和生活中往往以不同角色存在，比如，工作中的上下级之别，家庭里的老幼之分，既为人妻又为人母，既为人父又为人子。多重角色本身并不构成矛盾，只是在进行角色转换时不能和环境保持一致，就会产生矛盾。不论面对怎样的角色需求，技能人才都要掌握相应的沟通技巧。

三、新时代技能人才认知能力提升路径

认知能力是指人脑加工、储存和提取信息的能力，即人们对事物的构成、性能与他物的关系、发展的动力、发展方向以及基本规律的把握能力。技能人才认知能力提升方法主要指从技能人才自身出发，通过日常的训练、培养良好的习惯、通过特定器材的练习来综合调节并提升技能人才认知能力的方法，包括认知器材提升训练、认知自我提升训练、认知自我调节训练等。

（一）认知器材提升

个体认知训练主要是通过特定的训练设备（学习迁移训练仪、追踪仪、声光反应仪、训练系统等），不断提高技能人才的注意力、记忆力、反应能力、学习能力、逻辑判断能力等认知能力。

（二）认知自我提升

认知自我提升训练是指受训者通过日常的练习，达到提高注意力、记忆力、反应能力等认知能力的目的。认知自我提升训练主要包括凝视法、方格法、单脚站立法等。

（1）凝视法。养成每天看小东西的习惯，称为“凝视法”。首先，从身边的小东西任意挑选一种，如钢笔或橡皮等，一旦觉得厌烦时，马上闭上眼睛，在脑海中回想刚才见过的东西，并且要从各方面去描写，如色彩、形状、材质等，尽可能全面。结束以后，换另一种物品。

（2）方格法。这个练习需要一个包括从 00 ~ 99 的两位数数字的方格。练习时要求练习者扫描这个方格，并且在一段时间（通常在 1 ~ 2 min）内尽可能多地按照顺序划下数字（如 00、01、02，等等）。研究发现，注意力集中、扫描能力强的人在 1 min 内可以划记 20 ~ 30 多个数字。

（3）单脚站立法。找到一块离开桌椅或可能造成受伤的物体的地方一腿站立，逐渐将身体重量移向这只腿。两臂伸展，与肩同高。逐渐抬高离地腿。当感到舒适后，闭上眼睛，并努力保持平衡。一旦眼睛睁开或离地腿的脚触地，练习就停止下来。此练习的目的是以身体练习来帮助发展集中注意能力，适用于工作期间需要高度集中注意力的技能人才。

（三）认知自我调节

认知自我调节训练是指受训者通过培养良好的生活习惯，缓解工作疲劳从而调节提升自身认知能力的方法。主要包括适量运动、充分休息、益智训练、健康饮食等方法。

（1）适量运动。工作之余做一些简单的运动可以有效保持大脑活力，有研究表明定期的运动能提高大脑约 10% 的认知能力，可以结合自身兴趣爱好进行慢跑、散步、跳舞、篮球等运动。适量的运动对于技能人才保持身体健康和提高认知能力都非常有效。

（2）充分休息。充分的休息可以有效保证大脑兴奋度从而提高认知能力。针对技能人才岗位特殊的工作要求，处于工作间休时如果感到疲惫最好不要犹豫，让大脑尽快得到充分的休息，这样才能保证下一阶段工作的效率，调节上一阶段大脑的疲惫，起到事半功倍的效果。

（3）益智训练。有研究表明，进行俄罗斯方块、七巧板、华容道等益智训练，可以使大脑皮质的灰白质有所增加，从而提高人的逻辑判断能力和空间想象能力，此外还有研究表明益智训练同时可以转移注意力，使个体更快地从紧张的工作状态中放松，起到调节认知疲劳的作用。

(4)健康饮食。靠食物来调节提升大脑的认知能力最重要的一点就是确保大脑可以摄入均衡的营养元素。在日常就餐中需要综合考虑营养的摄入，保证健康饮食。

四、新时代技能人才专业能力提升路径

（一）岗前资格性培训

岗前资格性培训是指按照岗位准入管理的要求，为取得上岗资格而组织开展的业务培训。按照"先培训、后上岗"的原则，严格落实技能人才岗位准入制度，严格把控技能人才的入口关，围绕岗位应知应会内容，重点突出实作技能培训。企业各部门明确培训任务分工、清晰工作职责，有效调动和发挥各级培训部门的积极性、主动性，使各方培训资源得到有效利用，共同确保技能人才100%经过专业理论培训、心理素质培训、安全培训和实作培训后持证上岗。

技能人才的资格性培训重点包括以下四方面：①专业理论培训。专业知识是从事技能人才必不可少的技能，针对技能人才所应具备的专业技术特征，采取集中脱产的形式，坚持按照先进性、系统性和实用性的原则进行课程方案设计，突出与岗位作业密切相关的关键知识点，确保专业知识培训内容与生产技术发展同步。②心理素质培训。心理素质是一种个人社会技能，通过"缓压—疏导—提升"一站式的心理素质培训，改善技能人才对工作的认知水平，增强自我控制和自我调节能力，有利于技能人才对个人的工作压力、情绪问题或发展困惑进行疏泄和引导，从而提高其行为能力以达到最佳工作状态。③安全培训。为抓好劳动安全培训工作，增强职工的自我保护意识，防止安全事故的发生，加强对技能人才安全规章和事故案例教育，不断强化技能人才的安全责任意识。④实作培训。结合不同岗位的作业特点，利用现场设备设施条件，开展灵活的实训训练，进一步强化技能人才实作能力。

（二）在岗适应性培训

适应性培训是指人员上岗后，为巩固和提高作业技能而组织开展的业务培训。技能人才的适应性培训重点包括以下三方面：①脱产轮训。抓好技能人才定期轮训，不断更新其知识结构，使技能人才的技术技能始终适应岗位新技术发展，是提高技能人才队伍素质的重要手段。②"四新"知识学习。根据岗位规章

制度、作业标准、生产组织等的变化情况，针对岗位新技术、新设备、新规章、新工艺等“四新”知识，按照新的安全操作规程，对技能人才进行专题补强培训，确保职工及时掌握相关知识，不断满足岗位新需求。③应急演练。高度重视技能人才的实作演练，按照“每人必会”的原则，根据工作过程中可能发生的故障，有针对性地在岗位适应性培训中组织大量的应急演练，在强化技能人才实作能力的同时起到防微杜渐的作用。

（三）高技能人才培养

技能人才的高技能培训可从以下方面展开：①加强高技能人才岗位技能培训。将技师和高级技师研究培训作为重点列入年度培训计划，着重提高技能人才的岗位作业能力、应急处置能力、解决关键技术难题能力和创新能力。②搭建技能人才涌现平台。大力开展车间、班组“练功比武”活动，为技能人才成长创造机会、提供平台。③畅通技能人才职业发展通道。增加技能人才职业层级，增加发展层级并实行逐级聘任晋升，拓展技能人才发展空间，引导优秀技能人才扎根生产一线技能岗位。通过以上途径，提升技能人才技术水平，增强其职业适应能力。

参考文献

[1] EDWARDS J R. Person-Job fit: a conceptual integration, literature review, and methodological critique[J]. International Review of Industrial and Organizational Psychology, 1991, 36(6): 283-357.

[2] ABRAMS D. Social identity and intergroup relations[J]. American Psychological Association, 2015, 2:203-228.

[3] KREINER G E, ASHFORTH B E. Evidence toward an expanded model of organizational identification[J]. Journal of Organizational Behavior, 2004, 25(1):1-27.

[4] BAE J, CHEN S, DAVID WAN T W, et al. Human resource strategy and firm performance in Pacific Rim countries[J]. The International Journal of Human Resource Management, 2003, 14(8):1308-1332.

[5] BAMBER E M, IYER V M. Big 5 auditors' professional and organizational identification: Consistency or conflict? [J]. Auditing: A Journal of Practice & Theory, 2002, 21(2):21-38.

[6] BAUMEISTER R F, VOHS K D. Self-regulation, ego depletion, and motivation[J]. Social and Personality Psychology Compass, 2007, 1(1):115-128.

[7] BECKER B E, HUSELID M A. Strategic human resources management: where do we go from here? [J]. Journal of Management, 2006, 32(6):898-925.

[8] BECKER B E, HUSELID M A, BECKER B E, et al. Highperformance work systems and firm performance: A synthesis of research and managerial implications[C]//Research in personnel and human resources management. Stamford, CT: JAI Press, 1998, 16:53-101.

[9] BERGAMI M, BAGOZZI R P. Self-categorization, affective commitment and group self-esteem as distinct aspects of social identity in the organization[J]. British Journal of Social Psychology, 2000, 39(4):555-577.

[10] BERMAN. Improve their national performance[J]. Human Resource Management, 2001(34): 412-423.

[11] BIMROSE J, HEARNE L. Resilience and career adaptability: Qualitative studies of adult career counseling[J]. Journal of Vocational Behavior, 2012, 81(3):338-344.

[12] BOYATZIS R E. The competent manager: A model for effective performance[M]. New York:

John Wiley & Sons, Inc. , 1982.

[13] BRYSON A, FORTH J, KIRBY S. High-involvement management practices, trade union representation and workplace performance in Britain [J]. Scottish Journal of Political Economy, 2005, 52(3): 451-491.

[14] CALDWELL D F, O'REILLY III C A. Measuring person-job fit with a profile-comparison process[J]. Journal of Applied Psychology, 1990, 75(6): 648-657.

[15] CAPPELLI P, NEUMARK D. Do "high-performance" work practices improve establishment-level outcomes? [J]. Industrial & Labor Relations Review, 2001, 54(4): 737-775.

[16] CHARMAZ K. The body, identity, and self: Adapting to impairment[J]. Sociological Quarterly, 1995, 36(4): 657-680.

[17] CHATMANJ A. Improving interactional organizational research: A model of person-organization fit[J]. Academy of Management Review, 1989, 14(3): 333-349.

[18] CREED P A, FALLON T, HOOD M. The relationship between career adaptability, person and situation variables, and career concerns in young adults[J]. Journal of Vocational Behavior, 2009, 74(2): 219-229.

[19] CRONSHAW S F, JETHMALANI S. The structure of workplace adaptive skill in a career inexperienced group[J]. Journal of Vocational Behavior, 2005, 66(1): 45-65.

[20] DANNHAUSER Z, BOSHOFF A B. Structural equivalence of the Barbuto and Wheeler Servant Leadership Questionnaire on North American and South African samples[J]. International Journal of Leadership Studies, 2007, 2(2): 148-168.

[21] LIDEN R C, WAYNE S J, ZHAO H, et al. Servant leadership: Development of a multidimensional measure and multi-level assessment[J]. The Leadership Quarterly, 2008, 19(2): 161-177.

[22] MCCLELLAND D C. Testing for competence rather than for "intelligence" [J]. American Psychologist, 1973, 35(2): 19-20.

[23] DE GUZMAN A B, CHOI K O. The relations of employability skills to career adaptability among technical school students[J]. Journal of Vocational Behavior, 2013, 82(3): 199-207.

[24] DEFILLIPPI R J, ARTHUR M B. The boundaryless career: A competency-based perspective [J]. Journal of Organizational Behavior, 1994, 15(4): 307-324.

[25] DELANEY J T, HUSELID M A. The impact of human resource management practices on perceptions of organizational performance[J]. Academy of Management Journal, 1996, 39(4): 949-969.

[26] DENISSEN J J A, GEENEN R, VAN AKEN M A G, et al. Development and validation of a Dutch translation of the Big Five Inventory (BFI) [J]. Journal of Personality Assessment,

2008,90(2):152-157.

[27] DENNIS R S, BOCARNEA M. Development of the servant leadership assessment instrument [J]. Leadership &Organization Development Journal,2005,26(8):600-615.

[28] EDWARDS J R, CABLE D M. The value of value congruence[J]. Journal of Applied Psychology,2009,94(3):654-677.

[29] FARMER S M, TIERNEY P, KUNG-MCINTYRE K. Employee creativity in Taiwan: An application of role identity theory [J]. Academy of Management Journal, 2003, 46 (5): 618-630.

[30] FINLAY W. Manufacturing advantage: Why high-performance work systems pay off [J]. Review of Radical Political Economics,2002,18(1):91-93.

[31] FLYNN F J. Having an open mind: the impact of openness to experience on interracial attitudes and impression formation[J]. Journal of Personality and Social Psychology,2005,88(5):816-826.

[32] FUGATE M, KINICKI A J, ASHFORTH B E. Employability: A psycho-social construct, its dimensions, and applications[J]. Journal of Vocational behavior,2004,65(1):14-38.

[33] GLASER B G, STRAUSS A L. The discovery of grounded theory: Strategies for qualitative research[M]. New York: Aldine,1967.

[34] GOLDKUHL G, CRONHOLM S. Multi-grounded theory: Adding theoretical grounding to grounded theory[J]. International Journal of Qualitative Methods,2015,9(2):187-205.

[35] GUAN Y, DENG H, SUN J, et al. Career adaptability, job search self-efficacy and outcomes: A three-wave investigation among Chinese university graduates [J]. Journal of Vocational Behavior,2013,83(3):561-570.

[36] GUAN Y, ZHOU W, YE L, et al. Perceived organizational career management and career adaptability as predictors of success and turnover intention among Chinese employees [J]. Journal of Vocational Behavior,2015,88:230-237.

[37] GUO Y, GUAN Y, YANG X, et al. Career adaptability, calling and the professional competence of social work students in China: A career construction perspective[J]. Journal of Vocational Behavior,2014,85(3):394-402.

[38] HAMTIAUX A, HOUSSEMAND C, VRIGNAUD P. Individual and career adaptability: Comparing models and measures[J]. Journal of Vocational Behavior,2013,83(2):130-141.

[39] HARRIS K J, KACMAR K M, ZIVNUSKA S. An investigation of abusive supervision as a predictor of performance and the meaning of work as a moderator of the relationship[J]. The Leadership Quarterly,2007,18(3):252-263.

[40] HAYES A. Introduction to mediation, moderation, and conditional process analysis[J]. Journal of Educational Measurement, 2013, 51(3): 335-337.

[41] HIRSCHI A. Career adaptability development in adolescence: Multiple predictors and effect on sense of power and life satisfaction[J]. Journal of Vocational Behavior, 2009, 74(2): 145-155.

[42] HOLLAND J L. Making vocational choices: A theory of vocational personalities and work environments[M]. Odessa FL: Psychological Assessment Resources, 1997.

[43] HUSELID M A. The impact of human resource management practices on turnover, productivity, and corporate financial performance[J]. Academy of Management Journal, 1995, 38(3): 635-672.

[44] ITO J K, BROTHERIDGE C M. Does supporting employees' career adaptability lead to commitment, turnover, or both? [J]. Human Resource Management, 2005, 44(1): 5-19.

[45] JIANG K, MESSERSMITH J. On the shoulders of giants: A meta-review of strategic human resource management[J]. The International Journal of Human Resource Management, 2018, 29(1): 6-33.

[46] JOHNSTON C S, BROONEN J P, STAUFFER S D, et al. Validation of an adapted French form of the Career Adapt-Abilities Scale in four Francophone countries[J]. Journal of Vocational Behavior, 2013, 83(1): 1-10.

[47] JOO B K, SONG J H, LIM D H, et al. Team creativity: The effects of perceived learning culture, developmental feedback and team cohesion[J]. International Journal of Training and Development, 2012, 16(2): 77-91.

[48] KEHOE R R, WRIGHT P M. The impact of high-performance human resource practices on employees' attitudes and behaviors[J]. Journal of Management, 2013, 39(2): 366-391.

[49] KENNY M E, BLEDSOE M. Contributions of the relational context to career adaptability among urban adolescents[J]. Journal of Vocational Behavior, 2005, 66(2): 257-272.

[50] KOEN J, KLEHE U C, VAN VIANEN A E M, et al. Job-search strategies and reemployment quality: The impact of career adaptability[J]. Journal of Vocational Behavior, 2010, 77(1): 126-139.

[51] KLEHE U C, ZIKIC J, VAN VIANEN A E M, et al. Career adaptability, turnover and loyalty during organizational downsizing[J]. Journal of Vocational Behavior, 2011, 79(1): 217-229.

[52] KNIPPENBERG D V, KNIPPENBERG B V, CREMER D D, et al. Leadership, self, and identity: A review and research agenda[J]. The Leadership Quarterly, 2004, 15(6): 825-856.

[53] MACDUFFIE J P. Human resource bundles and manufacturing performance: Organizational

logic and flexible production systems in the world auto industry[J]. Industrial and Labor Relations Review,1995,48(2):197-221.

[54] MACKY K, BOXALL P. The relationship between 'high-performance work practices' and employee attitudes:an investigation of additive and interaction effects[J]. The International Journal of Human Resource Management,2007,18(4):537-567.

[55] MAEL F,ASHFORTH B E. Alumni and their alma mater:A partial test of the reformulated model of organizational identification[J]. Journal of organizational Behavior,1992,13(2):103-123.

[56] MAGGIORI C,JOHNSTON C S,KRINGS F,et al. The role of career adaptability and work conditions on general and professional well-being[J]. Journal of Vocational Behavior,2013,83(3):437-449.

[57] MAYER D M,BARDES M,PICCOLO R F. Do servant-leaders help satisfy follower needs: An organizational justice perspective[J]. European Journal of Work and Organizational Psychology,2008,17(2):180-197.

[58] MCCALL G J,SIMMONS J L. Identities and interactions[M]. New York:Free Press,1966.

[59] MCCRAE R R. Creativity, divergent thinking, and openness to experience[J]. Journal of Personality and Social Psychology,1987,52(6):1258-1265.

[60] MORGAN J M, REYNOLDS C M, NELSON T J, et al. Tales from the fields: Sources of employee identification in agribusiness[J]. Management Communication Quarterly,2004,17(3):360-395.

[61] OH I S,GUAY R P,KIM K,et al. Fit happens globally:A meta-analytic comparison of the relationships of person-environment fit dimensions with work attitudes and performance across East Asia,Europe,and North America[J]. Personnel Psychology,2014,67(1):99-152.

[62] OHME M,ZACHER H. Job performance ratings:The relative importance of mental ability, conscientiousness, and career adaptability[J]. Journal of Vocational Behavior, 2015, 87: 161-170.

[63] ORGAN D W. A reappraisal and reinterpretation of the satisfaction-causes-performance hypothesis[J]. Academy of Management Review,1977,2(1):46-53.

[64] POLZER J T. How subgroup interests and reputations moderate the effect of organizational identification on cooperation[J]. Journal of Management,2004,30(1):71-96.

[65] PREACHER K J,RUCKER D D,HAYES A F. Addressing moderated mediation hypotheses: Theory,methods, and prescriptions[J]. Multivariate Behavioral Research, 2007, 42(1): 185-227.

[66] MEDINA R, MEDINA A. The project manager and the organisation's long-term competence goal[J]. International Journal of Project Management, 2014, 32(8): 1459-1470.

[67] ROTTINGHAUS P J, DAY S X, BORGEN F H. The career futures inventory: A measure of career-related adaptability and optimism[J]. Journal of Career Assessment, 2005, 13(1): 3-24.

[68] RUDOLPH C W, LAVIGNE K N, ZACHER H. Career adaptability: A meta-analysis of relationships with measures of adaptivity, adapting responses, and adaptation results[J]. Journal of Vocational Behavior, 2017, 98: 17-34.

[69] RUDOLPH C W, LAVIGNE K N, KATZ I M, et al. Linking dimensions of career adaptability to adaptation results: A meta-analysis[J]. Journal of Vocational Behavior, 2017, 102(10): 151-173.

[70] RUSSELL R F. The role of values in servant leadership[J]. Leadership & Organization Development Journal, 2001, 22(2): 76-84.

[71] SANTILLI S, NOTA L, GINEVRA M C, et al. Career adaptability, hope and life satisfaction in workers with intellectual disability[J]. Journal of Vocational Behavior, 2014, 85(1): 67-74.

[72] SAVICKAS M L, PORFELI E J. Career Adapt-Abilities Scale: Construction, reliability, and measurement equivalence across 13 countries[J]. Journal of Vocational Behavior, 2012, 80(3): 661-673.

[73] SAVICKAS M L. Career adaptability: An integrative construct for life-span, life-space theory[J]. The Career Development Quarterly, 1997, 45(3): 247-259.

[74] SHAMIR B, ZAKAY E, BREININ E, et al. Correlates of charismatic leader behavior in military units: Subordinates' attitudes, unit characteristics, and superiors' appraisals of leader performance[J]. Academy of Management Journal, 1998, 41(4): 387-409.

[75] SHANOCK L R, BARAN B E, GENTRY W A, et al. Polynomial regression with response surface analysis: A powerful approach for examining moderation and overcoming limitations of difference scores[J]. Journal of Business and Psychology, 2010, 25(4): 543-554.

[76] SHIPPMANN J S, ASH R A, BATJTSTA M, et al. The practice of competency modeling[J]. Personnel Psychology, 2000, 53(3): 703-740.

[77] SUPER D E, KNASEL E G. Career development in adulthood: Some theoretical problems and a possible solution[J]. British Journal of Guidance and Counselling, 1981, 9(2): 194-201.

[78] TAJFEL H E. Differentiation between social groups: Studies in the social psychology of intergroup relations[M]. New York: Academic Press, 1978.

[79] TEPPER B J. Consequences of abusive supervision[J]. Academy of Management Journal,

2000,43(2):178-190.

[80] TOLENTINO L R, GARCIA P R, RESTUBOG S L, et al. Validation of the career adaptabilities scale and an examination of a model of career adaptation in the Philippine context [J]. Journal of Vocational Behavior,2013,83(3):410-418.

[81] VERPLANKEN B. Value congruence and job satisfaction among nurses: a human relations perspective[J]. International Journal of Nursing Studies,2004,41(6):599-605.

[82] VERQUER M L,BEEHR T A,WAGNER S H. A meta-analysis of relations between person-organization fit and work attitudes[J]. Journal of Vocational Behavior,2003,63(3):473-489.

[83] WANG S, YI X, LAWLER J, et al. Efficacy of high-performance work practices in Chinese companies[J]. The International Journal of Human Resource Management, 2011, 22(11): 2419-2441.

[84] WANG X H,HOWELL J M. A multilevel study of transformational leadership, identification, and follower outcomes[J]. Strategic Direction,2012,23(5):775-790.

[85] WAY S A. High performance work systems and intermediate indicators of firm performance within the US small business sector[J]. Journal of management,2002,28(6):765-785.

[86] WELBOURNE T M,PATERSON T A. Advancing a richer view of identity at work: the role-based identity scale[J]. Personnel Psychology,2017,70(2):315-356.

[87] WEST S G,AIKEN L S,KRULL J L. Experimental personality designs: Analyzing categorical by continuous variable interactions[J]. Journal of personality,2010,64(1):1-48.

[88] WRIGHT P M,GARDNER T M,MOYNIHAN L M. The impact of HR practices on the performance of business units[J]. Human Resource Management Journal,2003,13(3):21-36.

[89] ZACHER H. Career adaptability predicts subjective career success above and beyond personality traits and core self-evaluations[J]. Journal of Vocational Behavior,2014,84(1):21-30.

[90] ZELLARS K L,TEPPER B J,DUFFY M K. Abusive supervision and subordinates' organizational citizenship behavior[J]. Journal of Applied Psychology,2002,87(6):1068-1076.

[91] ZHANG Z, WANG M, SHI J. Leader-follower congruence in proactive personality and work outcomes: The mediating role of leader-member exchange [J]. Social Science Electronic Publishing,2012,55(1):111-130.

[92] 宝贡敏,徐碧祥. 组织认同理论研究述评[J]. 外国经济与管理,2006(1):39-45.

[93] 段锦云,张倩,黄彩云. 建言角色认同及对员工建言行为的影响机制研究[J]. 南开管理评论,2015,18(5):65-74.

[94] 高中华,赵晨. 服务型领导如何唤醒下属的组织公民行为?:社会认同理论的分析[J]. 经济管理,2014(6):147-157.

[95] 关翩翩. 员工生涯适应力研究:自我与组织职业生涯管理的影响及其结果[D]. 广州:华南理工大学,2017.

[96] 郭建志,郑伯埙,王建忠. 文化价值契合,工作性格与员工效能:递增效度的分析[J]. 中华心理学刊,2001,43(2):207-221.

[97] 洪克森. 新生代员工工作价值观、组织认同对其产出的作用机制研究[D]. 武汉:武汉大学,2012.

[98] 黄昱方,刘永恒. 高绩效工作系统对员工组织认同的影响:程序公平的中介作用及主管支持的调节作用[J]. 华东经济管理,2016,30(4):117-123.

[99] 李朝阳. 服务型领导与下属反生产行为关系的实证研究[D]. 长沙:中南大学,2010.

[100] 龙立荣,方俐洛,凌文辁. 组织职业生涯管理与员工心理与行为的关系[J]. 心理学报,2002,34(1):98-106.

[101] 卢威. 公务员组织公平感和工作满意度对关联绩效影响实证研究[D]. 大连:大连理工大学,2012.

[102] 苗仁涛,周文霞,刘军,等. 高绩效工作系统对员工行为的影响:一个社会交换视角及程序公平的调节作用[J]. 南开管理评论,2013,16(5):38-50.

[103] 任国华,刘继亮. 大五人格和工作绩效相关性研究的进展[J]. 心理科学,2005,28(2):406-408.

[104] 邵芳,樊耘,张翼,等. 基于人力资源管理视角的个人与组织价值观匹配模型的提出[J]. 软科学,2008,22(6):129-133.

[105] 申平玉,刘永恒. 组织认同的概念界定、理论观点和形成机制综述[J]. 商业经济研究,2016(23):94-96.

[106] 沈潘艳,万黎,方圆,等. 大学生人际自立特质对人际信任的预测:独立于大五人格的作用[J]. 心理科学,2016(6):163-169.

[107] 汪纯孝,凌茜,张秀娟. 我国企业公仆型领导量表的设计与检验[J]. 南开管理评论,2009,12(3):94-103.

[108] 王洪青,彭纪生. 辱虐管理与员工沉默:基于社会认同和代际视角的研究[J]. 商业经济与管理,2016(4):39-47.

[109] 王妍,杨娟. 人格特质对个体心理性应激反应的调节作用[J]. 心理科学进展,2015,23(8):1453-1460.

[110] 杨杰,刘玲. 组织认同与身份的质性分析与基模建构[J]. 社会科学家,2010(2):126-130.

[111] 杨晶照,陈勇星,马洪旗. 组织结构对员工创新行为的影响:基于角色认同理论的视角[J]. 科技进步与对策,2012,29(9):129-134.

[112] 于海波,郑晓明. 生涯适应力的作用:个体与组织层的跨层面分析[J]. 心理学报,2013,45(6):680-693.

[113] 詹小慧,杨东涛,栾贞增. 个人与组织价值观匹配对员工建言的影响[J]. 当代财经,2017(6):80-87.

[114] 张珊珊,张建新,周明洁. 二次响应面回归方法及其在个体—环境匹配研究中的使用[J]. 心理科学进展,2012,20(6):825-833.

[115] 张志学. 组织心理学研究的情境化及多层次理论[J]. 心理学报,2010,42(1):10-21.

[116] 赵斌,韩盼盼,赵凤娜. 价值观匹配与员工创新行为:内部人身份感知和批判性思维的作用[J]. 软科学,2017,31(3):83-86.

[117] 郑晓明,刘鑫. 互动公平对员工幸福感的影响:心理授权的中介作用与权力距离的调节作用[J]. 心理学报,2016,48(6):693-709.

[118] ZHOU J,HOEVER I J. Research on workplace creativity:A review and redirection[J]. Social Science Electronic Publishing,2014,1(1):333-359.

[119] 贺伟,龙立荣. 内外在薪酬组合激励模型研究[J]. 管理评论,2011,23(9):93-101.

[120] 韩紫蕾. 双元领导对员工创新绩效的影响机理研究[D]. 南京:南京邮电大学,2020.

[121] 王明辉,李宗波. 职业生涯韧性问卷编制及信效度检验[J]. 中国临床心理学杂志,2011,19(6):730-733.

[122] 刘镜,赵晓康,沈华礼. 员工职业生涯规划有益于其创新行为吗:持续学习和自我效能的中介作用及组织氛围的调节作用[J]. 预测,2020,39(4):53-60.

[123] 苗思意. 主动性人格对变革支持行为的影响:职业适应力与组织支持感的作用[D]. 合肥:中国科学技术大学,2019.

[124] 张建卫,周洁,李正峰,等. 组织职业生涯管理何以影响军工研发人员的创新行为:自我决定与特质激活理论整合视角[J]. 预测,2019,38(2):9-16.

[125] FAN H L,CHANG P F,ALBANESE D,et al. Multilevel influences of transactive memory systems on individual innovative behavior and team innovation[J]. Thinking Skills and Creativity,2016,1(9):49-59.

[126] AMABILE T M. Motivating creativity in organizations:On doing what you Love and loving what you do[J]. California Management Review,1997,40(1):39-58.

[127] 舒心. 领导风格对企业创新绩效的影响研究:组织学习和创新氛围的作用[D]. 长春:吉林大学,2018.

[128] 王端旭,洪雁. 领导支持行为促进员工创造力的机理研究[J]. 南开管理评论,2010,13(4):109-114.

[129] 韩翼,廖建桥,龙立荣. 雇员工作绩效结构模型构建与实证研究[J]. 管理科学学报,

2007,10(5):62-77.

[130] TIERNEY P,FARMER S M,GRAEN G B. An examination of leadership and employee creativity:The relevance of traits and relationships[J]. Personnel Psychology,1999,52(3):591-620.

[131] 王紫薇. 基于知识共享过程的规范与承诺对创造力的影响研究[D]. 杭州:浙江大学,2008.

[132] 刘云,石金涛. 组织创新气氛对员工创新行为的影响过程研究:基于心理授权的中介效应分析[J]. 中国软科学,2010(3):133-144.

[133] ARNOLD J,COOMBS C R,GUBLER M. Career anchors and preferences for organizational career management:a study of information technology professionals in three European countries[J]. The International Journal of Human Resource Management,2019,30(22):3190-3222.

[134] BATT R,COLVIN A J S. An employment systems approach to turnover:Human resources practices,quits,dismissals,and performance[J]. Academy of Management Journal,2011,54(4):695-717.

[135] ENACHE M,SALLAN J M,SIMO P,et al. Examining the impact of protean and boundaryless career attitudes upon subjective career success[J]. Journal of Management and Organization,2011,17(4):459-473.

[136] 于海波,郑晓明. 生涯适应力的作用:个体与组织层的跨层面分析[J]. 心理学报,2013,45(6):680-693.

[137] 舒晓丽,叶茂林. 生涯适应力和员工离职意向的关系:职业生涯成功的作用[J]. 心理科学,2019,42(1):95-101.

[138] 关晓宇,于海波. 员工生涯资本投资对组织的价值:生涯适应力对工作敬业和离职意向的影响[J]. 科学学与科学技术管理,2015,36(11):169-180.

[139] BANDURA A. Social foundations of thought and action:A social cognitive theory[J]. Journal of Psychology and Theology,1986,14(4):341-342.

[140] EISENBERGER R,HUNTINGTON R,HUTCHISON S,et al. Perceived organizational support[J]. Journal of Applied Psychology,1986,71(3):500-507.

[141] MOBLEYW H. Employee turnover:Causes,consequences,and control[M]. Now Jersey:Addison-Wesley,1982.

[142] SAVICKAS M L,PORFELI E J. Career adapt-abilities scale:Construction,reliability,and measurement equivalence across 13 countries[J]. Journal of Vocational Behavior,2012,80(3):661-673.

[143] MITCHELL T R,HOLTOM B C,LEE T W,et al. Why people stay:Using job embeddedness

to predict voluntary turnover [J]. Academy of Management Journal, 2001, 44 (6): 1102-1121.

[144] 周文霞,郭桂萍. 自我效能感:概念,理论和应用[J]. 中国人民大学学报,2006(1): 91-97.

[145] BANDURA A, WATTS R E. Self-Efficacy in changing societies [J]. Jounal of Coghitive Psychotherapy,1999,10(4):17-23.

[146] BANDURA A. Social foundations of thought and action:A social cognitive theory[J]. Journal of Applied Psychology,1986,12(1):341-342.

[147] 陆昌勤,方俐洛,凌文辁. 管理者的管理自我效能感[J]. 心理科学进展(前心理学动态),2001,9(2):179-185.

[148] BANDURA A. Self-efficacy:Toward a unifying theory of behavioral change[J]. Psychological Review,1977,84(2):191-215.

[149] 王叶飞,谢光荣. 情绪智力、自我领导与大学生压力应对方式的关系:积极情感与自我效能感的中介作用[J]. 中国临床心理学杂志,2016,24(3):558-565.

[150] 凌文辁,张治灿,方俐洛. 中国职工组织承诺研究[J]. 中国社会科学,2001(2):90-102.

[151] LUTHANS F,NORMAN S M,JENSEN S M. The value of the psychological capital of immigrant entrepreneurs [J]. International Journal of Business and Globalization, 2007, 1 (2): 161-175.

[152] SCHWARZER R,BABLER J,KWIATEK P,et al. The assessment of optimistic self-beliefs: Comparison of the German, Spanish, and Chinese version of the general self-efficacy scale [J]. Applied Psychology,1997,46(1):69-88.

[153] RHOADES L,EISENBERGER R. Perceived organizational support:a review of the literature [J]. The Journal of Applied Psychology,2002,87(4):698-714.

[154] ZHENG X M,ZHU W C,ZHAO H X,et al. Employee well-being in organizations:Theoretical model,scale development,and cross-cultural validation[J]. Journal of Organizational Behavior,2015,36(5):645-647.

[155] SCHAUFELI W B, SALANOVA M, GONZÁ LEZ-ROMÁ V, et al. The measurement of engagement and burnout:A two sample confirmatory factor analytic approach[J]. Journal of Happiness Studies,2002,3(1):71-92.

[156] ZHOU J. The relationship between career adaptability and job content plateau:The mediating roles of fit perceptions[J]. Journal of Vocational Behavior,2016,95-96:1-10.

[157] 卢志米. 产业结构升级背景下高技能人才培养的对策研究[J]. 中国高教研究,2014 (2):85-89.

[158] 曾维希. 大学生的生涯不确定感类型与症结研究[D]. 重庆:西南大学,2009.

[159] 孙丽璐,陈熙. 高校毕业生生涯适应力与大五人格结构关系研究[J]. 重庆理工大学学报(社会科学),2015,29(11):119-123.

[160] 王益富. 企业员工职业适应能力:测量及影响机制[D]. 重庆:西南大学,2014.

[161] 闫文昊,于广涛,林琳. 生涯适应力对主观职业成功的影响:工作形塑的中介和组织支持感的调节[J]. 经济管理,2018,40(8):105-119.

[162] OHME M,ZACHER H. Job performance ratings: The relative importance of mental ability, conscientiousness, and career adaptability[J]. Journal of Vocational Behavior,2015,87(4):161-170.